FACULTÉ DE DROIT DE PARIS

DROIT ROMAIN

DES ACTIONS *EXERCITORIA* ET *INSTITORIA*

ET DE L'IDÉE ROMAINE
QU'UN CONTRAT NE PEUT ÊTRE CONCLU PAR REPRÉSENTANT

DROIT FRANÇAIS

DE LA CONCURRENCE DÉLOYALE ET DE LA CONTREFAÇON
EN MATIÈRE DE
NOMS ET MARQUES

THÈSE POUR LE DOCTORAT

PAR

GASTON MAYER

LICENCIÉ ÈS-LETTRES
AVOCAT A LA COUR D'APPEL DE PARIS

PARIS
LIBRAIRIE DE J. BAUDRY
RUE DES SAINTS-PÈRES, 15

VERSAILLES
CERF ET FILS, ÉDITEURS
RUE DUPLESSIS, 59

1879

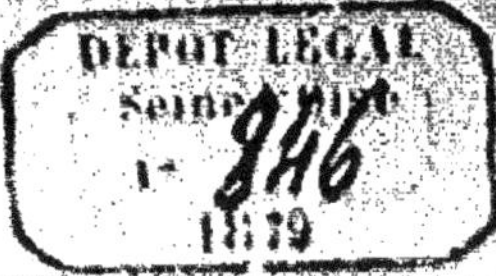

FACULTÉ DE DROIT DE PARIS

DROIT ROMAIN

DES ACTIONS *EXERCITORIA* ET *INSTITORIA*

ET DE L'IDÉE ROMAINE
QU'UN CONTRAT NE PEUT ÊTRE CONCLU PAR REPRÉSENTANT

DROIT FRANÇAIS

DE LA CONCURRENCE DÉLOYALE ET DE LA CONTREFAÇON

EN MATIÈRE DE

NOMS ET MARQUES

THÈSE POUR LE DOCTORAT

PAR
GASTON MAYER
LICENCIÉ ÈS-LETTRES
AVOCAT A LA COUR D'APPEL DE PARIS

L'ACTE PUBLIC SUR LES MATIÈRES CI-APRÈS SERA SOUTENU
Le samedi 28 juin 1879, à une heure et demie.

PRÉSIDENT : M. BUFNOIR.

SUFFRAGANTS : MM. RATAUD, GÉRARDIN, (PROFESSEURS.) LYON-CAEN, RENAULT, LEFEBVRE. (AGRÉGÉS.)

PARIS
LIBRAIRIE DE J. BAUDRY
RUE DES SAINTS-PÈRES, 15

VERSAILLES
CERF ET FILS, ÉDITEURS
RUE DUPLESSIS, 59

1879

DROIT ROMAIN

DES ACTIONS *EXERCITORIA* ET *INSTITORIA*

ET DE L'IDÉE ROMAINE
QU'UN CONTRAT NE PEUT ÊTRE CONCLU PAR REPRÉSENTANT

DES ACTIONS *EXERCITORIA* ET *INSTITORIA*

ET DE L'IDÉE ROMAINE

QU'UN CONTRAT NE PEUT ÊTRE CONCLU PAR REPRÉSENTANT

PRÉLIMINAIRES

1. On conçoit aujourd'hui sans difficulté qu'une personne contracte au nom et pour le compte d'une autre, en qualité seulement de représentant, de façon à n'être pas comprise personnellement dans les liens du contrat : l'affaire est regardée alors comme conclue uniquement entre le tiers et la personne représentée. Le droit moderne admet aisément un contrat formé par mandataire, où la personne de celui-ci s'efface pour ne laisser en cause que le contractant et le mandant. Sans doute, l'obligation conventionnelle est essentiellement un rapport créé entre deux personnes, entre les deux parties. Mais l'obligation n'est pas, en théorie, un lien de droit tellement personnel qu'elle ne puisse se céder par une mutation indéfinie de créanciers, sans novation, ou même être constituée dès l'origine au profit d'une personne indéterminée, comme le porteur du titre. A plus forte raison, de deux conventions où figure une même personne pour recevoir et exécuter un mandat, il peut résulter un rapport de droit direct entre les deux parties qui n'ont pas contracté ensemble, sans qu'il

soit besoin de faire naître l'obligation sur la tête du représentant pour qu'il la transporte ensuite.

Cette idée du contrat conclu par représentant, qui paraît si simple ou tout au moins si nécessaire à la pratique des affaires, est cependant toute moderne; c'est une des singularités du droit romain de ne l'avoir pas admise, au point qu'aucun mot ne l'exprime, et d'avoir progressivement suppléé à cette lacune, assez complétement pour qu'il vaille encore la peine de la signaler, d'en expliquer et d'en démontrer l'existence[1].

2. Nous verrons ainsi à l'origine un double principe exclure la représentation : d'un côté les parties, présentes à l'acte, contractent pour elles-mêmes; d'un autre côté, nul ne peut acquérir une obligation par autrui. Et en même temps la rigueur du principe apparaîtra comme déjà compensée par le rôle que peuvent jouer le fils de famille ou les esclaves. Il faudra exposer alors, de plus près et avec quelque développement, quels tempéraments ont dû être admis peu à peu pour les préposés aux affaires commerciales ou maritimes. Après s'être arrêté à cette étude, après avoir aussi rappelé les transformations opérées d'autre part dans le droit civil, il restera, en recherchant si le principe ancien a jamais disparu, à préciser jusqu'à quel point s'est avancé le mouvement de la jurisprudence romaine déterminé par l'influence dominante des actions *exercitoria* et *institoria*.

[1] Nous avons suivi, outre nos livres et nos cours classiques et particulièrement M. Accarias, Précis de droit romain, n° 636 et sq. : Savigny, Le droit des obligations (trad. de MM. Gérardin et Jozon), T. II, § 54 et sq.; surtout Buchka, *die Lehre von der Stellvertretung bei Eingehung von Verträgen* (br. in-8°, Rostock et Schwerin, 1852), dont la doctrine est excellente et l'exposé historique tout à fait complet. La matière est traitée, mais souvent sans travail critique, par tous les anciens commentateurs; la théorie de Doneau est construite avec une logique remarquable; Cujas s'est attaché davantage à l'histoire et à l'esprit propre du droit romain. — Le sujet a été exposé dans une thèse pour le doctorat présenté à la Faculté de droit de Nancy, par M. L. V. Desnos (Nancy, 1873).

CHAPITRE PREMIER

DE L'IDÉE ROMAINE QU'UN CONTRAT NE PEUT ÊTRE CONCLU PAR REPRÉSENTANT

3. « Sous l'empire du droit primitif de Rome, de ce droit religieux et aristocratique, chargé de formules et de mots sacramentels, la présence matérielle de la personne intéressée était indispensable. Il fallait qu'elle comparût elle-même pour prononcer les expressions consacrées auxquelles était attachée une vertu obligatoire[1]. » Cette présence réelle des parties, nécessaire pour qu'elles agissent en leur propre nom, n'était pas seulement exigée dans les litiges : *nemo alieno nomine lege agere potest* (Ulpien L. 123 pr., *de reg. jur.*, L., 17). Dans les affaires aussi, restreintes d'ailleurs à l'origine, traitées sur place au comptant, conclues sans doute d'abord par acte religieux et public, et peut-être même sous la forme unique du *nexum*, il y avait des paroles en quelque sorte liturgiques (*carmen necessarium*) qui ne pouvaient se prononcer par autrui[2]; l'idée même de la solennité des engagements contractuels ne pouvait se concilier avec le rôle

[1] Troplong, Du mandat, préf., p. VIII.

[2] *Nexum est ut ait Gallus Ælius, quodcunque per æs et libram geritur; idque necti dicitur. — Cum nexum faciet mancipiumque, uti lingua nuncupassit, ita jus esto.* — — Festus, V[is] *nexum et nuncupata.* — Giraud, des *Nexi* (Paris, 1847).

de simple comparse chez celui qui les recevait ou les prenait. Pour un certain nombre d'actes, d'ailleurs, la forme adoptée reproduisait l'image d'un procès; dans l'*in jure cessio*, dans la *manumissio vindicta*, malgré la fiction, la partie elle-même devait figurer, et l'on ne pouvait agir par procuration (Frag. Vatic. § 51 ; L. 3, C. *de vindict*..., VII, 1). L'empreinte de cette idée, très-nette dans les contrats primitifs, ne s'est jamais effacée. On la retrouve même en dehors des contrats solennels comme la stipulation. C'est l'idée rigoureuse d'un rapport strictement personnel entre les parties présentes à l'acte. Le droit romain en a gardé ce principe absolu que les parties contractantes doivent toujours parler en leur propre nom, que leur personne doit être intéressée au contrat, comprise dans le lien de droit, sujette dans l'obligation. C'est ce que le jurisconsulte Paul exprime en termes fort nets, pour tous contrats :

> Quæcunque gerimus, cum ex nostro contractu originem trahunt, nisi ex nostra persona obligationis initium sumant, inanem actum nostrum efficiunt; et ideo neque stipulari, neque emere, vendere, contrahere, ut alter suo nomine recte agat, possumus. (L. 11, *de oblig. et act.*, XLIV, 7).

4. C'était une conséquence nécessaire et comme une autre face du principe, qu'on ne pût devenir créancier ni débiteur par autrui. C'est ce qu'indique la dernière phrase du fragment cité, et le jurisconsulte romain exprime ailleurs directement la maxime qu'on ne peut acquérir une obligation par une personne étrangère :

> ... Per liberam personam, quæ neque juri nostro subjecta est, neque bona fide nobis servit, obligationem nullam adquirere possumus... (L. 126, § 2, *de verb. oblig.*, XLV, 1) [1].

On ne concevait pas que les effets juridiques de la convention allassent se produire sur la tête d'une personne qui n'y

[1] La règle est souvent rappelée : *Per liberas personas, quæ in potestate nostra non sunt, adquiri nobis nihil potest* (Paul, Sent. lib. V, tit. II, § 2. — Gaius, II, § 95). — *Obligationem libera persona nobis non semper adquirit* (Ulpien, L. 11, § 6, *de pignerat.*, XIII, 7).

figurait pas; les parties qui en réalité avaient contracté n'avaient dû former de lien de droit qu'entre elles; une autre personne, étrangère au contrat, ne pouvait pas s'y trouver comprise. Activement et passivement, on ne pouvait contracter par procuration. Et sans doute on n'en sentit pas d'abord le besoin, parce qu'en même temps, comme il va être expliqué, le chef de famille, par une sorte de représentation domestique, avait la faculté de faire figurer à sa place son fils ou son esclave. Ce tempérament suffit longtemps à une civilisation peu étendue. Plus tard, quand de nouveaux besoins surgirent, et par ce côté même, la règle se prêta à des compensations qui lui permirent de subsister.

5. Sous ces deux faces d'ailleurs, le principe est essentiellement romain, et, dès le début, il faut prévenir à cet égard toute confusion. Il suffit de remarquer que l'application n'en est nullement modifiée par les rapports de droit résultant d'un mandat ou de la gestion d'affaires. Dans le droit moderne, au contraire, si on ne peut promettre ni stipuler pour autrui, si les contrats n'ont d'effet qu'entre les parties, on ne l'a jamais entendu en ce sens que le mandataire ne pût contracter directement pour le mandant. De plus, la première idée, trop absolue dans la forme, n'a plus grande valeur dès que l'intention présumée des parties fait loi; elle n'est qu'un souvenir inutile et incomplet du rigorisme romain. La seconde, à l'inverse, prépondérante aujourd'hui, n'avait qu'une importance secondaire[1], alors précisément que la volonté même d'un tiers ne pouvait le faire représenter par une des parties contractantes. Ces idées modernes, alors même qu'elles pourraient être dégagées du principe romain, ne doivent pas servir à l'expliquer; il faut les éloigner, si l'on veut suivre fidèlement les progrès d'une jurisprudence toute pratique, et marcher comme elle pas à pas, sans autre système préconçu que de s'écarter le moins possible du droit primitif.

[1] On la trouve exprimée notamment L. 16, *qui pot. in pign.*, XX, 4; et le Code de Justinien, au titre *Inter alios acta, vel judicata, aliis non nocere*, VII, 60. *Adde* L. 3, C. *ne uxor pro marit.*, IV, 12.

CHAPITRE II

DE L'ACQUISITION DE CRÉANCES PAR LES CONTRATS DE PERSONNES EN PUISSANCE

6. Dès le principe, la théorie des obligations admit une sorte de représentation domestique, à l'effet d'acquérir une créance. C'était une conséquence naturelle du droit de puissance, et dans les idées romaines il y avait là unité de personne comme de patrimoine, plutôt qu'une véritable représentation.

7. Dans la constitution patriarcale de la famille romaine, la toute-puissance du chef unique, pontife au foyer et magistrat des siens [1], commande l'unité du patrimoine; le chef seul, à l'origine, dut conquérir et posséder pour les conserver à la famille les terres et les troupeaux. L'esclave pris lui-même à la guerre ou acheté n'est qu'un instrument de travail et une source de profit. Le fils, qui peut être condamné à mort ou vendu [2], n'a rien en propre dans le patrimoine domestique : *ipse enim*, dit Gaius (II, § 87), *qui in potestate nostra est, nihil suum habere potest*.

[1] Sur le sens du mot *pater*, FUSTEL DE COULANGES, La cité antique (Paris, 1866), p. 106. — V. aussi, GIDE, Condition privée de la femme (Paris, 1867), p. 101.
[2] Gaius, I, § 117. — Mos. et Rom. leg. collat., IV, 7.

8. Mais cette puissance n'est efficace que si elle fonde le droit d'acquérir par les actes de ceux qui y sont soumis. C'est elle qui revêt l'esclave d'une personnalité d'emprunt pour contracter[1], et qui paralyse au contraire le fils, incapable, tant qu'il y est soumis et sans biens propres, de conclure aucune affaire pour lui-même dans la vie civile; de sorte que tous deux deviennent des instruments précieux d'acquisition, habilités ainsi pour faire naître le droit de créance sur la tête du chef (Gaius, III, § 163). Toute puissance produit cet effet, quelle que soit la personne *alieni juris* (Gaius, II, §§ 86-96; Ulpien, Reg., XIX, §§ 18-21). Mais la logique même d'une règle aussi arbitraire en limite la portée au profit :

> Melior conditio nostra per servos fieri potest, deterior fieri non potest. (Gaius, L. 133, *de reg. jur.*, L., 17).

Et en même temps, dans ces limites, l'effet est nécessaire; le maître ou le père ne peut jamais être obligé, devenir débiteur; mais l'acquisition de créance est toujours forcée :

> ... Hoc enim nobis et ignorantibus et invitis obvenit (§ 3, Instit., *per quas pers.*, II, 9). — Servus nec jussu domini acceptum facere potest (Gaius, L. 22, *de accept.*, XLVI, 4).

Quant à la forme employée, elle est le plus souvent indifférente. L'esclave peut accepter un *mancipium* en disant : *Hanc rem ex jure Quiritium Lucii Titii domini mei esse aio, eaque et empta esto hoc ære æneaque libra*; il stipule de même, *Titio domino meo dari spondes* (Gaius, III, § 167). Le résultat est identique, s'il stipule pour lui-même ou impersonnellement, et variera seulement suivant les cas, si l'esclave a plusieurs maîtres, indivis, usufruitiers, usagers ou possesseurs de bonne foi[2]. Mais il ne change pas, si le maître ou le père stipule pour son esclave ou son fils, par la raison qu'ils ne se distinguent pas de lui :

[1] *Servus ex persona domini jus stipulandi habet* (pr., Instit. *de stip. serv.*, III, 17).
[2] § 1, Instit. *de stip. serv.*, III, 17; L. 15, *de stip. serv.*, XLV, 3. — Gaius, III, §§ 164-167.

... Et qui juri tuo subjectus est si stipulatus sis, tibi adquiris; quia vox tua tanquam filii sit, sicuti filii vox tanquam tua intelligitur... (§ 4, Instit., *de inut. stip.*, III, 19).

Dès que la stipulation a pour objet un *dare*, peu importe la personne nommée dans la formule; l'acquisition profite toujours directement au père de famille. On peut bien dire que, dans cette mesure, il y a représentation, forcée d'ailleurs et absolue; mais, ce que le texte exprime, et fort nettement, c'est que l'unité du patrimoine emporte unité de personne.

9. Cette unité juridique de la personne n'est pas complète; dans certaines questions il fallut bien tenir compte de la distinction des individus dont l'un représente l'autre sans jouer un rôle purement matériel. Quand un achat est fait par un esclave ou un fils de famille, pour savoir si la garantie est due, c'est en eux qu'on recherche si l'achat a eu lieu en connaissance de cause :

In hujusmodi quæstionibus personæ ementium et vendentium spectari debent, non eorum quibus adquiritur ex eo contractu actio: nam si servus meus vel filius qui in mea potestate est, me præsente, suo nomine emat, non est quærendum quid ego existimem, sed quid ille qui contrahit (Pomponius, L. 12, *de contr. empt.*, XVIII, 1).

La bonne ou mauvaise foi de la personne en puissance est seule considérée, que l'achat soit fait ou non pour son pécule[1]. Pour que la personne du père de famille fût seule en jeu, il faudrait qu'il eût donné un ordre précis en connaissance de cause[2]. Quant à l'*actio in factum* donnée à quiconque a acheté de bonne foi un homme libre qui s'est laissé vendre, on peut penser que la bonne foi était exigée de tous dans tous les cas; l'action était refusée, soit que le père, soit que le fils fût de mauvaise foi[3].

[1] Africain, L. 51, pr., *de æd. ed.*, XXI, 1. — La personne en puissance est traitée en ce point comme un mandataire, L. 51. § 1, *h. t.* — V. infra, p. 72, note 2.
[2] Pomponius, L. 13, *de contr. empt.*, XVIII, 1; Africain L. 51, pr., *de æd. ed.*, XXI, 1; Ulpien. L. 2, *de litig.*, XLIV, 6. — L. 1, § 3, *quod jussu*, XV, 4.
[3] Ulpien, L. 16, §§ 3 et 4, *de lib. caus.*, XL, 12.

10. De plus, pour l'exécution du contrat, si l'objet de la stipulation est un *facere*, on considèrera la personne indiquée par la formule même du contrat. L'avantage sera bien toujours pour le chef, seul créancier; mais la prestation du fait ne sera due que suivant les termes de la stipulation :

Sed cum factum in stipulatione continebitur, omnino persona stipulantis continetur, veluti si servus stipuletur ut sibi ire agere liceat; ipse enim tantum non prohiberi debet, non etiam dominus ejus. (§ 2, Instit., *de stip. serv.*, III, 17).

Le maître seul acquiert une action; mais seul aussi, l'esclave a l'exercice du droit de passage. De même, si la stipulation est alternative, le droit d'option devra être exercé par le fils ou l'esclave, bien que l'objet choisi et l'action du contrat appartiennent au chef[1].

11. Les jurisconsultes romains sont arrivés ainsi à indiquer eux-mêmes la portée de cette sorte de représentation admise par suite des rapports de puissance. Paul la limite, d'une façon remarquable, quand la distinction des individus dans une stipulation de faire vient rompre l'unité de la personne juridique, et que l'unité du patrimoine n'est plus intéressée : le père ne peut stipuler pour son fils l'exercice personnel d'un droit de passage :

Quod dicitur patrem filio utiliter stipulari, quasi sibi ille stipularetur, hoc in his verum est, quæ juris sunt, quæque adquiri patri possunt; alioquin si factum conferatur in personam filii, inutilis erit stipulatio, veluti ut tenere ei vel ire agere liceat... (Paul, L. 130, *de verb. oblig.*, XLV, 1).

la stipulation est nulle, comme si elle était faite au profit d'un étranger[2]. Ce ne serait donc pas interpréter fidèlement la

[1] *Si stipulatus fuerim illud, aut illud, quod ego voluero, hæc electio personalis est; et ideo servo aut filio talis electio cohæret... — Si servus aut filius familias ita stipulatus sit, illam rem, aut illam, utram ego velim : non pater dominusve, sed filius servusve destinare de alterutra debet.* (Paul, L. 76 pr., Gaius, L. 141, pr., *de verb. oblig.*, XLV, 1).

[2] Doneau fait bien ressortir qu'il y a ici non pas une règle propre aux rapports de

doctrine romaine que de faire résulter des rapports de puissance un mandat général réciproque entre personnes se représentant véritablement l'une l'autre. Telle n'a pas été la théorie de la représentation admise ici dans des termes tout spéciaux et bien définis.

12. Elle se trouva plus restreinte encore, quand le principe de l'unité du patrimoine dut fléchir, pour le fils de famille, devant le changement des mœurs et la transformation politique. Le fils soumis à la puissance avait toujours différé de l'esclave, en ce que, héritier sien, il était en quelque sorte copropriétaire du patrimoine de la famille [1]. En même temps il avait rang dans la cité, et l'on sait qu'*alienis juris* au foyer, il pouvait être magistrat au forum, *imperator* au camp. L'origine de son indépendance relative n'est pourtant pas dans l'opposition entre cette sorte de majorité civique et d'incapacité civile ; les mœurs de l'aristocratie primitive s'accommodaient de cette contradiction. C'est après la chute de la république que la politique des empereurs crut devoir favoriser le soldat fils de famille, et lui reconnut en propre un pécule *castrense*, formé dès le règne d'Auguste sans doute, des économies réalisées sur la solde, du butin et des largesses du prince [2], dont il put, sous Hadrien, disposer par testament, et qui devint sous Justinien un véritable patrimoine régi par le droit commun. Une faveur analogue créait sous Constantin, le pécule *quasi castrense* pour les fils de famille officiers du pa-

puissance, mais une application du droit commun *alteri stipulari nemo potest*. La maxime est suivie ici en dépit des rapports de puissance, de même qu'elle s'étendait aussi au cas de mandat. — La décision donnée au texte paraît d'ailleurs absolue (BUCHKA, p. 23). — *Contra* DEMANGEAT, Cours élém., T. II, p. 215, note 6 ; VERNET, textes choisis sur les obligations, p. 196).

[1] Il faut citer le fragment si curieux de Paul, L. 11, *de lib. et posth.*, XXVIII, 2 : *In suis heredibus evidentius apparet continuationem dominii eo rem perducere, ut nulla videatur hereditas fuisse, quasi olim hi domini essent, qui etiam vivo patre quodammodo domini existimantur : unde etiam filius familias appellatur, sicut pater familias, sola nota hac adjecta, per quam distinguitur genitor ab eo, qui genitus sit ; itaque post mortem patris non hereditatem percipere videntur, sed magis liberam bonorum administrationem consequuntur : hac ex causa, licet non sint heredes instituti, domini sunt ; nec obstat, quod licet eos exheredare, quos et occidere licebat.*

[2] Pr., Instit. *quib. non est perm. fac. test.*, II, 12 ; L. 11, *de castr. pec.*, XLIX, 17.

lais, et étendait bientôt le privilége aux avocats, aux commissaires extraordinaires (*agentes in rebus*), enfin à tous les fonctionnaires rétribués par l'État, sous Justinien[1]. En dernier lieu, sous Constantin aussi, des considérations plus hautes d'équité conduisirent à distinguer, pour tous fils et filles de famille, sous le nom de pécule adventice, dont le père avait seulement l'usufruit, d'abord les biens recueillis par l'enfant à titre d'héritier légitime ou testamentaire de sa mère, ensuite toute donation venue de la ligne maternelle du conjoint, enfin tout ce qui, en dehors des pécules *castrense* ou *quasi-castrense*, ne proviendrait pas de la libéralité du père[2]. Sur ces derniers biens seulement, d'origine paternelle, les droits primitifs du père de famille subsistaient encore, et lui assuraient directement le bénéfice de tout contrat relatif à ce qu'on a appelé le pécule *profectice*. C'est dans ces termes que le principe ancien se trouve limité sous Justinien[3]. L'esclave seul reste un instrument général d'acquisition, et peut être employé toujours comme une sorte de représentant, quand il s'agit pour le maître de devenir créancier.

13. Cependant, tandis que se fractionnait ainsi l'unité du patrimoine fondée sur toute la puissance du chef, l'unité de la personne, quoique dérivée de la première, se complétait à l'inverse ; le chef de famille dut répondre des contrats de son fils ou de son esclave, comme jusque-là il en avait bénéficié. Créancier dès le principe par l'intermédiaire des personnes soumises à sa puissance qui empruntaient en quelque sorte sa capacité, il devint débiteur aussi et fut soumis par le préteur aux actions nées de leurs contrats, dès qu'il leur avait confié des affaires de commerce.

[1] L. un., C. *de castrensi omnium palatinorum peculio*, XII, 31 ; L. 37 pr., C. *de inoff. test.*, III, 28.

[2] LL. 1 et 2, C. *de bon mat.*, VI, 60. — LL. 1, 3 et 6, C. *de bon. quæ lib. in pot.*, VI, 61.

[3] Pr. Instit., *per q. pers. nob oblig. adq.*, III, 28 ; L. 39, *de verb. oblig.* XLV, 1. Il est probable que les commissaires de Justinien ont ajouté dans ce dernier texte, *secundum quod leges permittunt*.

CHAPITRE III

DES CONTRATS CONCLUS PAR PRÉPOSÉS COMMERCIAUX. — ÉTUDE SUR LES ACTIONS *EXERCITORIA* ET *INSTITORIA*

(Dig. XIV, 1; XIV, 3 — Cod. IV, 25.)

14. La création par le préteur des actions *exercitoria* et *institoria*, en contradiction avec l'idée première de la puissance patriarcale, forme comme une sorte de droit commercial, digne d'une étude attentive, bien qu'il soit resté rudimentaire. On ne peut comprendre le rôle de ces actions, leur influence décisive dans le droit civil, si l'on ne cherche à se rendre compte de leur raison et de leur utilité, avant de préciser les règles qui leur sont propres, et l'idée nouvelle qu'elles apportent. Il faudrait donc tout d'abord essayer de déterminer l'origine d'une théorie particulière aux préposés commerciaux, et le champ de son application. On concevra mieux ensuite les règles mêmes de la préposition commerciale, et le principe nouveau d'un lien de droit créé entre le préposant et le tiers contractant.

I.

ORIGINE DE LA RÉFORME PRÉTORIENNE. — ROLES DU *Magister navis* ET DE L'*Institor*.

15. A ne consulter que l'équité, il était certainement naturel que le maître, recueillant le profit de la gestion de ses esclaves, en supportât les charges. C'est l'idée qu'Ulpien attribue au préteur :

Æquum prætori visum est, sicuti commoda sentimus ex actu institorum, ita etiam obligari nos ex contractibus eorum et conveniri... (L. 1. *De institoria actione*, XIV, 3. — Paul. Sent., liv. II, tit. VIII, § 1. — L. 149, *de reg. jur.*, L. 17).

mais la simplicité des transactions a d'abord rendu superflue cette corrélation entre l'actif et le passif que repoussaient les mœurs primitives. L'iniquité n'apparut et ne fut corrigée, le préteur n'intervint pour redresser et compléter le droit civil, qu'en présence de besoins nouveaux nés de rapports plus complexes.

16. I. Les nécessités de la pratique expliquent en effet la réforme qui fut opérée avec le souci du réel, sans idée préconçue, suivant la véritable *mens prœtoria*. Ulpien l'indique :

Utilitatem hujus edicti patere, nemo est, qui ignoret... (L. 1, pr. *De exercitoria actione*, XIV, 1).

L'utilité même, ainsi invoquée, rappelle sans que le jurisconsulte romain eût à insister, quels besoins nouveaux avaient surgi. Pour rompre avec l'ancienne maxime (*deterior conditio non fit*), il ne fallut en effet rien moins que cette complète transformation de la vie, de la fortune, des mœurs du citoyen romain, qui marque la transition de la république à l'empire. Conquérants sans coloniser, les vainqueurs de Carthage et de Corinthe, les maîtres de Marseille ne connurent sans doute jamais ce que Montesquieu appelle le commerce d'économie[1]. Mais, si le défaut d'industrie et l'absence d'une classe moyenne réduisirent leur commerce à ne se fonder que sur le luxe, il fallut pour la plèbe, devenue populace par l'afflux de tous les peuples, ramener de partout aussi les blés de distribution, et trouver dans la banque, dans la ferme des impôts, dans les entreprises publiques[2], le placement des capitaux concentrés

[1] Esprit des lois, XX, 4 ; XXI, 14. — « Les Romains n'étaient qu'acheteurs ; ils ne se mêlèrent ni d'importation, ni de commission, ni d'armements. Sans industrie et prohibant à la sortie les produits en petit nombre de leur territoire, tels que le vin, l'huile, le sel et le fer, ils n'avaient point d'objet d'échange, de sorte qu'on imaginerait difficilement un commerce plus passif. Comme de plus le commerce était accompagné d'usure, la corruption ne fut que plus rapide et plus profonde, et ainsi Rome, après avoir extorqué aux nations leurs richesses, devint plus tard elle même leur tributaire pour son pain quotidien comme pour le luxe insatiable de ses grands, et leur restitua les dépouilles brutalement ravies. » SCHÉRER, Histoire du commerce, trad. Richelot et Vogel, p. 129. — Sur les articles du commerce romain, on peut voir un grand nombre de textes groupés dans l'étude intitulée : Recherches et observations sur le commerce et le luxe des Romains, DE PASTORET, Mém. de l'Acad. des Sc. mor. et polit. (1792-1808). — Il faut consulter DUREAU DE LA MALLE, Economie politique des Romains (v. tom. II, p. 366 et 400). MOMMSEN, Histoire romaine (trad. Alexandre, tom. IV, p. 113) indique bien l'état économique de la période de transition : « L'industrie, qui toujours devrait tenir le premier rang, était tombée au dernier. Le commerce florissait ; mais le commerce était purement passif.... Rome est devenue la métropole des États méditerranéens ; l'Italie devient la banlieue de Rome. Il semble qu'on ne veuille rien de plus ; avec l'insouciance de l'opulence, on s'accommode de ce commerce passif, apanage obligé de toute capitale. À quoi bon produire ? N'a-t-on pas assez d'or, pour payer l'utile et l'inutile ? Le commerce du numéraire, la perception des taxes organisées commercialement ; voilà le vrai domaine et la citadelle de l'économie romaine. Aussi à supposer qu'il existât encore dans Rome quelques éléments de vie pour une classe moyenne, arrivant à l'aisance, pour un petit tiers état ayant les moyens de vivre, ces éléments périrent bientôt par les funestes progrès des métiers serviles ; dans les cas les plus favorables enfin, ce fut la triste classe des affranchis qui s'accrut. » — À l'origine, il y eut bien quelques corporations d'ouvriers (MOMMSEN, tom. I, p. 260) et un *collegium mercatorum* (TITE-LIVE, II, 27). Mais on connaît le passage si souvent cité de Caton, de Re rustic., *proœm.* : « *Et virum bonum cum laudabant, ita laudabant, bonum agricolam, bonumque colonum. Amplissime laudari existimabatur qui ita laudabatur. Mercatorem autem strenuum studiosumque rei quaerendae existimo ; verum, ut supra dixi, periculosum et calamitosum. At ex agricolis et viri fortissimi et milites strenuissimi gignuntur ; maximeque pius quaestus stabilissimusque consequitur minimeque invidiosus, minimeque male cogitantes sunt qui in eo studio occupati sunt.* » — Comme on le voit déjà même dans Caton, le mépris du commerce chez les Romains ne tempère pas l'avarice (HORACE, Ep. I, 1, v. 43, v. 65 ; JUVÉNAL, Sat. XIV, v. 199-209).

[2] FESTUS et BRISSON, v° *redemptores, redimere.* — HORACE, Ep. I, 1, v. 77 : « *Pars hominum gestit conducere publica.* »

avec les terres et les esclaves entre les mains de quelques-uns. Pour ce maniement de l'argent, ce service d'approvisionnement, ce trafic exotique, le rôle du maître et celui de l'esclave, leurs rapports se transformèrent. Ce n'est plus le temps où Regulus demandait qu'on remplaçât son homme de journée, dont le travail devait nourrir la femme et les enfants du maître captif[1]. Le maître a des légions d'esclaves qu'il ne connaît pas, qu'il emploie à tous les travaux et métiers, organisés chez lui. Hors de la maison, qui est déjà une cité, il leur confie des boutiques, des comptoirs, à Rome et à l'étranger; il leur donne la conduite de ses bâtiments pour le commerce des denrées ou des produits exotiques. S'il est de ceux auxquels la loi politique interdit d'armer des vaisseaux[2], il fait sous main par leur intermédiaire le commerce maritime. L'esclave, chargé ainsi d'une série d'affaires et d'affaires souvent compliquées, envoyé au loin, traitant avec les étrangers, ne pouvait rien entreprendre si le maître ne répondait de ses actes. L'ancien droit avait jugé qu'il obligeait envers son maître, s'il figurait dans une stipulation, une mancipation. Le préteur dut édicter que l'esclave préposé aurait pour garant le maître préposant. La procédure, comme toujours, facilita l'innovation : le contrat ne pouvait être ni exécuté contre l'esclave, ni présenté comme conclu avec le maître; mais la formule, rappelant dans l'*intentio* la convention de l'esclave,

[1] VAL. MAX. IV, IV, 3. — PLINE, Hist. nat., XXXIII, 6 : « *Hoc profecere mancipiorum legiones, et in domo turba externa, ac servorum quoque causa nomenclator adhibendus. Aliter apud antiquos : singuli Marcipores Luciporesque, dominorum gentiles, omnem victum in promiscuo habebant, nec ulla domi custodia a domesticis opus erat.* » — GIBBON, Histoire de la décadence et de la chute de l'Empire Romain, ch. II, pense que dans l'empire, sous Claude, les esclaves étaient en nombre égal des hommes libres. — TACITE, Ann. III, 53; IV, 27; XIV, 43. — Pour la Grèce, BŒCKH, Économie politique des Athéniens (trad. Laligant, p. 61), liv. 7, ch. 7.

[2] TIT. LIV. XXI, 63 : « *Invisus enim (Flaminius) patribus ob novam legem quam Q. Claudius tribunus plebis adversus senatum, uno patre adjuvante C. Flaminio, tulerat : ne quis senator, cuive senator pater fuisset, maritimam navem, quæ plus quam trecentarum amphorarum esset, haberet; id satis habitum ad fructus ex agris vehendos : quæstus omnis patribus indecorus visus. Res per summam contentionem acta.* » — La loi Claudia ou Flaminia tomba en désuétude; mais, par mesure politique, le commerce et l'armement restèrent interdits aux gouverneurs des provinces (CIC., Verr., V, 18; III, 37. — L. 46, § 2, *de jur. fisc.*, XLIX, 14). L'interdiction paraît même avoir été renouvelée dans les termes primitifs (L. 3, *de vac. et exc.*, L, 5). Cfr. L. 3, C. *de commerc. et merc.*, IV, 63.

obligatoire, s'il eût été libre, ordonna dans la *condemnatio* l'exécution contre le maître. Ainsi se trouvèrent introduites les actions dites *exercitoria* ou *institoria*, suivant qu'il s'agit de commerce maritime ou de commerce de terre.

17. Cette formule une fois fournie qui réglait les rapports nouveaux, nés avec le commerce, il se fit alors dans les écrits des jurisconsultes, pour se traduire ensuite dans l'édit, un travail de généralisation qui expliqua l'innovation par un principe juridique, la développa dans ses conséquences logiques, l'étendit même par contre à des cas pratiquement analogues, réellement distincts. De là découle la théorie des actions dont nous étudions les deux premières, et que les interprètes ont appelées *adjectitiæ qualitatis*. Celui qui contracte avec un préposé est censé connaître sa condition[1], et se fier au crédit du préposant : ainsi peut se légitimer son action, et telle est l'idée générale par laquelle Gaius ouvre son exposé :

... Qui ita negotium gerit, magis patris dominive, quam filii servive fidem sequitur. (G., IV, §§ 70, 71).

Mais la source de l'obligation du maître, comment serait-elle ailleurs que dans sa volonté. Et en effet cette volonté intervient implicitement dans les affaires que conclut son préposé :

... Cum enim ea quoque res ex voluntate patris domini contrahi videatur. (G., IV, § 71.)

Il fallut donc aussi le déclarer obligé quand l'affaire unique se concluait, en dehors de toute préposition générale, sur une manifestation expresse et spéciale de sa volonté : tel fut le

[1] Quand Ulpien, sans se préoccuper de la théorie formée ensuite, explique par l'utilité pratique l'introduction de l'action *exercitoria*, il en donne au contraire cette raison que nous contractons avec les *magistris navium*, « *ignari cujus sint conditionis, vel quales* » (L. 1, pr. *exerc.*); on ignore parfois avec qui l'on traite et s'il y a un préposant. Cette contradiction apparente montre bien que la théorie, comme toujours, a suivi la réforme partielle, et l'a expliquée par des motifs qui ne l'avaient pas déterminée.

fondement de l'action *quod jussu*. Gaius l'explique par la première idée plutôt que par cette dernière ; mais toutes deux s'accordent, et l'on trouve le crédit en vue, et la volonté en jeu, c'est-à-dire le contrat examiné des deux côtés, dans la personne du *jubens* et du contractant, quand Ulpien dit au début du titre *quod jussu* :

Merito ex jussu domini in solidum adversus eum judicium datur ; nam quodammodo cum eo contrahitur qui jubet (L. 1, pr., *quod jussu*, XV, 4.)

On alla toujours plus loin dans cette voie, et le même édit, s'inspirant alors plutôt de l'idée de réciprocité et d'équité, permit de poursuivre le maître dans tous les cas jusqu'à concurrence de son enrichissement ou de la valeur du pécule, même en l'absence de volonté tacite ou expresse[1].

... Quamvis sine voluntate domini negotium gestum erit (§ 4, Instit., *quod cum eo q. in al. pot.*, IV, 7.)

Ce ne fut pas le dernier redressement de la règle ancienne : l'action *tributoria* impose au maître un traitement égal à celui des autres créanciers, une répartition proportionnelle de l'actif, lorsque un esclave trafiquait avec son pécule[2]. On a évidemment ici dépassé le développement logique, bien qu'Ulpien dise encore pour l'action *de in rem verso* qu'on a suivi la fiction, *quasi cum ipsis potius contractum videatur* (L. 1, pr., *de in rem verso*, XV, 3). Le principe, pour garder sa véritable portée, ne peut être donné comme fondement

[1] La volonté du maître intervient bien pour concéder le pécule avec pouvoir de l'administrer ; SAVIGNY dit que l'esclave en est comme *institor* (Oblig., § 54, trad. tom. II, p. 170). Mais est-ce bien-là l'idée romaine ? Gaius n'eût pas expliqué l'action *de peculio*, comme il fait pour l'*institoria* : *ea res ex voluntate domini contrahitur.* Il dit au contraire formellement : *Etiamsi prohibuerit contrahi cum servo dominus, erit in eum de peculio actio* (L. 29, § 1, *de pec.*, XV, 1). Justinien indique seulement la raison d'équité (§ 10, Instit., *de act.* IV, 6).

[2] L'action *institoria* suppose au contraire que l'esclave fait valoir des marchandises appartenant à son maître. Ulpien marque bien la distinction : *Si institoria recte actum est, tributoria ipso jure locum non habet : neque enim potest habere locum tributoria in merce dominica ; quod si non fuit institor dominicae mercis, tributoria superest actio.* (L. 11, § 7, *inst.*).

qu'aux actions où le maître par sa volonté et pour son crédit est considéré comme tenu *in solidum*; il servit à expliquer les actions *exercitoria* et *institoria* qui le contenaient en germe, il en fit sortir l'action *quod jussu* où il se formule.

18. Les actions *exercitoria* et *institoria* ont-elles bien été le début de cette réforme que le préteur aurait ainsi lentement poursuivie, suivant la prudence accoutumée? Tout fait présumer qu'il n'a pas dû tout d'abord aller de front contre une maxime ancienne; qu'ému des besoins d'un commerce déclaré dans nos textes mêmes d'utilité publique[1], il a d'abord secouru les contractants peut-être étrangers, engagés dans une série d'affaires avec un préposé opérant pour son maître et personnellement insaisissable; et que ce premier pas l'engagea à munir d'action tout contrat même conclu pour le compte de la personne en puissance, sauf à restreindre la condamnation, faute de volonté expresse du maître, à son enrichissement ou à la valeur du pécule. Telle dût être la marche suivie par le préteur dans la création des formules, comme ce fut l'ordre recommandé aux proconsuls dans la direction de la procédure, ou bien suivi dans l'édit provincial :

Omnia proconsul agit, ut, qui contraxit cum eo qui in aliena potestate sit, etiamsi deficient superiores actiones (id est, exercitoria, institoria, tributoriave), nihilominus tamen, in quantum ex bono et æquo res patitur, suum consequatur: sive enim jussu ejus, cujus in potestate sit, negotium gestum fuerit, in solidum eo nomine judicium pollicetur; sive non jussu, sed tamen in rem ejus versum erit, eatenus introducit actionem quatenus in rem ejus versum fuerit; sive neutrum eorum sit, de peculio actionem constituit. (Gaius, *lib. 9 ad Edictum provinciale*, L. 1, *quod cum eo...*, XIV, 5.)

Et la trace même du progrès semble s'être conservée dans l'édit où il est perpétué par le préteur[2] :

[1] V. *infra*, n° 21.
[2] Ou bien par Salvius Julien, *prætoriani edicti ordinator* (L. 1, C., *de cond. indeb.*, IV, 5).

Ordinarium prætor arbitratus est, prius eos contractus exponere eorum qui alienæ potestati subjecti sunt, qui in solidum tribuunt actionem ; sic deinde ad hunc pervenire, ubi de peculio datur actio. (Ulpien L. 1, pr., *de pec.*, XV, 1.)

On peut supposer que le Digeste a imité cette exposition, débutant par les actions *exercitoria* et *institoria*, venant ensuite aux trois actions *de peculio, de in rem verso, quod jussu*, qu'Ulpien lui-même atteste avoir été introduites ensemble[1] :

Est autem triplex hoc edictum : aut enim de peculio, aut de in rem verso, aut quod jussu, hinc oritur actio. (L. 1, § 1, *de pec.*, XV, 1.)

Il est donc certain que les actions *exerc.* et *inst.* ont précédé toutes les autres, même l'action *quod jussu*. Il est vrai qu'aux Institutes Gaius, et par suite Justinien, plus soucieux, dans un ouvrage didactique et un manuel systématique de suivre la logique que de rappeler l'histoire, débutent par le principe général, et donnent le premier rang à l'action *quod jussu*, où il se formule (G., IV, §§ 70, 71). Mais les expressions employées par Gaius (*Imprimis... et recte... eadem ratione.*.) n'indiquent rien d'autre qu'un classement synthétique. Si l'on y cherche un indice historique sur la date de l'action *quod jussu*, il faudrait admettre qu'elle a été introduite isolément, qu'elle a seule précédé les actions *exerc.* et *inst.*, tandis que nous savons par le témoignage d'Ulpien (L. 1, § 1, *de pec.*) qu'elle figurait dans un même édit avec les actions de *peculio* et *de in rem verso*. Les actions sont donc groupées aux Institutes suivant une idée rationnelle, et non pas rangées selon la tradition conservée au contraire dans les fragments du Digeste. Aucune présomption ne peut être davantage induite des textes où un pur raisonnement d'analogie invoque l'identité de principes d'ailleurs incontestée de l'action *quod jussu*

[1] Paul dit (L. 17, § 1, *inst.*) : « *Si servum Titii institorem habueris, vel tecum ex hoc edicto, vel cum Titio* ex inferioribus edictis *agere potero...* » Cela n'implique pas qu'il y ait eu un édit pour chaque action *de peculio, de in rem verso, quod jussu*.

avec les actions *exerc.* et *inst.* (§ 8, Instit. IV, 7)[1]. Et il faut persister à penser que celles-ci ont été le début de la réforme prétorienne, en vertu de cette importance pratique, qui leur vaudra encore un rôle si considérable dans la transformation de la théorie du mandat civil.

19. On l'affirmerait avec une certitude plus entière, si, pour démontrer la pensée qui a la première inspiré le préteur et l'ordre dans lequel il a procédé, l'histoire ou nos textes permettaient de fixer les dates par quelque nom ou quelque fait. L'idée même de nos actions suppose le système formulaire établi ; elles ne sont donc pas antérieures au VIIe siècle de Rome[2]. L'âge des premiers jurisconsultes, cités dans nos textes par les classiques du Digeste, ne donnerait-il pas un indice chronologique ? On a cru trouver une trace de ce genre. Le jurisconsulte Ofilius, avait-on dit, contemporain de César, traitait déjà de l'action *exercitoria* dans son commentaire de l'édit du préteur[3]. Pour l'action *quod jussu*, Labéon, élève d'Ofilius et contemporain d'Auguste, serait le plus ancien jurisconsulte cité au Digeste. La première aurait donc précédé d'au moins une génération, et la seconde se serait introduite sans doute sous le second triumvirat. C'était négliger un fragment d'Alfénus Varus, consul, il est vrai, sous Auguste, mais condisciple d'Ofilius, et qui paraît éditer les leçons de leur maître commun, Servius Sulpicius ; or, dans ce fragment[4], Servius Sulpicius répond à une difficulté relative aux actions *de peculio* et *de in rem verso*, introduites, on le sait, avec l'action *quod jussu*. N'aurait-il donc connu que celles-ci, dès lors nécessairement introduites les premières ? La conclusion serait hasardée puisqu'Ofilius, son disciple, mais aussi son contemporain, ami de César, tandis que lui marquait encore dans le parti Pompéien, a trouvé l'obligation de l'*exercitor*

[1] L. 29, *de reb. cred.*, XII, 1. — L'assimilation est faite en sens inverse dans la L. 6, C. *de inst. et exerc.*, IV, 25.

[2] La loi Æbutia (G., IV, § 30), qui porta le premier coup à l'ancienne procédure des *legis actiones*, paraît être de l'an 577 ou 583 U. C.

[3] L. 1, § 9, *exerc.*

[4] L. 16, *de in rem verso*, XV, 3.

déjà établie dans l'édit. Le doute n'est même pas permis devant un texte trop peu remarqué[1], où Servius lui-même traite des actes de l'institor. Comme ses disciples, et avant Labéon, il a connu l'édit complet, et traité de toutes les actions dites *adjectitiæ qualitatis*. En somme, à moins d'admettre contre toute vraisemblance que la réforme a été entière dès l'origine, les présomptions qui nous ont guidé conservent ici leur force. Nous savons seulement en outre que, si l'œuvre du préteur n'a pu précéder l'organisation de la procédure formulaire, elle était achevée quand Servius enseignait et écrivait, c'est-à-dire environ à l'époque de Cicéron.

20. II. Si l'on étudie maintenant de plus près, quoique d'une façon encore générale, les cas d'application des actions *exercitoria* et *institoria*, on se convainct que le préteur en faisant de la personne en puissance non plus un simple instrument d'acquisition, mais un véritable délégué, n'a pas obéi à une nécessité purement transitoire. Dans la doctrine établie par les jurisconsultes classiques et préparée par les controverses antérieures, dans l'état où le Digeste nous présente les règles consacrées, le besoin se montre toujours croissant d'un droit favorable au crédit maritime qu'on veut assurer et aux transactions commerciales qu'on veut faciliter. Il ne s'agit plus simplement de contredire l'idée première de la puissance patriarcale, comme dans les autres actions dérivées du même principe d'équité. La réforme a été généralisée comme on le verra[2], dans une sorte de droit spécial au commerce ; quels que soient les rapports entre les préposants et le préposé, les contrats du préposé même *extraneus*, ou personne libre, obligent le préposant, bien que ce secours fût moins nécessaire au contractant et qu'il reçoive simplement ainsi un second débiteur. De même on facilitera les prépositions en quelque sorte tacites, et aussi la sous délégation des pouvoirs, et l'on multipliera ainsi les garants pour leur faire

[1] *Servius libro primo ad Brutum ait*... L. 5, § 1, *inst.*

[2] On insistera sur ce point en étudiant la condition juridique du préposé (*infra*, n° 21).

endosser la responsabilité d'une gestion commerciale à laquelle ils sont supposés intéressés. La théorie s'est développée dans l'application, à mesure que les mœurs donnaient au rôle du *magister navis* et de *l'institor* une importance dont il faut essayer de se rendre compte.

21. L'obligation de l'armateur (*exercitor*)[1], tenu de répondre des actes du capitaine (*magister navis*), est considérée comme la plus large, et fut sans doute aussi établie la première, *propter navigandi necessitatem;* elle répondait en effet au besoin le plus urgent, qui dut attirer tout d'abord l'attention du préteur :

> Utilitatem hujus edicti, nemo est qui ignoret : nam cum interdum ignari cujus sint conditionis vel quales, cum magistris propter navigandi necessitatem contrahimus, æquum fuit, eum, qui magistrum navi imposuit, teneri, ut tenetur qui institorem tabernæ vel negotio præposuit ; cum sit major necessitas contrahendi cum magistro quam institore ; quippe res patitur, ut de conditione quis institoris dispiciat, et sic contrahat : in navis magistro non ita ; nam interdum locus, tempus non patitur plenius deliberandi concilium. (Ulpien, L. 1, pr., *exerc.*) [2].

Il y allait de l'intérêt public, et c'est encore Ulpien lui-même qui le dit :

> Ideo autem ex voluntate in solidum tenentur qui habent in potestate exercitorem : quia ad summam rem publicam navium exercitio pertinet (L. 1, § 20, *exerc.*)

[1] Le nom de l'action est tiré du préposant : Cujas prend la peine de remarquer que le mot de *magisteriana* eût été *inelegans*. Peut-être simplement le nom de *l'institoria* a-t-il été tiré du préposé, ce qui est moins logique, parce qu'en fait il fallait distinguer la seconde action de la première ; on dit aussi bien *exercere tabernam*, que *navem*.

[2] Il est difficile de démontrer par les textes seuls que l'action *exercitoria* a dû précéder *l'institoria*. Ici Ulpien semble parler d'un édit qui aurait introduit *l'exercitoria* seule (*hujus edicti*). A-t-il été rendu le premier ? On compare ici *l'exerc.* à *l'inst.* Mais ailleurs, Ulpien montrera celle-ci donnée *exemplo exercitoriæ* (L. 7, § 1, *inst.*), ou encore *exemplo exercitoriæ et de peculio actionis* (L. 13, § 2, *inst.*). Ce sont là simplement les raisonnements du jurisconsulte, les développements de la doctrine ; le dernier de ces textes rapporte l'opinion de Salvius Julien ; on n'y peut évidemment plus retrouver avec quelque sûreté les traces de la formation de l'édit prétorien.

Il ne faudrait pas l'interpréter en ce sens que Rome ait eu jamais une marine marchande. Elle songeait si peu à l'empire des mers, qu'après Duilius, elle imposait à Carthage vaincue de brûler ses vaisseaux, et que, maîtresse de la Méditerranée, elle la laissait longtemps infester par les pirates avant d'improviser une flotte pour l'en purger. Jamais elle n'eut de véritables forces navales. « Les huit flottes romaines, qui stationnaient dans les différentes mers, se composaient en grande partie, quand on y regarde de près, de simples bâtiments de charge, et comprenaient aussi des navires de commerce affrétés par l'État pour le service des transports de subsistance[1]. » « Les gens de mer étaient ordinairement des affranchis[2]. » Ce ne fut jamais non plus un objet d'intérêt public que le commerce avec l'Arabie et les Indes, bien qu'un empereur en soit venu à distribuer des parfums à la foule. Mais, de bonne heure, Rome attendit pour subsister l'arrivée des blés d'outre-mer, et les quelques transports empruntés qui suffirent d'abord, devinrent bientôt la flotte sacrée[3]. Dès le milieu du VIe siècle, les blés d'Afrique, d'Espagne et de Sicile sont distribués à bas prix[4]. Il fallut bien dès lors prendre des mesures favorables à la navigation, et penser à cette *navigandi necessitatem* dont parlent nos textes. Les grands propriétaires semblent avoir eu d'assez bonne heure des flottilles, pour le transport de leurs récoltes, sans doute pour le cabotage; et ç'a pu être là une des premières applications de l'action *exercitoria*, puisqu'on a pris soin de rappeler qu'elle est donnée en cas de navigation entreprise sur les

[1] SCHERER, p. 32. — Sur la marine romaine, et particulièrement sur la marine marchande, on trouve tous les textes rassemblés par DE PASTORET dans le mémoire cité. — Quant aux mesures prises sous l'Empire pour la sûreté des mers, v. Dig., XLVII, 9.

[2] *Esprit des lois*, XXI, 13. — TITE-LIVE., XL, 18.

[3] TACITE (Ann., XII, 43), parlant d'un commencement de famine sous Claude: « *Quindecim dierum alimenta urbi, non amplius, superfuisse constitit; magnaque deum benignitate et modestia hiemis rebus extremis subventum. Et hercule olim ex Italia regionibus longinquas in provincias commeatus portabant; nec nunc infecunditate laboratur, sed Africam potius et Ægyptum exercemus, navibusque et casibus vita populi romani permissa est.* » V. sur l'importance de l'approvisionnement et le nombre des navires, Ann. XV, 18.

[4] MOMMSEN, Hist. Rom., tom. IV, 123.

fleuves, les lacs, ou par radeaux (L. 1, § 6, *exerc.*)[1]. En même temps la spéculation maritime, le prêt à la grosse aventure entraient dans les habitudes des riches patriciens, et de nouveaux contrats demandaient des règles nouvelles[2]. Les jurisconsultes traitent du droit de gage établi sur un navire ; ceux qui l'ont construit, vendu, armé, réparé, ou qui ont prêté des deniers à cet effet, ont un privilége de premier rang[3]. Sous l'empire, Néron accorde des immunités aux propriétaires de navires ; Claude, tout en prenant des mesures pour la sûreté des mers, établit une sorte de prime pour les constructeurs des transports employés au service des subsistances[4]. Enfin, au Bas Empire, l'approvisionnement est organisé en service public ; c'est devenu « un objet de police ; » et l'on trouve dans les Codes impériaux, des corporations privilégiées, recrutées pour cette navigation spéciale, ce qui n'empêche pas les réquisitions de navires privés[5]. C'en est

[1] « *Navem accipere debemus, sive marinam, sive fluvialem, sive in aliquo stagno naviget, sive schedia sit.* » Il faut rapprocher les dispositions de la *lex Claudia*, Tit. Liv., XXI, 63 ; Mommsen, Hist. Rom., tom. I, p. 273. — Ulpien énumère les *naves* parmi les *instrumenta cum fundo legato, quæ exportandorum fructuum causa comparentur* (L. 12, § 1, *de instruct. vel instrum.*, XXXIII, 7). — V. Festus, v° *Schedia*; *cfr.* L. 1, § 4, *naut. caup. stab.* IV, 9.

[2] Il y eut en effet des règles propres à ce qu'on appelle *trajectitia pecunia*, et *nauticum fœnus*. (D. XXII, 2 ; C. IV, 33.) Dans la Novelle 106, il est question d'une sorte de *parere* demandé aux armateurs (*naucleris*) sur les usages en matière d'usure maritime.

[3] *Post fiscum* : L. 26 et 34, *de reb. auct. jud...*, XLII, 5. — L. 5 et 6, *qui pot. in pign.* XX, 4.

[4] « *Ne censibus negotiatorum naves adscriberentur, tributumque pro illis penderent, constitutum.* » Tac., Ann., XIII, 51. — « *Nave Latinus civitatem Romanam accipit, si non minorem quam decem millium modiorum navem fabricaverit, et Romam sex annis frumentum portaverit, ex edicto divi Claudii.* » Ulp., Reg. III, 6. — L. 3, § 8, *de inc. ruin. nauf...*, XLVII, 9. — L. 3, *de vac. et exc.*, L, 5.

[5] Esprit des lois, XXI, 16. — Code Théodosien, livre XIII, titres 5 et 7, et les 26 titres du livre XIV ; Code de Justinien, liv. XI, passim ; et aussi le Digeste, *de jure immunitatis*, L. 16. — On n'a pas simplement commissionné certains armateurs (les *navicularii*) ; le service comprend, en outre, des greniers provinciaux, des moulins, des docks, sous la surveillance du *præfectus annonæ*. Il y a une caisse de la boulangerie. Des corporations unissent et enrôlent de force les bateliers, porteurs, mesureurs, meuniers, bouchers, charcutiers..., Le Code Théodosien en fait connaître un grand nombre d'autres, *corporati negotiatores membra æternæ urbis* ; parmi eux figurent même des *otiosa corpora*, bateleurs, diseurs de bonne aventure, *hactenus utiles ut magnitudinem urbis et frequentiam tuerentur et tristia civium solarentur*. Symmaque les appelle : « *Ministeria necessitatibus urbis consulentia.* » (l. 10, ep. 27 et 58). Comme on l'a remarqué (G. Boissier, des Sociétés ouvrières à Rome, *Revue des Deux-Mondes*, 1er déc. 1871), « les grands seigneurs de l'époque républicaine auraient

assez pour expliquer qu'une civilisation, qui durant tant de siècles ne donna pas un seul navigateur, ait connu pourtant un droit spécial aux contrats passés par le capitaine de navire, et des règles contraires aux principes de la législation civile, introduites et développées, suivant les jurisconsultes romains eux-mêmes, afin de satisfaire à un suprême intérêt public.

22. Pour l'*institor*, préposé aux transactions commerciales, les idées romaines apparaissent avec moins de précision, et il ne serait pas aisé d'y saisir une vue d'ensemble. On comprend que, sans longue transition, des règles admises dans le commerce maritime pour le capitaine de navire, préposé souvent à la vente de la cargaison, aient passé moins larges d'ailleurs dans une sorte de droit commercial appliqué à quiconque tenait boutique ou comptoir. Mais, pour déterminer leur domaine nouveau, devant des rapports plus compliqués et divers, parmi la variété des cas d'application, il n'y avait sans doute pas encore place pour un système. Ces règles se trouvent bien dans les textes, comme elles le seraient aujourd'hui, motivées par la bonne foi, l'intérêt des tiers, le besoin de publicité, l'exigence des relations quotidiennes ; le jurisconsulte romain, comme dans toutes les matières qu'il touche, a l'aperçu juste ; mais l'intérêt public n'est plus en jeu comme tout à l'heure, et l'on ne va pas au delà de ce que réclament les mœurs. Dans la société romaine, la définition du commerce eût été plus que toute autre périlleuse. Le droit moderne n'en a peut-être pas donné qui ne soit incomplète ou illogique ; dans un monde où personne ne reste désintéressé des entreprises commerciales et industrielles, où les biens se transforment, se transmettent, s'échangent avec tant de facilité et de fréquence, dans cette division à l'infini du travail et du capital sociaux, on voit mal où finit le commerce. La limite où il commence reste indécise au contraire dans les lois d'un

sans doute été fort scandalisés d'entendre Symmaque, le premier magistrat de Rome, dans une harangue solennelle, faire l'éloge des bouchers, des boulangers et des charcutiers, et dire qu'à leur façon ils servaient la patrie. »

peuple tout armé pour la guerre et l'administration, chez qui l'opinion tolère la grande spéculation, méprise l'artisan et le boutiquier[1], et reflète ainsi non-seulement la concentration des instruments de travail et d'échange aux mains d'une aristocratie toute politique, mais encore cette organisation bizarre, demi-patriarcale, demi-féodale, d'une industrie et d'un commerce importés tout d'une pièce, installés à demeure, exercés par des légions d'esclaves au profit du maître et le plus souvent pour son usage personnel. Cette sorte d'inféodation se révèle dans les textes où les jurisconsultes classiques recherchent d'après l'usage, d'après l'intention du testateur, quels esclaves doivent être considérés comme attachés au fonds légué[2]. De même qu'il en est d'attachés purement à la personne, ou à la maison, ou à la villa, d'autres sont traités comme accessoires du fonds de commerce ; et tantôt on les voit légués avec lui à un affranchi, tantôt ils le reçoivent eux-mêmes avec la liberté. Mais comment définir ces fonds de commerce, comment déterminer quels esclaves font proprement acte de commerce pour le compte du maître ; ou bien, puisque l'*institor* peut être aussi un affranchi ou un homme libre, à quel signe distinguer du mandat civil la préposition commerciale ? Ulpien dit bien :

[1] Cicéron, de Offic. I, 42 : « ... *Sordidi etiam putandi qui mercantur a mercatoribus quod statim vendant. Nihil enim proficiunt nisi admodum mentiantur ; nec vero quidquam est turpius vanitate. Opificesque omnes in sordida arte versantur ; nec enim quidquam ingenuum potest habere officina... Mercatura autem, si tenuis est, sordida putanda est ; sin magna et copiosa, multa undique apportans, multisque sine vanitate impertiens, non est admodum vituperanda. Atque etiam...* etc. » Cfr. Pro Flacco, 7, 8 ; Parad., 6.

[2] Paul (Sent. liv. III, tit. VI, *de legatis*) donne les détails les plus curieux sur le mobilier, les vêtements, les ustensiles, le personnel, qui étaient considérés comme l'accessoire habituel d'une maison romaine, à la ville ou à la campagne. Il indique les différents rôles de l'esclave : l'*actor*, intendant (§ 45) ; le *villicus*, régisseur ; le *saltuarius*, garde-forestier ; le *monitor*, contre-maître (35) ; l'esclave mis à l'apprentissage, *studendi gratia* (53) ; les divers ouvriers (50) ; le préposé à la pêche, à la chasse, aux bains (57, 64, 66-71, 76) ; le cabaretier (61) ; le muletier, qui conduit la *carruca* (91) ; les corps de métiers les plus divers, avec les *institores* (58, 72) ; et confondus parmi eux les secrétaires, *servi amanuenses* (74), le médecin (62), le peintre (63). On peut noter la distinction qui paraît faite entre la femme de l'ouvrier attaché au fonds (38), et celle du mercenaire (40), et le motif donné par Ulpien (L. 12, § 7, *de instruc. vel instrum.* XXXIII, 7). — Il faudrait citer le titre du Digeste *de instruc. vel instrum.*, particulièrement L. 12, §§ 2, 9, 12, 31, 33, 42, L. 14, L. 15. — Cfr. Alfenus, L. 203, *de reg. jur.*, L. 17, et l'énumération déjà donnée par Plaute, Aulul., v. 461-478.

... Nec multum facit, tabernæ sit præpositus, an cuilibet alii negotiationi. — Cuicumque igitur negotio præpositus sit, institor recte appellabitur. (LL. 3, 5 pr., *inst.*).

Mais il ne nous donne pas une définition du négoce[1]. Les artisans, les *fabri*, alors même qu'ils exercent au dehors leur industrie au profit du maître, ou qu'affranchis ils travaillent pour leur compte, ne sont pas des commerçants[2]. Le *villicus* chargé de la mise en culture du domaine (*fructus quærendi gratia*, L. 8, XXXIII, 7), compris parmi *l'instrumentum fundi* (L. 18, § 4, XXXIII, 7), n'est pas *institor*[3]; le jurisconsulte Paul en donne pour raison qu'il ne fait pas de commerce, *non propter quæstum præponitur* (L. 16, *inst.*); c'est ainsi que l'interdiction du commerce maritime portée par la loi Claudia contre les sénateurs, ne s'étendait pas au transport de leurs produits agricoles[4]. Mais en dépit de ce rapprochement, malgré la faveur de la propriété foncière, et sans doute à cause du développement de la grande culture, le *villicus*, dès qu'il est chargé de vendre les fruits, d'acheter, de passer des marchés, de traiter des emprunts, dès que ses pouvoirs le mettent à la tête d'une véritable exploitation, est réputé faire acte de commerce, et de bonne heure l'action *insti-*

[1] Il indique seulement ailleurs (L. 1, § 1, *trib.*, XIV, 4) que le sens de *negotiatio* est plus large que celui de *merx*, marchandise. Sur ce dernier mot, v. Ulpien, L. 16; Africain L. 2, [illegible]. Mais il faudrait une définition de *quæstus*; Cujas et Doneau semblent le distinguer par le caractère synallagmatique du contrat, en suivant probablement la L. 7, *pro soc.*, XVII, 2, où Ulpien dit : *qui ex quæstu veniunt, hoc est, si quod lucrum ex emptione, venditione, locatione, conductione descendit.* (cfr. L. 8, *pro soc.*). Les auteurs anciens disent, comme Alciat ou Baudoin : *permutatio in quæstu aut negotiatione non est*; mais ce n'est pas une idée romaine. Lauterbach définit très-bien l'*institor* en disant : *dator ad negotiationes quæstuarias universaliter.* Il définit aussi le commerce : *Lucrativa negotiatio quum quis aliquid emit ut illud carius vendat, vel alio modo lucri gratia contrahit, ac de eo professionem facit; et fit per mercaturam, artificia, artes mechanicas, etc.* Mais le droit romain ne contient pas de théorie de ce genre.

[2] L. 1, C. Th., XIII, 1; cfr. cependant pour une *taberna ferraria*, L. 32, § 2, *leg.* 2, XXX. — L. 19, § 1, *de instr. vel instrum.*, XXXIII, 7. — Il y en avait organisés en corporations; L. 17, § 2, *de excus.*, XXVII, 1; L. 5, § 12, *de jur. imm.*, L, 6; C. Th., XIII, 4, *de excusationibus artificum*.

[3] Les *rusticani*, *coloni*, ne sont pas comptés au Code Théodosien *inter negotiatores* (C. Th. XIII. 1).

[4] Tite-Live, XXI, 63. — Cicéron, de Offic., I, 42, *in fine*. — Dans les idées modernes, l'agriculture est aussi classée à part de l'industrie et du commerce.

toria fut donnée contre le *fundi dominus*[1]. Le propriétaire urbain est traité de même, quand il charge son *insularius*, sorte de gardien-gérant, de louer maisons ou boutiques (L. 5, § 1, *inst.*) ; et l'on comprend cette décision du jurisconsulte Servius, quand on voit Cicéron, presque son contemporain, faire entrer en compte parmi ses revenus, le loyer de ses maisons, *fructus insularum*[2]. Si d'ailleurs les marchés relatifs aux produits agricoles, à la location des maisons, semblent aux jurisconsultes romains de véritables actes de spéculation, ils distinguent cependant la simple gestion des biens qui reste un acte civil d'administration ; le *villicus*, l'*insularius* sont traités comme préposés à une affaire commerciale, non l'*actor*, intendant général de la fortune ou mandataire chargé d'une mission spéciale (L. 12, § 38, L. 20, § 4, *de instr. vel instrum*, XXXIII, 7), ni le *dispensator*, à qui sont plus spécialement commis les paiements. On comprend dès lors que le signe pour reconnaître le véritable *institor* soit difficilement

[1] C'est ce que décide Labeo (L. 5, § 2, *inst.*) ; Paul de même (Sent. liv. II, tit. VIII, § 2). Il est vrai qu'au Digeste (L. 16, *inst.*), Paul ne parle que d'une action donnée « *exemplo institoriæ*. » Ou bien il s'est contredit lui-même, ou plutôt il a supposé dans ce dernier texte un *villicus* accessoirement chargé de quelque affaire de commerce ; il dit « *distrahendis quoque mercibus* », et non pas, comme dans ses Sentences, *emendis vendendisque frugibus propositus*.

[2] Ad Attic. XVI, 1 ; pro Cæl. 7. — L'*insularius*, *quem ædificio proposuit*, dont parle Servius, est une sorte de concierge (L. 3, § 2, *de of. præf. vig.*, I, 15 ; L. 16, § 1, *de op. serv.*, VII, 8). — L'*insula* n'est pas précisément une maison isolée, un îlot de constructions, d'après la définition historique et étymologique de Festus (vº *ambitus*). Le mot s'applique bien encore parfois à l'ensemble de la maison (L. 19, *de usufr.*, XVII, 1 ; L. 2, § 14, *ne quid in loc. pub.*, XLIII, 8). Mais dans l'usage et dans la langue juridique, il désigne plus particulièrement les dépendances dont la maison est flanquée (L. 91, *leg.* 3, XXXII ; L. 13, § 11, *damn. inf.*, XXXIX, 2), c'est-à-dire d'après une distribution qui se voit encore à Pompei, les *cœnacula*, chambres de louage, et les *tabernæ*, boutiques de noms et d'usages variés (L. 30 pr., *loc.* XIX, 2 ; L. 13 pr. *de serv. præd. urb.*, VIII, 2 ; LL. 7, 13, *de instruc. vel. instrum.*, XXXIII, 7. — *adde* Gruter. Corp. inscr. MXC, nº 19 : CORPORI-CORARIORUM-INSULAS... RESTAURARI-ATQUE-ADORNARI... PROVIDIT...). — Sur les *cœnacula*, montant jusqu'à un troisième étage sous les toits, Juvénal, Sat. X, v. 18, Sat. III, v. 199-232. Dureau de la Malle (tom. I, p. 298), établit bien ce sens du mot *insula*, synonyme parfois de *taberna* (L. 7, *de instruc. vel instrum.*, XXXIII, 7 — *cfr.* L. 183, 185, 183, *de verb. sign.*, L, 16 ; L. 12 pr., *q. m. usuf.*, VII, 4. — Horace, Od. I, 4, v. 13. — V. *infra*, p. 29, note 3). On a remarqué que la maison proprement dite communiquait souvent avec une *taberna*, où le propriétaire faisait vendre ses fruits et son vin ; les palais italiens, particulièrement à Florence, ont eu aussi parfois une sorte de loge réservée en arrière pour le même usage.

déterminé. Il n'y aura parfois aucune indication matérielle qui précise le rôle assigné :

> Institor est, dit Paul, L. 18, *inst.*), qui tabernæ locove ad emendum vendendumque præponitur, quique sine loco ad eumdem actum præponitur.

Cet *institor sine loco*, c'est le marchand forain (*advena... qui præternavigat*, L. 19, § 2, *de jud.*, V, 1.[1]) ; l'acheteur envoyé à l'étranger pour approvisionner une boutique (L. 5, § 7, *inst.*; L. 52, § 4, *pro soc.*, XVIII 2) ; le voyageur qui parcourt la province en proposant ses marchandises dans les grandes maisons (L. 5, *inst.*), ou dans la ville le commis placier qui va offrir des habits ou du linge (*quos vulgo circitores appellamus*, L. 5, § 4, *inst.*)[2] ; et jusqu'au garçon boulanger qui, dans les endroits accoutumés, propose son pain et prend les commandes (L. 5, § 9, *inst.*), et le muletier[3] qui loue ses services et fait les transports (L. 5, § 5, *inst.*), tous deux déjà à demeure fixe et non plus colporteurs ou ambulants. Mais le plus souvent, l'*institor* tient boutique ; envoyé en province, il a loué un bazar, un étalage où il détaille sa marchandise[4] ; ou bien, représentant d'un commerçant établi en province, il est venu à Rome où le commettant pourra être poursuivi *institoria* (L. 19, § 3, *de jud.*, V, 1). Rome eut de bonne heure des *tabernæ*[5], baraques en planches, ou

[1] TACITE, Ann. IV, 13, nous fournit un exemple curieux de ce commerce. Dans le Marchand, PLAUTE montre Charinus envoyé par son père exercer le commerce à Rhodes (*mercator*, prol., v. 11).

[2] JUVÉNAL parle du marchand de manteaux et de couvertures fabriqués chez les Cadurques (Cahors) :

> *Institor hibernæ tegetis niveique cadurci.*
> (Sat. VII, v. 221.)

[3] FESTUS, v° *Quartarios*.

[4] *Tabernulam, pergulam, horreum, armarium, officinam conduxit, ibique distraxit.* L. 19, § 2, *de jud.*, V, 1. — Il est parfois établi pour un commerce spécial, celui des huiles à Arles par exemple. (L. 13 pr., *inst.*).

[5] Outre les textes cités, il faut noter les nombreux passages où TITE-LIVE parle des *tabernæ*. Répandues autour du forum depuis Tarquin (I, 35), elles servaient dès lors aux écoles (III, 44), aux comptoirs de banquiers, aux étalages de bouchers (III, 48 ; XXVI, 11) ; on distingue les *tabernæ veteres* (XXVI, 27 ; XLIV, 16), et les *novæ* (III, 48 ; XL, 51), les *quinque*, autrefois les *septem tabernæ* (JUVÉNAL, Sat. I, v. 105) ; souvent brûlées (XXVI, 27 ; XXVII, 2 ; XXXV, 40, *incendio a foro*

échoppes, plus tard des maisons à galeries et à boutiques, bâties souvent sur le sol public (L. 32, *de contr. empt.* XVIII, 1), louées parfois moyennant une *pensio* que paye l'*institor* (L. 5, § 13, *inst.*); là s'établissent les commerces les plus divers, bouchers, corroyeurs, foulons, teinturiers, entrepreneurs de pompes funèbres, marchands de toile et de laine, tailleurs, etc., patrons eux-mêmes ou préposés (L. 5, §§ 6, 8, 10, *inst.*; L. 5, § 15, *trib.*, XIV, 4; L. 91, § 2, *leg.* 3, XXXII), souvent avec des associés (L. 52, § 4, *pro socio*, XVII, 2; L. 44, § 1, *de æd. ed.*, XXI, 1), ou des succursales (L. 5, § 16, *trib.*, XIV, 4). On retrouve ces *tabernæ* non-seulement dans les provinces, mais, semble-t-il, aussi sur les terres mêmes des grands propriétaires qui y font tenir hôtellerie ou auberge (*cauponæ, stabularia*; L. 5, § 6, *inst*; LL. 13 pr. et 15 pr., *de instruc. vel instrum.*, XXXIII, 7; et le titre *nautæ, caupones, stabularii ut recepta restituant*, IV, 9). Les plus répandues, comme les plus anciennes, ce sont les *tabernæ argentariæ*, ou *mensæ nummulariæ*, comptoirs de banque qui reçoivent des dépôts (L. 7, § 2, *depos.*, XVI, 3), tiennent des comptes courants (*De edendo*, II, 13), font valoir l'argent, empruntent et prêtent, et se chargent même pour leurs clients d'opérations de vente (L. 18 pr., *de hered. pet.*, V, 3; L. 88, *de solut.*, XLVI, 3.) Le commerce de numéraire, le seul vraiment actif, s'exerçait d'ailleurs partout, en dehors de ces comptoirs, et dans de plus grandes proportions; les *argentarii* n'étaient

Boario foro, tabernæ omnes cum magni pretii mercibus conflagraverunt), expropriées (XXXIX, 44; XLIX, 16), il s'en établit de nouvelles autour des forum, des basiliques, à frais publics le plus souvent (XL, 51, *basilicam post argentarias novas et forum piscatorium, circumdatis tabernis quas vendidit in privatum*; XLI, 27, *venditis ibi publicis locis pecuniam quæ redacta erat tabernis utrique foro circumdandis consumpserunt*); il y en avait qui entouraient les portiques ou les arcs, par ex. autour et sous l'arc de Janus Quadrifrons, au Velabre. On les voit se fermer en cas de *tumultus* ou de deuil public (III, 27; IV, 31; XXIII, 25; IX, 7; VI, 25). — V. sur la bourse, ce qu'on a appelé la rue de Janus, le quartier marchand, le Velabre, le *vicus Tuscus*, Plaute, Capt. v. 823; Curculio, v. 473-482; et Horace, Sat. II, 3, v. 228, v. 18; Ep. I, 1, v. 54. — Les textes indiquent qu'on connaissait une grande variété de commerces installés dans les *tabernæ* (L. 23, *de instr. vel instrum.* XXXIII, 7; *casearia*, L. 8, § 5, *si serv. vind.*, VIII, 5; *ferraria*, L. 43, § 2, *leg.* 2, XXXI; etc.). — Ulpien (L. 32, *de contr. empt.*, XVIII, 1) parle des *tabernæ argentariæ et ceteræ quæ in solo publico sunt*; v. Festus, v° *plebeias tabernas*.

pas seuls à spéculer, dans cette société où l'usure s'était de bonne heure naturalisée, où malgré le développement du luxe et l'absence d'industrie, l'argent ne dormait pas [1]. Pourtant le véritable *institor* est préposé à un comptoir; seul il exerce véritablement le commerce, en public et d'une façon permanente (L. 19, § 1, *inst.*). C'est au contraire un simple intendant, chargé d'une gestion intérieure et d'affaires considérées comme civiles, que l'esclave préposé aux recouvrements (L. 18, *de solut.*, XLVI, 3), ou même envoyé en province pour y tenir le *calendarium*, registre des prêts et échéances (L. 41, *de reb. cred.*, XII, 1) [2], bien que le maître ouvertement ou sous le couvert d'un prête-nom, se fasse le banquier des villes vaincues et des souverains alliés. On le voit aisément à ce dernier exemple, si les textes, par de précieux renseignements sur les emplois divers de l'*institor*, expliquent suffisamment la nécessité de règles spéciales, ils fourniraient difficilement le principe précis de leur application.

Dans tous les cas qu'il a fallu énumérer, l'*institor* apparaît à la fois comme chargé d'une mission générale, pour une série d'actes, et comme préposé à des affaires commerciales : voilà le double trait qui le caractérise, et le distingue du mandataire. On pourrait ajouter d'après un texte d'Ulpien (L. 5, § 10, *inst.* [3]) qu'il doit avoir reçu pouvoir non pas seu-

[1] *Omnes vias pecuniae norunt*, dit Cicéron, *ad Quint. fr.*, I, 1. Il était lui-même en compte courant avec les plus grands personnages. (G. Boissier, *Cicéron et ses amis*, p. 113; et ce que le même ouvrage rapporte d'une façon si piquante, sur Rabirius, p. 130, sur Atticus, p. 169, s.).

[2] *Adde* L. 62, *de solut.*, XLVI, 3. — Le *servus dispensator* administre la fortune des capitalistes (Gaius, I, § 122); on peut voir le rôle joué auprès de Cicéron par son esclave Tiron, secrétaire et intendant (G. Boissier, *op. cit.*, p. 113). — Les textes parlent souvent du *calendarium* (L. 6, *de instruc. vel instrum.*, XXXIII, 7; L. 23 pr., *de pecul. leg.*, XXXIII, 8). Sénèque lib. 13, *ép.* 87 : « *divitem illum putas, quia magnus illi calendarii liber volvitur.* » Horace, Epod. II, *in fine.* — Les mêmes fonctions existèrent aussi dans l'administration publique (C. Th. liv. X, tit. 24; liv. XII, tit. 11). *Adde* sur le *dispensator*, Pomponius, L. 66 pr., *de verb. sign.*, L, 16.

[3] *Sed et cum fullo peregre proficiscens rogasset ut discipulis suis, quibus tabernam instructam tradiderat, imperaret, post cujus profectionem vestimenta discipulus accepisset, et fugisset, fullonem non teneri, si quasi procurator fuit relictus; sin vero quasi institor, teneri eum; plane si adfirmaverit mihi, recte me credere operariis suis, non institoria, sed ex locato tenebitur* ». Le troisième cas, distingué par la dernière phrase, est celui où le maître foulon a traité lui-même avec le client.

lement de diriger les affaires, mais encore de traiter avec public. La définition demeure toujours incomplète parce q les jurisconsultes ont bien touché incidemment les idé d'actes de commerce (*negotiatio*), de spéculation (*quæstu* mais que dans aucune partie du droit ils n'étaient conduits les approfondir[1]. Il faut donc se contenter de ces quelqu vues ouvertes par nos textes sur ce qu'étaient en pratique l affaires commerciales, sans rechercher dans le droit roma une idée théorique qu'il n'a pas conçue.

II.

DU PRÉPOSANT, DU PRÉPOSÉ, POUVOIRS DU PRÉPOSÉ.

Laissant donc maintenant de côté la recherche historiqu de l'origine de nos actions, l'étude des rôles divers du *ma gister navis* ou de l'*institor*, on peut préciser par des règl abstraites les idées juridiques qui se formèrent sur le prépo sant, le préposé, les pouvoirs de ce dernier, leur étendue e leur durée.

23. *Du préposant.* — Le préposant, s'il s'agit d'un navire peut en être propriétaire ou simple locataire (Ulpien L. 1, § 15, *exerc.*). Il est parlé ici d'un mode de location spé cial, *per aversionem*; les interprètes se sont à l'envi exercé à le définir; la plupart ont, d'après d'autres textes, d'aprè la version des Basiliques, donné la traduction littérale : *pe aversionem, aversione*, équivaut à *in universum*, et signifi en bloc, en gros[2]. Le contrat ainsi désigné met le propriétaire

[1] Le droit fiscal s'y essaya, pour déterminer l'assiette du *portorium* : H. Naquet Des impôts indirects chez les Romains (br. in-8°, Paris. 1875), ch. II, § IV.

[2] L. 4, §§ 1 et 2, *de peric. et comm.*, XVIII, 6. — L. 62, § 2. *De contr. empt.* XVIII, 1. — L. 36, § 2, *loc.*, XIX, 2. — Les Basiliques portent : εἰς ὁ ἐν ἀθρόῳ

le constructeur, à l'abri des risques de l'entreprise et de la navigation; l'*exercitor*, locataire, lui paie à forfait une redevance fixe, quelquefois perpétuelle, comme par une sorte de bail emphytéotique, et devient à sa place le véritable armateur[1].

L'*institor*, sans doute aussi le *magister navis*, peut être préposé par un tuteur, un curateur, un mandataire. (Ulpien, L. 5, § 18, L. 7, pr. *inst.*). Si le préposant est un mandataire général, *omnium rerum procurator*, il se trouvera, lui aussi, en même temps que le mandant, soumis à l'action *institoria* (Paul, L. 6, *inst.*)[2].

24. Si plusieurs se sont réunis pour armer un navire, et qu'ils aient fait l'un d'entre eux *magister*, ou pris le même *magister*, peut-être un esclave commun, l'action *exercitoria* sera donnée contre chacun d'eux *in solidum*, sauf règlement ultérieur entre eux suivant leur quote-part d'intérêt[3]. Gaius explique la règle pratiquement, *ne in plures adversarios distinguatur qui cum uno contraxerit* (LL. 1 § 25, 2, 3, L. 4, § 1, L. 5, § 2, *exerc.*). Si tous sont au contraire à la fois patrons et capitaines du navire, ils ne sont tenus que proportionnellement à leur part (L. 4, pr., *exerc.*). De même pour le commerce de terre, plusieurs peuvent avoir boutique et esclave préposé communs; ils seront poursuivis *in solidum*, et non pas seulement pour leur part virile, ou pour leur part de propriété dans la marchandise ou sur l'esclave. (Ulpien, L. 13, § 2, *inst.*). Il en sera encore ainsi, au cas où ils auraient préposé à une

ἔστω, εἴτε παρὰ δεσπότου τὸ πλοῖον ἐμισθώσατο ἐν ἀρχῇ. — V. Brisson, v° *exercitio* ; Cujas, *ad Cod.* l. 4. *etc.*

[1] Labeon, L. 10, § 2. *De leg. Rhod.*, XIV, 2. — Grande Glose. — Bardoux, institutes. — Voët, ad pand. — Pardessus.

[2] *Est enim quasi dominus.* (Cic. pro Caec.). — Cujas, ad Paulum. — Cfr. L. 1, § 9, *quod jussu*, XV, 4. Bochka (p. 37), remarque que le mandant se trouve ainsi obligé par représentant ; mais la préposition, le *jussus* ne sont pas des contrats.

[3] Sic. L. 27, § 8, *de pecul.*, XV, 1. — La solidarité que crée ainsi la préposition faite en commun répond à un besoin tellement constant du commerce que les textes du droit romain ont été cités et appliqués jusqu'à ces derniers temps dans tout l'Occident et particulièrement en Italie. V. Pardessus, Lois maritimes avant le XVIIIe siècle ; C. Lyon-Caen, Note sur un arrêt de la Cour de Cassation du 27 février 1877 (Sirey, 1878, 1, 209).

boutique commune un esclave étranger, chargé des affaires sociales. (Paul, L. 14, *inst.*).

25. Quant à la capacité requise chez le préposant, les femmes ne subissent du sénatus-consulte Velléien aucune interdiction d'entreprendre le commerce maritime ou terrestre. Si par les actions *institoria* et *exercitoria*, elles se trouvent engagées à répondre des contrats d'un tiers, elles n'ont pas pour cela intercédé, et ne sont liées que dans leur propre intérêt. (Ulpien, L. 1, § 16, *exerc.* — L. 7, § 1, *inst.*)[1]. Quant au pupille, il ne peut prendre un préposé sans son tuteur, qui d'ailleurs peut le choisir seul. (LL. 9, 10, 11 § 1, *inst.* — L. 1, § 16, *exerc.*).

26. Si l'*exercitor* est en puissance, fils, fille, ou esclave, une disposition spéciale de l'édit soumet à l'action le père ou le maître eux-mêmes, sous la seule condition que leur volonté ait autorisé l'entreprise du commerce maritime. Ulpien rapporte ainsi le texte même de l'édit : « *Si is qui navem exercuerit, in aliena potestate erit, ejusque voluntate navem exercuerit, quod cum magistro ejus gestum erit, in eum, in cujus potestate is erit, qui navem exercuerit, judicium datur.* » (L. 1, §§ 19 à 21, *exerc.* — Paul, *Sent.* liv. II, tit. VI.). Si l'assentiment a été donné par le père et le fils de famille à l'esclave de ce dernier pour entreprendre le commerce maritime, tous deux seront également tenus de l'action *exercitoria*, qui autrement ne pourrait être dirigée contre personne. (L. 1, § 2, *exerc.*). Ils sont alors obligés, non pas *tributoria*, comme s'ils avaient simplement connu l'entreprise, ou *de peculio*, comme s'ils l'avaient ignorée, mais pour le tout, et même après affranchissement, émancipation ou mort de l'*exercitor*. (Paul, L. 6, pr. *exerc.* Ulpien, L. 4, §§ 3 et 4, *exerc.*). Si l'assentiment a été donné par les maîtres indivis de l'esclave

[1] L. 4, C. *de inst. et exerc.*, IV, 25. — Cujas : *licet accessoria sint actiones, non videntur aliena esse contractus, sed mulieris.* — Pothier : *in rem suam mulier suscipit obligationem.* — Gide, *op. cit*, p. 178 — Les femmes ne peuvent cependant faire le commerce de banque (L. 12, *de edend.*, II, 13.) ; on a pensé que c'était une sorte d'office public (Saumaise, *de fœnore trapezitico*).

exercitor, ils seront tenus chacun pour le tout. (L. 4, § 2, L. 6, § 1, *exerc.*[1]). On peut donc dire qu'ils ont véritablement traité eux-mêmes comme préposants. Le père et le fils seraient également tenus pour le tout si c'est l'esclave *exercitor* lui-même, et non son préposé, qui a contracté, dans l'intérêt de son commerce maritime. La doctrine interprète ainsi très-largement l'édit. (L. 1, § 23, *exerc.*).

L'usage n'étendit pas ces sûretés exceptionnelles au commerce de terre[2]. Ulpien l'enseigne et l'explique dans des termes qu'il faut citer :

Ideo autem ex voluntate in solidum tenentur, qui habent in potestate exercitorem, quia ad summam rem publicam navium exercitio pertinet. At institorum non idem usus est... (L. 1, § 20, *exerc.*).

Pour l'*institor*, le droit commun prétorien s'applique : si le préposant fait le commerce au su et même avec l'assentiment du maître ou du père, ceux-ci sont soumis, en vertu du contrat du préposé, à l'action *tributoria ;* sinon, à l'action *de peculio* (L. 1, § 20, *exerc.*). Il est à remarquer que, si le préposant est un esclave, ces deux actions seules restent ouvertes; l'*institoria* n'étant en effet donnée que contre le préposant, elle ne peut être ici exercée, puisqu'on ne peut agir contre un esclave[3]. C'eût donc été, semble-t-il, le cas d'accorder les mêmes facilités de poursuite qu'en matière de commerce maritime. La différence établie par l'édit entre les deux sortes de prépositions semble au contraire avoir été respectée par la doctrine.

27. *Du préposé.* — Le préposé peut être homme ou

[1] Il faut discerner dans les textes les deux sens juridiques de l'expression latine *in solidum ;* elle s'applique tantôt à l'obligation du maître tenu pour le tout et non pas dans les limites du pécule, tantôt à l'obligation de plusieurs à chacun desquels le créancier peut demander le tout. Nous verrons enfin, non plus entre les préposants, mais entre le préposant et le préposé, quelque chose d'analogue à la corréalité. (*Infra*, n° 38.)

[2] On peut rapprocher la doctrine plus large admise pour l'*actio in factum* dans un cas particulier d'obligation *quasi ex delicto* (Ulpien L. 3 § 3, L. 7, § 6, *naut. caup. stab*, IV, 9. — § 3. *Instit.*, liv. IV, tit. V). Cfr. Ulpien, L. 1, § 2, *exerc.*

[3] L. 107, *de reg. jur.*, L, 17. — L. 41, *de pecul.*, XV, 2.

femme[1], pupille, enfant de tout âge, sous la puissance du préposant, ou au contraire *extraneus*, c'est-à-dire étranger à lui, esclave d'autrui ou homme libre ou affranchi (Ulpien, L. 1, § 4, *exerc.* — L. 7, §§ 1 et 2, *inst.* — Papinien, L. 10, § 2, *inst.*).

Mais il n'est pas vraisemblable que la disposition primitive de l'édit ait assimilé le préposé *extraneus* au préposé en puissance. Les Romains ont évidemment longtemps préféré leurs propres enfants ou esclaves pour la conduite de leurs affaires commerciales, comme des instruments habituels d'acquisition, avant que de louer ou d'emprunter l'esclave d'autrui[2], un affranchi ou un homme libre. Dès lors, le droit prétorien n'a pas dû devancer l'usage. Il n'est pas davantage à présumer que l'obligation ait pu grever le préposant, d'après l'édit, *per extraneam personam*, même à titre accessoire et en matière commerciale, dès avant le jurisconsulte Ofilius, contemporain de César, alors que Nératius, au temps de Trajan et d'Hadrien, présente comme encore contestée la doctrine du transport de la possession par mandataire (L. 41, *de usurp. et usuc.*, XLI, 3). On a dit, il est vrai, que le Digeste ne portait aucune trace de cette distinction primitive[3]. Il ne faut pas répondre, en rétablissant d'après Ulpien le texte même de l'édit, qui semble en effet suivi et analysé dans la loi 1re du titre *de exercitoria actione*[4] ; car cette restitution, telle qu'on l'a essayée, nous montrerait simplement prévus dans l'édit les deux cas d'un

[1] On choisissait même volontiers pour les boutiques des enfants ou des jeunes filles (Gaius, L. 8, *inst.*). Faut-il citer le latin de Lauterbach : «Secundum glosam ratio est (ut sic provocent contrahentes) ut speciosa puellarum forma homines ad contrahendum invitentur ; quod et hodie præprimis in Gallia ad emungendas exterorum crumenas usu servari notum est. » Ce pourrait être là le commentaire de la L. 1, C. *de natur. lib.*, V. 27, qui ne porte nullement, comme on le dit généralement, une note d'infamie contre toute femme commerçante.

[2] On peut remarquer combien dans ce cas les recours se compliquaient. — L. 5 pr. *exerc.* L. 12, *inst.* Pardessus, et Pothier. *h. t.*

[3] Thibaut, *Archiv für die Civilistische Praxis* (Heidelberg. 1829), vol. XII, p. 176 et s.

[4] Pardessus, d'après Noodt, restitue ainsi les deux chapitres de l'édit : *Quod cum magistro navi gestum esse dicetur, ejus rei nomine cui ibi præpositus erit, de eo adversus exercitorem judicium dabo. — Si is qui navem exercuerit, quod cum magistro ejus gestum erit, in eum in cujus potestate erit, qui navem exercuerit, judicium dabo. — Sic*, Zimmern, *Geschichte des röm. Rechts*, I. 2e pie, p. 507.

exercitor sui juris ou d'un *exercitor* en puissance, et ce n'est pas du préposant, de l'*exercitor* que nous nous occupons. Au contraire, selon nous, pour le cas d'un *magister* ou d'un *institor extraneus*, d'un préposé non soumis à la puissance, l'édit primitif n'aurait pas d'abord établi d'action. Les Institutes de Justinien semblent bien plutôt garder la marque d'une extension de la règle en dehors de sa portée première :

... Istas tamen duas actiones prætor reddit, etsi liberum quis hominem, aut alienum servum, navi, aut tabernæ, aut cuilibet negotiationi præposuerit, scilicet quia eadem æquitatis ratio etiam eo casu interveniebat (§ 2, *Inst.*, liv. IV, tit. VII).

Et Gaius disait bien, en effet, que le préteur avait créé les actions *institoria* et *exercitoria* pour le préposé en puissance, qu'on les accordait cependant aussi pour le préposé *extraneus* : au premier cas, *actiones prætor comparavit ;* au second cas :

... Quin etiam, licet extraneum quis quemcunque magistrum navi præposuerit, sive servum, sive liberum, tamen ea prætoria actio in eum redditur (Gaius, IV, § 71).

La différence et le sens propre des expressions employées, l'ordre aussi suivi dans l'exposition par ces deux textes, sont des indices qui fortifient singulièrement les présomptions historiques[1]. Quant aux raisons d'équité, qui exigeaient que le préposant répondit des contrats dont il bénéficiait, elles ne demandaient pas une règle générale, elles n'avaient précisément aucune valeur quand le préposé était *extraneus* et ne liait les tiers qu'envers lui-même. C'est dans ce cas en sens inverse, au profit du préposant, que la réciprocité dut plus tard être introduite. La lenteur de ce dernier progrès, resté incomplet, achève de faire ressortir la différence qui dut être établie primitivement, et peut encore démontrer que l'*extraneus* ne fut pas dès le principe assimilé au préposé en puissance.

[1] En ce sens, PUCHTA, *Institutionen*, § 266. — *Contra*, BUCHKA, p. 37 et 38.

28. L'assimilation faite, comme elle l'est au Digeste, il arriva que le préposé, esclave d'autrui, traitât avec son maître pour le compte du préposant. Les textes en donnent différents exemples. Ainsi mon esclave te sert de *magister navis*, et je traite avec lui : je te poursuivrai directement *exercitoria* (Paul, L. 5, pr., *exerc.*). Il n'existe alors que l'action accessoire, de même qu'à l'inverse l'action directe se trouvera parfois seule, le *magister* pouvant être poursuivi, non l'*exercitor* (L. 5, § 1, *exerc.*). Dans un cas identique au premier, mais où il s'agit d'un *institor*, Ulpien décide qu'une vente peut intervenir entre l'esclave et son maître, bien que le maître ne soit pas obligé (L. 11, § 8, *inst.*); Julien ne donne cependant au maître qu'une *actio institoria utilis* contre le préposant (L. 12, *inst.*). Il n'apparaît pas de raison pour qu'on ait distingué entre les deux cas[1].

29. Le *magister navis* peut avoir lui-même un préposé à qui il délègue ses pouvoirs. Cette faculté de prendre un sous-préposé n'était pas encore certaine au temps de Julien. Ulpien l'admet pour éviter que les contractants soient trompés, et il la maintient même contre la défense formelle de l'*exercitor*; l'intérêt de la navigation l'exige (*eo usque producendum utilitatem navigantium.* L. 1, § 5, *exerc.*). Pour l'*institor*, les interprètes modernes n'ont pas supposé qu'il pût avoir un préposé ; le texte suivant de Paul laisse cependant peu de doute :

> Quod cum discipulis[2] eorum, qui officinis vel tabernis præsunt, contractum est, in magistris vel institores tabernæ in solidum actio datur (*Sent.*, liv. II, tit. VIII, § 3).

Si d'ailleurs Ulpien admet plus facilement un sous-préposé pour un navire que pour une boutique, *propter utilitatem*, il

[1] Fabre a longuement expliqué ce texte. Pothier remarque seulement qu'il n'y a pas une vente véritable, qu'il naît seulement des obligations naturelles entre le maître et l'esclave.

[2] *Discipuli*, ce sont les apprentis, les commis ; *magistri*, plus loin, le préposant.

ne contredit pas directement la décision donnée par Paul[1]. Il se montre disposé à la tempérer par une idée, dont nous connaissons déjà maintes applications de détail, sans qu'elle soit absolue, à savoir la faveur réservée à *l'actio exercitoria.* Il nous donne du reste de sa solution au moins une raison qui est générale, applicable aux commis avec qui un tiers aurait traité : *alioquin contrahentes decipientur.* La sûreté qu'exigeait le crédit a pu être également considérée dans les deux cas, ainsi qu'on va encore le voir.

30. *Pouvoirs du préposé.* — Le préposé n'engage le préposant que dans la limite des pouvoirs qui lui sont confiés ; cette limite est marquée par la nature même de l'affaire dont il est chargé. C'est ce que dit Ulpien :

> Non autem ex omni causa prætor dat in exercitorem actionem, sed ejus rei nomine cujus ibi præpositus fuerit... (L. 1, § 7, *exerc.*) — Igitur præpositio certam legem dat contrahentibus... (L. 1, § 12, *exerc.*). — Non tamen omne quod cum institore geritur, obligat eum, qui præposuit; sed ita, si ejus rei gratia, cui præpositus fuerit, contractum est... (L. 5, § 11, *inst.*)

31. Les tiers qui traitent avec le capitaine doivent donc s'enquérir de ses pouvoirs et même vérifier ses besoins. S'agit-il, par exemple, d'un prêt sollicité pour réparations au navire, le tiers, sans exiger un pouvoir exprès, devra s'assurer de la nécessité et de l'importance de la réparation ; il ne prêtera pas dit Africain, pour acheter des voiles dans une île où l'on n'en vend pas (L. 7 pr. et § 1, *exerc.*). Mais on ne peut l'astreindre à surveiller l'emploi de l'argent. Ulpien rapporte à cet égard une distinction, proposée par Ofilius et approuvée par Pedius : si l'argent a été détourné de son emploi, le prêteur conservera son recours à la double condition que, lors de l'emprunt, le capitaine n'ait pas eu la pensée de ce détournement, et que la destination de la somme ait été expressément

[1] Cfr. Ulpien, L. 1, § 2, *exerc. Si cum quolibet nautarum sit contractum, non datur actio in exercitorem.* Cfr. L. 1, §§ 2 et 3, L. 7, pr., *naut. caup. stab.*, IV, 9.

spécifiée (Ulpien, L. 1, § 9, *exerc.*). Il n'est pas besoin de rechercher si ce texte n'aurait pas été altéré par Tribonien[1] ; on peut s'en tenir à la formule fournie par Africain, qui exige du tiers *in summa aliquam diligentiam* (L. 7, § 1, *exerc.*).

Le pouvoir tacite d'emprunter, reconnu au capitaine, s'applique non-seulement aux dépenses d'entretien, de gréement du navire, mais de même à l'approvisionnement, à la solde des matelots (L. 1, §§ 7 et 8, *exerc.*). Il peut aussi recevoir expressément des pouvoirs plus étendus, dont les tiers devront bien connaître la portée. Il peut avoir mission de trafiquer, et se trouver, pour tout le commerce maritime, pour l'achat et la vente, comme un *institor*[2] :

> Magistri autem imponuntur locandis navibus, vel ad merces, vel vectoribus conducendis, armamentisve emendis ; sed etiam si mercibus emendis vel vendendis fuerit præpositus, etiam hoc nomine obligat exercitorem (L. 1, § 3, *exerc.*).

Le capitaine n'est d'ailleurs jamais maître absolu. Tel ne doit pas quitter une région, sortir d'une mer déterminée. Tel ne doit prendre que le service des voyageurs de Cassiope ou Dyrrachium à Brundusium ; tel au contraire, à qui sont interdits les passagers, ne devra se charger que de marchandises, et le fret sera pour l'un indiqué en grains ou en chanvre, pour l'autre en marbres[3]. Le navire peut être loué d'avance ou donné à louer, le prix à percevoir ou non. Enfin les rôles peuvent être répartis entre plusieurs, dont chacun est cependant *magister* ; ou bien la conduite du navire peut être confiée à tous les préposés sans qu'ils puissent agir séparément, et c'était là l'habitude la plus répandue. En de-

[1] C'est une hypothèse gratuite de Fabre. V. Pardessus.

[2] Cujas : *actio exercitoria et institoria est.* La première renferme en effet la seconde et a dû exister d'abord seule.

[3] ... *Si ut certis mercibus eum locet, prepositus est, puta, legumini, cannabe, ille marmoribus, vel alia materia loraret, dicendum erit non teneri ; quedam enim naves onerariæ, quedam (ut ipsi dicunt) ἐπιβατηγοὶ, id est vectorum ductrices, sunt, et plerosque mandare scio, ne vectores recipiant ; et sic, ut certa regione, et certo mari negocietur ; ut ecce sunt naves que Brundusium a Cassiopa vel a Dyrrachio vectores trajiciunt, ad onera inhabiles ; item quedam fluvii capaces, ad mare non sufficientes.* (Ulpien. L. 1, § 12, *exerc.*).

hors de ces termes, qui varient évidemment à l'infini, et dont Ulpien nous fournit les exemples précédents, *l'exercitor* ne pouvait être engagé ; il cessait de répondre des actes du *magister navis* (L. 1, §§ 12 à 14, *exerc.*). Ainsi se trouve, on peut le remarquer, singulièrement limité dans la pratique le principe qu'Ulpien formulait d'abord pour reconnaître au *magister* le droit de se donner un délégué : *omnia enim facta magistri debet præstare, qui eum præposuit ; alioquin contrahentes decipientur* (L. 1, §§ 5, *exerc.*). Ces limites se trouvaient imposées par les termes de l'édit : le préteur n'ouvre un recours du chef du *magister* ou de l'*institor* que « *ejus rei nomine cujus ibi præpositus fuit.* »

32. Les mêmes règles sont en effet données pour *l'institor* (Africain, L. 7, § 2. *exerc.*). Ses pouvoirs, naturellement définis par l'affaire même à laquelle il est préposé (Ulpien, L. 5, § 11, L. 11, § 5, *inst.*), sont, suivant les cas aussi, limités à la vente ou à l'achat ; commis à l'achat, il peut donner à crédit, recevoir des arrhes ou une sûreté (L. 5, §§ 12 à 15, *inst.* ; L. 1, C. *de inst. et exerc.*, IV, 25) : Préposé à la vente et à l'achat d'esclaves, de juments ou de troupeaux[1], il lie le préposant aux obligations accessoires du vendeur, action rédhibitoire, garantie du double (Paul, L. 17 pr., *inst.*). Préposé *pecuniis fœnerandis*, il peut se laisser déléguer par un emprunteur ; le préposant sera obligé envers le délégataire, et pourra poursuivre le déléguant ; mais il ne serait pas tenu si le préposé avait véritablement intercédé pour un autre que pour un client, s'était porté fidéjusseur, *intercessione æs alienum suscipiens* (Africain, L. 19. § 3, *inst.*[2]. — Paul, L. 8, *quod cum eo.*, XIV, 5). Le pouvoir

[1] *Si quis mancipiis vel jumentis pecoribusve emendis vendendisque præpositus.* (loc. cit.) — VARRON (*De re rustica* I, 17, 1.) range les esclaves avec les bœufs et les chariots parmi les instruments agricoles.

[2] MOMMSEN, d'après HALOANDER, corrige le texte *ut institor* — au lieu de *institorem*. Pour valider au premier cas, POTHIER dit : *hoc facit institor magis ut deleganti fœneret quam ut intercedat*. CUJAS distingue la *delegatio* de l'*expromissio*. FABER cite des textes analogues, sur le second cas. Le plus important, qu'il omet, nous paraît la L. 3, § 5 et 6, *de pecul.* XV, 1.

d'emprunter pour le négoce ne comporte d'ailleurs pas la faculté générale de faire en même temps un véritable commerce d'argent; il faut un pouvoir spécial (Ulpien, L. 13, pr., *inst.*), ou tout au moins une autorisation tacite (Papinien, L. 10, § 2, *inst.*)[1].

33. Comme d'ailleurs le seul fait de confier un négoce implique naturellement pouvoir donné de contracter, il fallait un signe certain pour manifester que ce pouvoir n'était pas accordé. Ulpien indique minutieusement que la prohibition, sous forme d'avis au public, devait être affichée bien en vue, au-devant de la boutique ou du lieu du commerce, rédigée en langue du pays, clairement écrite et en grosses lettres; et l'écriteau devait être constamment maintenu en place, soigneusement entretenu ou remplacé (L. 2, §§ 2 à 4, *inst.*)[2]. Souvent le préposant, limitant les pouvoirs de l'*institor*, ne l'autorisait à contracter qu'avec des sûretés, des fidéjusseurs, ou exigeait le concours de plusieurs de ses préposés au même acte. Il pouvait encore par dénonciation individuelle interdire à certains tout rapport d'affaires avec son préposé (L. 11, § 5, *inst.*). Dans ce dernier cas le maître se défend contre l'*actio institoria* par une exception *si ille illi non denuntiaverit ne illi servo crederet*; si l'esclave avait un pécule ou qu'il y ait eu *in rem versum*, le tiers répliquera par l'exception de dol (Paul, L. 17, § 4, *inst.*). Ces relations, sur lesquelles nous avons trop peu de détails, restent toujours régies par la bonne foi; Ulpien, en exigeant la publicité et une certaine fixité, rappelle le principe auquel l'analyse nous ramène toujours :

... Sed si alias cum alio contrahi vetuit, continua variatione, danda

[1] Nous lisons, avec FABRE : *tabernæ præpositus mercium causa*, et non pas : *mercium causa pecuniam accepit*. CUJAS explique le texte simplement en disant que le père est tenu *ex stipulatu*, et *institoria*, que son obligation comme fidéjusseur ne nove pas la seconde; c'est le sens qu'il faut adopter, si l'on s'attache à la ponctuation vulgairement suivie.

[2] *Adde* Paul, L. 47, pr., *de pecul*, XV, 1 : *Quoties in taberna ita scriptum fuisset*, cum Januario servo meo geri negotium veto, *hoc solum consecutum esse dominum constat ne institoria teneatur, non etiam de peculio*.

est omnibus adversus eum actio; neque enim decipi debent contrahentes (L. 11, § 5, *inst.*).

Le jurisconsulte Paul cite une application remarquable de cette idée dans la décision d'un *præfectus annonæ*, confirmée en appel par l'empereur, malgré l'opinion qu'il émit personnellement sans doute comme préfet du prétoire : un esclave chargé de prêter sur gage s'est obligé pour des acheteurs de grains; le *præfectus annonæ* donne l'action *institoria* contre le maître; le préposé avait cependant excédé ses pouvoirs. Mais on relevait, en fait, qu'il avait transformé sa mission, loué des greniers, payé pour autrui. Il parut que le maître devait répondre de tous ses actes (Paul, *lib.* 1, *Decretorum*, L. 8, *quod cum eo*, XIV, 5).

34. On vient de voir que les pouvoirs du préposé doivent être limités formellement et sans équivoque. Le même intérêt les fait considérer comme plus stables que ceux du simple mandataire, et la volonté de les révoquer doit être expresse.

L'affranchissement du simple *dispensator* met fin à sa mission; le paiement fait de bonne foi entre ses mains reste seul encore valable (*plerisque placuit*, dit Gaius, III. § 160). Au contraire l'affranchissement de *l'institor*, resté *apud mensam*, ne change pas ses pouvoirs avec sa condition (Papinien, L. 10, § 1, *inst.*). Quant à la mort du préposé, elle arrête sans doute la gestion, comme en matière de mandat. C'est du moins ce qui paraît résulter d'un texte de Papinien (L. 57, *mand.*, XVII, 1). D'après sa décision, les héritiers du mandataire chargé de vendre des esclaves ayant continué la gestion, le marchand d'esclaves acheteur ne pourra utilement intenter l'action publicienne; on donnera au mandant *l'exceptio justi dominii*, parce qu'il ne faut pas, dit le jurisconsulte, *eum qui certi hominis fidem elegit, ob errorem aut imperitiam heredum adfici damno.*

Les pouvoirs du préposé ne tombent pas par le seul effet de la mort du préposant. De droit commun, le mandat cesse par la mort du mandant (§ 10, *Instit.*, liv. IV, tit. XXVI); seulement on en vint à valider le paiement fait de bonne foi entre les mains du mandataire (Paul, L. 26, § 1, *mand.*, XVII, 1), et de même entre les mains de l'esclave *dispensator* (Paul, L. 62, *de solut.*, XLVI, 3), ou chargé du *calendarium* (Africain, L. 41, *de reb. cred.*, XII, 1). On alla plus loin pour l'*institor* : tandis que le simple teneur du *calendarium*, par exemple, peut bien encore recevoir un paiement après la mort du maître, mais ne pourrait pas prêter d'argent, l'*institor* continue valablement toutes transactions; ainsi l'exigent, dit-on, les relations commerciales (*propter utilitatem promiscui usus*). Par la même raison, il faut bien accorder au contractant l'action *institoria*, qu'il connaisse ou qu'il ignore la mort du préposant (Paul, L. 17, §§ 2 et 3, *inst.*[1]). On peut dire que l'*institor* reste en fonctions, tant qu'il n'est pas expressément révoqué; il est maintenu de fait, pendant que l'hérédité est jacente (L. 61, *de adq. rer. dom.*, XLI, 1), ou tacitement, si l'héritier du préposant, si le tuteur du pupille héritier ne l'écarte pas (Ulpien, L. 11 pr., *inst.*).

III.

RAPPORTS ENTRE LE TIERS CONTRACTANT, LE PRÉPOSÉ ET LE PRÉPOSANT.

Le mandat général pour affaires commerciales ainsi expliqué et défini, il reste à montrer quels liens de droit il établit entre le préposant, le préposé et le tiers contractant; ainsi

[1] Ulpien (L. 5, § 17, *inst.*) parle d'un tiers contractant *ignorans*; Paul, dans le § 3 cité, le suppose *sciens*. FABRE corrige par *nesciens*; ce qui ne le dispense pas de torturer les §§ 2 et 3 (et lui vaut d'un contradicteur passionné l'épithète de *vanitatis et arrogantiæ immodicus*). Nous suivons CUJAS (*Ad Africanum*, L. 41, *de reb. cred.*), ainsi que VOET et POTHIER.

apparaîtra avec précision la portée des règles consacrées par le prêteur, et leur rôle dans la théorie générale du droit.

35. *Action contre le préposé.* — Quand l'*institor*, ou le *magister navis*, contracte en sa qualité de préposé, il est personnellement obligé; l'action du contrat sera donnée contre lui. Le prêteur, en effet, ne le délie pas, comme simple porteur d'une volonté étrangère; mais il lui adjoint le préposant comme obligé. C'est ce que dit Paul (L. 5, § 1, *exerc.*) :

... hoc enim edicto non transfertur actio, sed adjicitur.

Le lien de droit naît donc véritablement tout d'abord dans la personne de celui qui figure au contrat, dans la personne du préposé.

Il n'est d'ailleurs obligé que s'il y a eu réellement une convention obligatoire. Tel est le sens du texte suivant de Scævola (L. 20, *inst.*) :

Lucius Titius mensæ nummulariæ, quam exercebat, habuit libertum præpositum; is Gaïo Seïo cavit in hæc verba : Octavius Terminalis, rem agens Octavii Felicis, Domitio Felici salutem. Habes penes mensam patroni mei denarios mille, quos denarios vobis numerare debebo pridie Calendas Maïas. Quæsitum est, Lucio Titio defuncto sine herede, bonis ejus venditis, an ex epistola jure conveniri Terminalis possit? Respondit, *nec jure his verbis obligatum*, nec æquitatem conveniendi eum superesse, cum id, institoris officio, ad fidem mensæ præstandam, scripsisset.

On ne peut, d'après ce texte, prétendre que l'*institor* se trouverait, dans certains cas, déchargé de l'obligation contractée envers le tiers, qu'il ne pourrait, par exemple, être poursuivi après avoir quitté ses fonctions. Ici Terminalis, commis du banquier Lucius Titius, écrit dans l'intérêt d'un client, Octavius Félix, à un autre client; il donne avis à ce dernier d'une échéance prochaine. Mais le jurisconsulte prend soin de dire que Terminalis, d'après les termes de la lettre, ne s'est pas engagé, avant d'ajouter qu'en équité, il ne reste pas davantage de raison pour le poursuivre comme *institor*. Le texte ne suppose pas un pacte de constitut; il indique une simple notification sur l'état de la créance du correspondant, un relevé de compte sans force obligatoire[1].

36. On peut donc dès maintenant l'affirmer, il n'y a pas, même dans le droit prétorien, de représentation proprement dite, puisque le représentant ici reste obligé, qu'il est partie au contrat, et demeure soumis à l'action. Il ne faut pas, du reste, oublier que son incapacité civile peut s'opposer soit à la formation d'un lien de droit autre que naturel, s'il est esclave, soit à la poursuite de l'obligation, faute de biens propres, s'il est fils de famille. Dans ce cas, l'obligation du préposé n'était que théorique; on sait que c'est là l'origine, en même temps que la portée primitive, de la réforme prétorienne. Mais, tout en remédiant à ce défaut de sanction pratique, l'édit n'en avait pas moins toujours comporté l'idée, toute romaine, sur laquelle nous insistons, d'une obligation du préposé; la formule même devait contenir précisément à cet égard une fiction, et quand l'action était intentée *ex persona servi*, il fallait dans l'*intentio* conçue *in jus* alléguer une créance qui eût été valable contre l'esclave « *si liber esset*[2]. »

37. *Action contre le préposant.* — L'action donnée au tiers contre le préposant n'est pas, d'ailleurs, une action spéciale; il n'y a pas d'action s'appelant de son nom propre *actio institoria* ou *exercitoria*; c'est là une appellation générale, accessoire. L'action qu'accorde le préteur contre le préposant, c'est l'action même du contrat, qualifiée en outre *institoria* ou *exercitoria*. Elle dérive de l'obligation du préposé. Sans doute, le droit prétorien contient bien l'idée intermédiaire qui prépare la transition à la conception mo-

[1] Buchka, p. 45. Pothier, avec la Glose, dit : *magis protestatus est fidem mensæ cui erat præpositus, quam ipse suo nomine contraxit.*

[2] Keller, Procédure civile des Romains, trad. Capmas, p. 133.

derne du contrat conclu par représentant. On parle même d'une *honoraria obligatio* à la charge du préposant (L. 1, § 24, *exerc.*). Mais on ne s'est pas avancé jusqu'à laisser le mandataire commercial en dehors du lien de l'obligation. On dit, formellement aussi, que l'action est donnée *ex persona magistri* (L. 1, § 24, *exerc.*). Il faut que le préposé reste le véritable débiteur. La novation faite avec lui éteint toute la dette (L. 13, § 1, *inst.*). Dans la formule de l'action, c'est uniquement la personne du préposé qui figure à l'*intentio*, la personne du préposant poursuivi apparaît seulement dans la *condemnatio*.

38. Le préposant semble ainsi un débiteur accessoire, ajouté au débiteur principal, le préposé (*adjicitur*). Le tiers contractant a suivi la foi du préposant, et l'a considéré en quelque sorte comme un fidéjusseur ; il reçoit du préteur comme un recours en garantie, qui peut être préférable à l'action principale et directe. L'obligation qui lie envers lui à la fois le préposé et le préposant a quelque rapport avec la corréalité [1]. Il résulte, en effet, de la formule même de nos actions, que la poursuite, une fois exercée contre l'un, ne peut être renouvelée contre l'autre. C'est ce que dit Ulpien (L. 1, § 24, *exerc.*) :

Hæc actio ex persona magistri in exercitorem dabitur ; et ideo, si cum utro actum est, cum altero agi non potest.

Ce n'est pas là, à proprement parler, bien qu'on l'ait dit, un résultat purement accidentel ; car la rédaction de la formule, qui le produit, donne réellement au fond une image de l'idée juridique elle-même. Dans la formation du contrat, comme dans l'*intentio*, il n'y a qu'un obligé [2] ; l'action, au moyen de la *condemnatio*, peut seulement être au choix dirigée contre l'obligé ou contre son préposant. Ulpien parle bien, il est vrai, d'une *honoraria obligatio* qui pèserait sur le préposant ; mais c'est pour expliquer l'effet du paiement

[1] V. Sur ce point, SAVIGNY, § 21 (trad. T. 1er, p. 230 et suiv.).
[2] *Sic*, DEMANGEAT, Des obligations solidaires en Droit Romain, p. 216.

opéré par lui, et il le compare au paiement fait par un tiers, étranger au contrat :

... Si quid sit solutum, si quidem a magistro, ipso jure minuitur obligatio; sed et si ab exercitore, sive suo nomine, id est propter honorariam obligationem, sive magistri nomine solverit, minuetur obligatio; quoniam et alius pro me solvendo me liberat (L. 1, § 24, *exerc.*).

Quant à la créance invoquée en agissant, elle n'en est pas moins unique; voilà pourquoi l'action, une fois exercée, ne peut plus être renouvelée [1]. En réalité, dans la conception romaine, il n'y a ici ni corréalité, ni solidarité comme entre plusieurs préposants, ni cautionnement. Il y a une simple facilité donnée pour agir, un choix offert entre les deux personnes (L. 1, § 17, *exerc.*), le préposant étant, si l'on pouvait s'exprimer ainsi, *adjectus actionis gratia*, désigné pour être poursuivi.

39. Le préposant n'est pas seulement soumis aux actions accordées par le préteur; il peut être sujet à la *condictio*. C'est ce que dit Justinien (§ 8, *quod cum eo q. in al. pot.*, *Instit.*, liv. IV, tit. VII) :

Illud in summa admonendi sumus, id quod jussu patris dominive contractum fuerit, quodque in rem ejus versum erit, directo quoque posse a patre dominove condici, tanquam si principaliter cum ipso negotium gestum esset. Ei quoque qui vel exercitoria vel institoria actione tenetur, directo posse condici placet, quia hujus quoque jussu contractum intelligitur.

Paul s'exprime de même (L. 29, *de reb. cred.*, XII, 1) :

Si institorem servum dominus habuerit, posse dici Julianus ait, etiam condici ei posse : quasi jussu ejus contrahatur, a quo præpositus sit.

On a essayé parfois d'appuyer sur ce dernier texte une opi-

[1] G. IV, § 57. — *Cfr.* L. 28, C., *De fidej.*, VIII, 41.

nion qui ne paraît pas devoir être adoptée. Le droit civil aurait en quelque sorte absorbé la réforme prétorienne, et la *condictio* aurait, dans tous les cas, remplacé l'action du contrat. Mais comment admettre, dès l'époque de Julien, et pour un résultat assez inutile d'ailleurs en pratique, un développement aussi hardi de l'idée prétorienne, et un renversement complet des principes du droit civil sur la *condictio*?[1] Paul, rapportant l'opinion de Julien, n'a pas pu, en quelques mots, décider que la *condictio* serait donnée pour l'exécution d'un contrat de bonne foi, et en concours avec l'action même de ce contrat. La véritable portée de sa décision est parfaitement donnée aux Institutes. La *condictio* est ouverte contre le préposant, dans les cas où en contractant lui-même il s'y serait trouvé soumis (*tanquam si principaliter cum ipso negotium gestum esset*). C'est dire, en d'autres termes, que si le contrat passé par le préposé donne naissance ou arrive à donner lieu à une *condictio*, le préposant s'y trouvera soumis[2]. Et si les textes parlent de cette action exercée directement, c'est que précisément, en vertu des principes mêmes du droit civil, la *condictio*, tout en étant de droit strict, était accordée toutes les fois que le contractant avait suivi la foi d'autrui, et qu'il y avait eu enrichissement d'un patrimoine au détriment d'un autre sans cause actuelle. Cette dernière idée particulièrement explique seule la décision suivante :

Proculus ait, si denunciavero tibi ne servo a me præposito crederes, exceptionem dandam, si ille illi non denuntiaverit, ne illi servo crederet. Sed si ex contractu peculium habeat, aut in rem meam versum sit, nec velim, quo locupletior sim, solvere, replicari de dolo malo oportet ; nam videri me dolum malum facere, qui ex aliena

[1] Les plus anciens auteurs, ACCURSE, ALCIAT, BAUDOIN, interprètent au contraire restrictivement le texte des Institutes. CUJAS et DONEAU, FABRE aussi appliquent les principes du droit civil. C'est plus tard, semble-t-il, et par exemple dans VINNIUS qu'apparaît la doctrine admise ensuite en Allemagne (LAUTERBACH, THIBAUT), et enseignée chez nous par M. DEMANGEAT (Cours élém., t. II, p. 611). Nous suivons ORTOLAN (Explic. hist. des Instit., n° 2218), M. LABBÉ, à son cours, et la doctrine de SAVIGNY (Obligations, § 51, trad. tom. II, p. 176 et 177. — *Adde*. Système, tom. V., append. XIV, n° 23).

[2] La Glose exprime fort bien qu'il n'y a rien d'autre ici que l'action née du contrat, donnée directement, *non additâ adjectione*.

jactura lucrum quæram. — Ex hac causa etiam condici posse verum est (Paul, L. 17, §§ 4 et 5, *inst.*).

Paul donne ici la *condictio sine causa*, dans la limite de l'enrichissement sans cause du préposant[1]; mais aucun texte ne permet de croire que la *condictio* ait pu être employée, comme action directe générale, dans tous les contrats indifféremment, toutes les fois que le préposant se trouvait soumis à une action *institoria* ou *exercitoria*[2]. Les deux décisions de Paul indiquent simplement qu'il y a des cas où le tiers contractant a la *condictio* directe contre le préposant.

40. *Action du préposant.* — Le principe prétorien, aidé ainsi en quelque mesure par la *condictio*, comme il ne contenait pas l'idée même de représentation, n'ouvrit pas au préposant une action contre les tiers contractants, en même temps qu'il conférait à ceux-ci le choix de poursuivre le préposé ou le préposant *ex persona magistri* ou *institoris*. Ce ne fut pas là une anomalie, parce que précisément il ne s'agissait pas d'une idée logique introduite tout entière et théoriquement développée dans ses conséquences; il y eut simplement un progrès pratique du droit pour satisfaire à certains besoins nouveaux. Et tout d'abord, comme on employait de préférence aux affaires ses esclaves ou ses enfants, il fallut une action contre le préposant. Mais celui-ci se trouvait déjà juridiquement investi du droit d'agir, en vertu des contrats ainsi passés par ces personnes en puissance. Il n'avait alors besoin d'aucun secours analogue. C'est ce que dit Ulpien :

[1] Cujas semble cependant ici (*ad Paulum*, h. l.) enseigner d'une façon générale que la *condictio* pourrait toujours remplacer l'action donnée par le préteur. Telle n'est certainement pas la théorie de Doneau (*ad tit.*, *de reb. cred.*), qui n'admet même pas la *condictio*, si l'*institor* est un *extraneus*. Dans ce cas, différents auteurs, comme Alciat, Baudoin, n'admettent la *condictio* que *utiliter tantum*, *cum adjectione*, *non directe*.

[2] Nous avons laissé de côté deux lois, étrangères en réalité à la difficulté, bien que figurant souvent dans la discussion. L'une accorde la *condictio* dans un cas où l'action *quod jussu* n'est pas ouverte (L. 5, pr., *quod jussu*, XV, 4). L'autre accorde peut être une action *pro socio quod jussu* ou *institoria*; elle n'indique nullement une *condictio* (L. 84, *pro socio*, XVII, 2).

Sed ex contrario exercenti navem adversus eos, qui cum magistro contraxerunt, actio non pollicetur : quia non eodem auxilio indigebat... (L. 1, § 18, *exerc.*) — Æquum prætori visum est, sicuti commoda sentimus ex actu institorum, ita etiam obligari nos ex contractibus ipsorum, et conveniri. Sed non idem facit circa eum, qui institorem præposuit, ut experiri possit : sed si quidem servum proprium institorem habuit, potest esse securus, adquisitis sibi actionibus... (L. 1, *inst.*)

41. Cependant, quand les actions *institoria* et *exercitoria* admirent un préposé *extraneus*, la réciprocité qu'elles avaient établie se trouva rompue au détriment du préposant. Il ne peut pas en effet agir de lui-même contre le tiers contractant Il lui fallait poursuivre son préposé en reddition de compte. par l'action du contrat de préposition intervenu entre eux. C'est ce que dit Ulpien dans la suite des deux textes cités :

... Sed aut ex locato cum magistro, si mercede operam ei exhibet, aut, si gratuitam, mandati agere potest... (L. 1, § 18, *exerc.*) — ... Si autem vel alienum servum, vel etiam hominem liberum, actione deficietur : ipsum tamen institorem vel dominum ejus convenire poteris, vel mandati, vel negotiorum gestorum... (L. 1, *inst.*)

Le préposant se trouvait ainsi exposé à tous les risques d'insolvabilité, et en tous cas aux embarras d'une double procédure.

42. Cette inégalité ne put subsister dans la pratique. Le *præfectus annonæ*, magistrat chargé, dès le commencement de l'empire, de l'approvisionnement avec pouvoir d'en régler le contentieux [1], dut venir au secours des *exercitores*, et prit

[1] Le *præfectus annonæ* existait à l'avènement de Tibère (Tacite, Ann., I. 7). C'est un magistrat institué lui-même *extra ordinem, utilitatis causa* (Pomponius L. 2, § 33, *de orig. jur.*, I, 2), intendant supérieur préposé aux distributions, chargé de l'approvisionnement et de la surveillance du marché, avec juridiction sur la boulangerie publique (L. 8, *quod cum eo.*, XIV, 5. — L. 13, *de accus.*, XLVIII, 2. — L. 3, *de Leg. Jul. de ann.*, XLVIII, 12. — L. 1, C., *de off. præf. urb.*, I, 28. — C. Th. liv. XIV, tit. 3, *de pistor.* — *Cfr.* L. 1, § 11, *de off. præf. urb.*, I, 12.) D'après Serrigny (Droit public romain, p. 258 et s.), il y eut un *præfectus annonæ* à Rome, à Constantinople, à Alexandrie, peut être aussi à Carthage. — Athènes avait eu une magistrature analogue dans les [illegible] (G. Perrot. Du commerce des céréales en Attique. *Revue historique*, mai-juin 1877, p. 17).

l'habitude de leur accorder *extra ordinem* action contre les tiers :

... Solent plane præfecti propter ministerium annonæ, item in provinciis præsides provinciarum, extra ordinem eos juvare ex contractu magistrorum (L. 1, § 18, *exerc.*)

Plus tard peut-être, mais certainement avant Marc Aurèle, l'action directe fut donnée à tout commettant qui justifierait n'avoir pas d'autre ressource :

... Marcellus autem ait, debere dari actionem ei, qui institorem præposuit, in eos qui cum eo contraxerint. — Eo nomine, quo institor contraxit, si modo aliter rem suam servare non potest (Ulpien, L. 1, Gaius, L. 2, *inst.*)

43. Ici véritablement, pour la première fois, le préposant apparaît comme représenté au contrat ; il entre directement dans le lien de l'obligation. Mais c'est une faveur que le magistrat mesure, qu'il accorde ou refuse suivant les cas. Si l'idée de la représentation se trouve ainsi exceptionnellement admise, elle ne reçoit ni portée générale, ni formule expresse. Elle existe, en quelque manière, à l'état latent, dans le palliatif adopté par la pratique ; dans la création même des actions *institoria* et *exercitoria*, il était impossible de l'apercevoir.

C'est la conclusion qu'il importe de retenir au moment d'examiner l'influence des actions que nous venons d'étudier sur la théorie générale dont nous allons suivre les progrès.

CHAPITRE IV

CAS EXCEPTIONNELS DE REPRÉSENTATION

44. Pour expliquer qu'une idée encore aussi imparfaite, déposée en germe dans une partie du droit relativement peu importante, ait cependant réagi sur le droit civil, et qu'elle soit venue battre en brèche le vieux principe de la non représentation dans les contrats, il faut rappeler que ce principe était en même temps mis en échec par d'autres côtés.

1° *Contrats du tuteur.*

45. Le tuteur romain, et il en est de même du curateur, ne représente pas le pupille. Il l'assiste en complétant sa capacité par l'*auctoritas tutoris*, ou bien, par exception, pour le cas d'absence ou d'*infantia*; il le remplace en gérant son patrimoine. Ce caractère propre à la tutelle romaine ne s'effaça jamais complétement. Mais, de la fin de la tutelle, dans le cas où le tuteur avait dû contracter personnellement, le préteur abrégea le passage des actions à l'ex-pupille et dégagea, en fait la personne de l'ex-tuteur.

46. Dès la fin du second siècle, quand le tuteur s'est

trouvé conduit, dans un prêt d'argent, à stipuler en son nom pour le compte du pupille, Julien accorde l'action utile au pupille :

Quoties tutor pecuniam pupillarem fœnori dat, stipulatio hoc ordine facienda est : stipulari enim debet aut pupillus, aut servus pupilli; quod si neque pupillus ejus ætatis erit, ut stipulari possit, neque servum habebit, tunc ipse tutor, quive in ejus potestate erit : quo casu Julianus sæpissime scripsit, utilem actionem pupillo dandam. (Ulpien, L. 9, pr. *de adm. et per.*, XXVI, 7).

Le pupille aura l'exercice de l'action, comme si elle lui avait été transmise[1]. Mais, même sous cette forme, la règle n'apparait pas comme absolue, au moins à l'époque de Dioclétien, dont une constitution porte :

Per tutorem pupillo actio, nisi certis ex causis, quæri non potest (L. 5, C., *quand. ex fact.*, V. 39).

47. Elle se développait pourtant en ce sens que le pupille pouvait être poursuivi du chef de son tuteur (Scævola, L. 8, *quand. ex fact.*, XXVI, 9; L. 18, § 2, *ut leg. seu fideic.*, XXXVI, 3). Particulièrement, l'*actio judicati* fut de bonne heure donnée contre l'ex-pupille plutôt que contre le tuteur (Ulpien, L. 2, pr. *de adm. et per.*, XXVI, 7; Papinien, L. 5, pr., L. 7, *quand ex fact.*, XXVI, 9). Le tuteur, à la fin de la tutelle, se trouvait donc libéré, et ce devint là un principe souvent sanctionné :

... Tutores curatoresque finito officio non esse conveniendos ex administratione pupillorum vel adolescentium, sæpe decretum est. (L. 1, C., *quand. ex fact.*, V, 39).

48. Mais précisément l'idée dominante est de dégager le

[1] L. 2, *quand. ex fact.*, XXVI, 9. — LL. 2 et 4, C., *quand. ex fact.*, V, 39. — Quant à la promesse *rem pupilli salvam fore*, que doit le tuteur à son entrée en charge, pour que le pupille recueille directement ou utilement le bénéfice de cette caution, s'il est absent ou *infans*, c'est un de ses esclaves, un esclave public, ou même le magistrat qui stipule (L. 1, §§ 15 et 16, *de stip. cæs.*, XXVII, 8).

tuteur ; *tutori succurritur*, dit Scævola (L. 7, *quand ex fact.*, XXVI, 9). C'est ce que Justinien exprime parfaitement, en résumant le dernier état du droit :

... Invenimus autem generaliter definitum, post officium depositum, omnes actiones, quas tutor vel curator ex necessitate officii subierit, in quondam pupillum, vel adultum transferri. (L. 28, C., *de adm. tut.*, V, 37).

Au cours de la tutelle, il n'y a pas de représentation ; à la fin de la tutelle, les actions sont transférées, et le tuteur est déchargé des suites de sa gestion, quand il a été forcé de contracter personnellement. C'est bien, en définitive, comme si, rétroactivement, on le réputait n'avoir été qu'un représentant. Mais cette interprétation serait toute moderne, et ne respecterait pas la conception romaine.

49. De même que le tuteur ou le curateur, l'*actor*, *administrator* ou *curator* des biens d'une cité dut être considéré, quand il sortait de charge, comme dégagé des obligations contractées, s'il ne s'est pas lié personnellement par un engagement formel (L. 3, § 2, *de adm. rer. civ.*, L., 8). A ce point de vue, il peut faire un pacte de constitut, mais non une novation, sans être exposé ensuite aux poursuites. On admit, même à l'inverse, dans l'intérêt municipal, qu'une action utile fût acquise à la ville, si l'*actor* avec qui était fait le pacte de constitut n'agissait pas suivant la règle en son propre nom, n'y figurait pas nominalement, et avait reçu seulement l'engagement *municipibus solvi* (L. 5, § 9, *de pec. const.*, XIII, 5). Le *mutuum*, qui profite à la ville, l'oblige également (L. 27, *de reb. cred.*, XII, 1). Et enfin, pour les cautions *legatorum*, *damni infecti*, *judicatum solvi*, si l'*actor* les a reçues, au lieu de l'esclave public ordinairement employé, une action utile n'en est pas moins donnée à l'*administrator* (L. 10, *quod cuj. univ.*, III, 4). La tendance est évidemment de faciliter l'administration des biens publics.

50. On peut relever enfin, comme analogue, une de ces

exceptions de faveur dont le militaire est surtout gratifié sous l'empire. Ulpien nous apprend que, si l'argent d'un militaire a été donné en prêt par mandataire avec stipulation et fidéjussion, le militaire lui-même, en quelque sorte officiellement représenté par son *procurator*, pourra exercer l'action née de la stipulation :

> Si pecuniam militis procurator ejus mutuam dedit, fidejussoremque accepit, exemplo eo quo si tutor pupilli aut curator juvenis pecuniam alterutrius eorum creditam stipulatus fuerit, actionem dari militi cujus pecunia fuerit, placuit. (L. 26, *de reb. cred.*, XII, 1).

On ne fait évidemment ici que rencontrer des dispositions fragmentaires ; il n'y a pas de doctrine même en germe.

2° *Représentation des parties en justice.*

51. C'est le mouvement même de la théorie qui apparaît au contraire dans les règles propres à la procédure, et nous y trouverons la clef de toute la réforme prétorienne.

Avant que le droit d'action fût sécularisé, c'est-à-dire pendant les six premiers siècles de Rome, l'organisation sacerdotale des actions de la loi, par ses rites et sa liturgie, ne comportait pas un rôle d'intermédiaire ; on ne pouvait figurer en justice au nom d'autrui, sauf de rares exceptions, assez mal connues[1]. A dater des lois Æbutia et Juliæ[2], dès la fin du VIe siècle et définitivement sous Auguste, les parties ne sont plus soumises au rituel antique, devenu odieux ; elles reçoi-

[1] *Nemo alieno nomine lege agere potest.* Ulpien, L. 123, pr. *de reg. jur.*, L., 17 ; Gaius IV, § 82 ; pr., Instit., *per q. ag. poss.*, IV, 10. On peut consulter ici Keller, Procédure civile des Romains, § 54 (trad. Capmas, Paris, 1870).

[2] *Sed istæ omnes legis actiones paulatim in odium venerunt : namque ex nimia subtilitate veterum qui tunc jura condiderunt, eo res perducta est, ut vel qui minimum errasset, litem perderet. Itaque per legem Æbutiam et duas Julias sublatæ sunt istæ legis actiones, effectumque est per concepta verba, id est, per formulas litigemus.* (Gaius, IV, § 30). Cette transformation de la procédure avait été évidemment préparée, dès la seconde moitié du Ve siècle, par la publication du *jus civile Flavianum* (L. 2, § 7, *de orig. jur.*, I, 2 — Tite-Live, IX, 46.

vent leurs formules d'actions des mains du magistrat, et le préteur, dirigeant la procédure, devient maître du droit. C'est là peut-être le trait le plus remarquable du droit romain, et il ressort clairement dans notre sujet. L'idée que l'obligation se concentre dans la personne des contractants gênait tout le mouvement de la doctrine : on continuera de respecter le principe, mais on le neutralisera par la facilité de transporter l'action. La prétention du plaideur sera bien toujours formulée dans l'*intentio* conformément au droit civil, sans que l'obligation apparaisse en dehors de la personne des contractants ; mais la dernière partie de la formule, la *condemnatio*, déviant le procès, le fera aboutir à la personne tierce. Ainsi, comme nous l'avons vu, le préposant, sans avoir figuré au contrat, pourra être appelé en justice. Les parties devaient agir et défendre elles-mêmes : elles le pourront par autrui. On ne pouvait céder l'obligation : on cédera l'action, et on arrivera même à sous-entendre la cession[1]. Tout ce mécanisme de la procédure formulaire est expliqué par Gaius même, dans un précieux fragment[2] :

G. IV, § 86. Qui autem alieno nomine agit, intentionem quidem ex persona domini sumit, condemnationem autem in suam personam convertit. Nam si verbi gratia Lucius Titius pro Publio Mævio agat, ita formula concipitur : Si paret Numerium Negidium Publio Mævio sestertium X millia dare oportere, Judex Numerium Negidium Lucio Titio sestertium X millia condemna ; Si non paret, absolve. In rem quoque si agat, intendit Publii Mævii rem esse ex jure Quiritium, et condemnationem in suam personam convertit. = § 87. Ab adversarii

[1] Gaius, II, §§ 38, 39. Il faut consulter, sur l'interprétation de ce texte, Gide, Études sur la novation et le transport des créances en droit romain (in-8° 1879), p. 228, et tout le chapitre sur le transport par *litis contestatio*, particulièrement p. 274.

[2] Il est toujours instructif de suivre Gaius dans les détails sur la procédure formulaire ; « car elle pénétra le droit tout entier ; c'est sous son influence que le langage se fixa ; elle fut, pour ainsi dire, le moule où les jurisconsultes élaborèrent et façonnèrent toutes leurs théories. » (Accarias, Précis du Dr R., t. II, p. 786). On peut voir une formule du même genre citée ailleurs, comme imaginée par le préteur Publius Rutilius, c'est-à-dire à la fin du VIe ou au commencement du VIIe siècle (Gaius, IV, § 35). En parlant des actions *exercitoria* et *institoria*, Gaius indique encore que c'est la formule qui permet et réalise l'innovation (Gaius, IV, § 71 *in fine*).

quoque parte si interveniat aliquis cum quo actio constituitur, intenditur dominum dare oportere; condemnatio autem in ejus personam convertitur qui judicium accepit. Sed cum in rem agitur, nihil (in) intentione facit ejus persona cum quo agitur, sive suo nomine, sive alieno aliquis judicio interveniat; tantum enim intenditur rem actoris esse.

52. Il est aisé d'apercevoir que le but ne se trouvait pas encore atteint par ce détour. On était bien arrivé à faire figurer en justice une personne tierce au lieu de la partie ; mais, en dehors des cas où l'action était confiée pour céder le droit à un *procurator in rem suam*[1], il fallait encore que le bénéfice du procès, l'exécution du jugement, fût ramené sur les parties elles-mêmes. Régulièrement en effet, le résultat du procès ne concernait que les plaideurs ; la condamnation ne s'appliquait, en vertu de la formule même, qu'à la personne du représentant en justice devenu *dominus litis* depuis la *litis contestatio*[2]. Restait donc à savoir à qui ou contre qui serait donnée l'action *judicati*[3] ; c'était un nouvel obstacle à franchir, pour parvenir à une véritable représentation des parties en justice.

L'édit contenait à cet égard une distinction entre le *cognitor* et le *procurator* :

... Cognitore enim interveniente, judicati actio domino vel in dominum datur; non alias enim cognitor experietur vel ei actioni subjicietur, quam si in rem suam cognitor factus sit. Interveniente procuratore, judicati actio ex edicto perpetuo ipsi et in ipsum, non domino vel in dominum, competit. (Frag. Vatic., 317).

Il n'y avait ainsi de véritable représentant en justice que le *cognitor*. C'était un mandataire constitué solennellement, *certis verbis, coram adversario*[4]. Tout le monde ne pouvait pas

[1] Ou à un *cognitor in rem suam*, Frag. Vatic., 317.

[2] L. 4, § 5, *de appel.*, XLIX, 5.

[3] On voit ici très-nettement les deux questions qu'il est plus difficile de distinguer dans la matière des obligations : d'une part, le *procurator* peut-il figurer comme représentant ; d'autre part, le mandant peut-il agir comme ayant été représenté.

[4] Gaius, IV, § 83 ; Frag. Vatic., 318 ;

être *cognitor*[1]. Et la faculté de se faire ainsi représenter paraît n'avoir été reconnue d'abord qu'au cas de grand âge ou de maladie[2]. Elle se trouvait déjà généralisée au temps de Cicéron, qui connut sans doute également le *procurator ad litem*[3]. Mais bientôt, la solennité même de la constitution du *cognitor*, qui exigeait la présence des deux parties, ne répondant pas aux besoins de la pratique, on admit un équivalent dans la constitution d'un simple *procurator* faite par la partie elle-même, mais en l'absence de l'adversaire, soit devant le magistrat, soit par écrit déposé *inter acta*, soit même plus tard par mandat notifié[4]. Le *procurator* ainsi constitué, appelé *procurator præsentis*, fut assimilé au *cognitor*, mais encore seulement *cognita causa* :

Quoniam præsentis procuratorem pro cognitore placuit haberi, domino causa cognita dabitur, et in eum, judicati actio. (Frag. Vatic., 331, Papinien)[4].

53. Quant au *procurator absentis*, c'est toujours en lui que se concentre l'effet du procès :

Procurator absentis qui pro domino vinculum obligationis suscepit, onus ejus frustra recusat, et ideo nec judicati actio, post condemnatum procuratorem, in dominum datur, aut procuratori qui vicit denegatur. (Frag. Vatic., 332, Papinien.)

L'ancienne règle est ainsi maintenue toutes les fois que le mandat est incertain, douteux, ou qu'il y a intervention sans mandat[5]. Dans ce cas, et jusqu'au dernier état du droit romain, l'action *judicati* n'est ni acquise à la partie, ni don-

[1] Paul, Sent., I, 2, § 1; Frag. Vatic., 321; Gaius, IV, § 124.
[2] Cicéron, ad Heren. II, 13. — C'était un progrès sur la loi des XII Tables : « *Si morbus ævitasve vitium escit, qui in jus vocabit jumentum dato; si nolet, arceram ne sternito.* » Aul.-Gell. XX, 1.
[3] Pro Rosc. 18; pro Cæc. 20; ad Attic. XVI, 15.
[4] Paul. Sent. I, 3, § 1; Modestin, L. 63, *de procur.*, III, 3; Ulpien, L. 21, *rat. rem* ..., XLVI, 8.
[5] Cfr. Paul, L. 83, *de solut.*, XLVI, 3.
[6] L. 1, C. *de procur.*, II, 13; Ulpien, L. 3, § 2, *ut in poss.*, XXXVI, 4; L. 4, pr. *de re judic.*, XLII, 1.

née contre elle, et il faut bien dire qu'alors il n'y a pas véritablement représentation, puisqu'il n'y a point chose jugée pour ou contre le maître de l'affaire.

54. Sur ce dernier point, qu'on doit aussi toucher, on avait craint en effet, dans le principe, que le maître ne renouvelât l'action introduite par le *procurator*, et c'est pour suppléer au défaut de chose jugée que le *procurator* d'abord comme demandeur, donne une caution spéciale *rem ratam dominum habiturum, aut amplius eam non peti* (Gaius, IV, § 98)[1]. La même idée expliquait l'ancienne règle, *nemo alienæ rei sine satisdatione defensor idoneus*; la caution *judicatum solvi* fut toujours exigée d'ailleurs, quand la partie ne défendait pas elle-même, qu'il s'agit d'une action *in personam* ou d'une action *in rem*, et même quand on défendait par un *cognitor* (Gaius IV, § 101); seulement pour celui-ci, et en dernier état pour tout *procurator* certain, c'est la partie elle-même qui donne caution (§§ 4 et 5, Instit. *de satisd.*, IV, 11). Pour s'en tenir à la caution *rem ratam.*, que le *cognitor* n'eut jamais à fournir, exigée à l'origine de tout *procurator* demandeur (Gaius IV, §§ 97, 98)[2], elle ne fut plus nécessaire, dès le temps de Papinien, que pour le *procurator absentis*[3]. La règle devenait bien que le maître, représenté en justice, était censé avoir figuré au procès; malgré l'intervention d'un mandataire, on admettait qu'il y eût chose jugée directement[4]. A l'époque de Justinien, on ne connaît plus de *cognitor*, et, sauf le cas de *procurator* incertain, appelé aussi *defensor*, le droit romain se trouve avoir admis presque complétement la représentation des parties en justice.

55. L'innovation ne pouvait rester isolée dans la procédure,

[1] Paul, L. 73, *de fidej. et mand.*, XLVI, 1; Julien, L. 73, *de proc.*, III, 3. — Dig. XLVI, 8.

[2] Ajoutons même, en règle générale, du tuteur: Gaius, IV, § 99; Ulpien, L. 23, *de adm. et peric.*, XXVI, 7. — Pour l'action judicati, on a déjà cité la L. 2 pr., *de adm. et peric.*, XXVI, 7.

[3] Frag. Vatic. 333; L. 1, C. *de procur.*, II, 13; § 3, Instit. *de satisd.* IV, 11.

[4] Ulpien, L. 56, *de judic.*, V, 1.

au milieu du développement toujours à la fois logique et pratique de la doctrine romaine. Dès l'abord, l'introduction de la nouvelle idée dans la théorie des actions avait réagi sur la théorie des obligations, et permis le transport des créances, malgré le principe de la personnalité absolue du lien contractuel[1]. Mais le préteur alla beaucoup plus loin, dans une matière où son influence était immédiate et absolue[2]. Quand le représentant avait figuré dans les diverses stipulations dites prétoriennes, intervenues souvent non-seulement au cours, mais en vue d'un procès, si le maître n'avait pu en recueillir directement l'effet, et avait dû recourir à une cession des actions ainsi nées dans la personne de son mandataire, il se fût trouvé dans la même situation que s'il n'avait pu exercer l'action *judicati*. Le préteur lui permit donc, *cognita causa*, d'agir directement en vertu de la stipulation, comme si elle avait pu être faite ou reçue en son nom. Il lui donne l'action utile *ex stipulatu*, comme l'action *judicati* :

Si procurator meus judicatum solvi satis acceperit, mihi ex stipulatu actio utilis est, sicuti judicati actio mihi indulgetur. (Ulpien, L. 28, *de procur.*, III, 3).

On voit bien que le *procurator*, par ex. pour recevoir la *cautio damni infecti*, devra commencer par donner la *cautio rem ratam*...[3] Mais Paul indique sous forme de règle générale, que le maître pourra agir, sauf la *cognitio causæ*, absolument comme si son *procurator* avait été considéré comme un représentant.

Si procurator meus damni infecti stipulatus sit, causa cognita

[1] V. d'ailleurs Gide, *loc. cit.*

[2] ...*Stipulationes quæ prætoriæ sunt..... actionum instar obtinent, ut damni infecti, legatorum, et si quæ similes sunt...* (Ulpien, L. 37, *de oblig. et act.*, XLIV, 7.) Le préteur joue le rôle d'un juge de référé dont les ordonnances auraient force de loi.

[3] Cette caution est exigée comme si le *procurator* se présentait en qualité de demandeur : « *Non solum in actionibus, quas procurator intendit, verum in stipulationibus quoque quas interponi desiderat, si vicem repræsentant actionum, cavere eum de rato oportet...* » (Ulpien, L. 20, *rat. rem.*, XLVI, 8; Pomponius, L. 39, § 3, *de damn. inf.*, XXXIX, 2.) On a vu d'ailleurs qu'au moins à partir d'Antonin (L. 1, C. *de procur*, II, 13), le *procurator incertus* devait seul la *cautio ratihabitionis*.

mihi ex stipulatione actio competit. (L. 18, § 16, *de damn. inf.*, XXXIX, 2). — In omnibus prætoriis stipulationibus hoc servandum est, ut si procurator meus stipuletur, mihi causa cognita ex ea stipulatione actio competat. (L. 5, *de stip. præt.*, XLVI, 5).

L'action *ex stipulatu utilis*, ainsi donnée, en grande partie sous l'influence des règles admises dans la procédure[1], est certainement la contradiction la plus directe que nous ayons encore vu opposer, par le droit prétorien, à la maxime ancienne qui exclut la représentation des parties dans les contrats.

3° *Acquisition de la possession.*

56. Pour toute une classe de contrats, ceux qui se forment *re*, le principe primitif se trouva écarté, dès qu'on admit l'acquisition de la possession par personne étrangère.

L'idée même que la possession pût s'acquérir non-seulement sans appréhension directe, mais sans volonté personnelle immédiate, dut s'imposer facilement dans une matière où dominaient la nécessité pratique, l'importance du fait, et l'influence du droit naturel. Aussi la voit-on, dès le second siècle, indiquée par Nératius presque comme une doctrine reçue[2]; controversée encore au temps de Gaius (II, § 95), elle est consacrée définitivement par un rescrit de Sévère, inséré au code de Justinien :

Per liberam personam ignoranti quoque adquiri possessionem, et postquam scientia intervenerit, usucapionis conditionem inchoari posse, tam ratione utilitatis quam jurisprudentia receptum est. (L. 1, C., *de adq. et retin. possess.*, VII, 32. — § 5, Instit., *per quas pers.*, II, 9).

La possession a toujours pu être acquise *corpore alieno*;

[1] Ulpien, L. 79, *de verb. oblig.*, XLV, 1.
[2] L. 41, *de usurp. et usuc.*, XLI, 3..... *Quamvis per procuratorem possessionem adipisci nos jam fere conveniat.....*

mais de plus désormais, par un mandataire, et aussi en cas de tutelle, dans l'administration du pécule, ou des biens d'une cité, on peut acquérir ou transmettre la possession, à son insu, sans une manifestation spéciale de volonté au moment de l'entrée en possession[1].

57. L'idée nouvelle fut aussitôt appliquée en doctrine avec une certaine hardiesse, et un pas de plus fut bientôt fait. On admit, quant à la remise matérielle, qu'elle fût abrégée, lorsqu'elle devait intervenir successivement entre plusieurs. Si mon débiteur, sur mon ordre, compte des écus à un tiers, le contrat de *mutuum* se forme entre le tiers et moi, ainsi que l'indique Ulpien :

> Singularia quædam recepta sunt circa pecuniam creditam : nam si tibi debitorem meum jussero dare pecuniam, obligaris mihi, quamvis meos nummos non acceperis. (L. 15, *de reb. cred.*, XII, 1).

Le jurisconsulte romain remarque qu'il y a ici un simple transport d'argent, au lieu d'une double numération : les écus vont directement du débiteur, sur le mandat du prêteur, à l'emprunteur. Mais on peut relever qu'ainsi le contrat de *mutuum* se forme par intermédiaire, et qu'en dernière analyse, j'acquiers directement une action par mandataire (*obligaris mihi*). C'est là un des résultats les plus remarquables à la fois de l'exception admise en matière de possession, et du droit particulier qui s'est formé chez les Romains avec une grande largeur d'idée relativement aux prêts d'argent (*singularia recepta*). Il se trouve ainsi que c'est en même temps dans le négoce et dans le prêt civil que les Romains admettent une sorte de représentation des parties, que ne comporte pas la stipulation. Ils y sont conduits par la nécessité pratique ; mais de même que l'obligation du préposant ne nous a apparu que comme accessoire à celle du préposé, les jurisconsultes ici ne

[1] La même règle ne s'appliquerait pas au cas où l'intermédiaire agirait de son propre mouvement. Ulpien, L. 42, § 1, *de adquir. vel amitt.*, XLI, 2 ; Paul, Sent., V, 2, § 2.

s'appliquent pas à dégager l'idée nouvelle de la formation du contrat par intermédiaire[1], et se contentent de raisonner sur la remise matérielle abrégée, seul objet de leurs controverses[2]. A vrai dire, cette idée théorique, que nos anciens commentateurs formulent comme déjà romaine, n'apparaîtra que par une déviation ultérieure de la doctrine classique. Justinien, avec plus de souci de la logique que de la vérité juridique[3], regarde l'action de prêt comme acquise en vertu du mandat, et décide que le mandant pourra de même acquérir directement l'action relative au gage ou à l'hypothèque constitués pour la sûreté du prêt (L. 2. C. *per q. pers. nob. adq.*, IV, 27). On ne peut voir dans cette solution arbitraire qu'une anomalie, sans antécédents dans le développement de la théorie romaine, telle jusqu'ici que les textes nous l'ont montrée, favorable simplement à la circulation de l'argent et à la formation du *mutuum*.

[1] Même remarque pourrait être faite sur la L. 1, § 11, *depos.*, XVI, 3, qui devra être examinée plus tard, v. p. 80.

[2] Ulpien, L. 9, § 8, *de reb. cred.*, XII, 1 : Africain, L. 34 pr., *mand.*, XVII, 1.

[3] La véritable doctrine romaine est restée au Digeste dans un texte d'Ulpien : *Per liberam autem personam nobis obligatio non adquiritur; adeo, ut ne per procuratorem plerumque vel tutorem adquiratur; et ideo ipsi actione pigneratitia conveniuntur. Sed nec mutat, quod constitutum est ab imperatore nostro, posse per liberam personam possessionem adquiri; nam hoc eo pertinebit, ut possimus pignoris nobis obligati possessionem per procuratorem vel tutorem adprehendere; ipsam autem obligationem libera persona nobis non semper adquiret* (L. 11, § 6, *de pignerat.*, XIII, 7). — On peut comparer ce que le même jurisconsulte dit pour la vente, L. 41, § 1. *de rei vindic.*, VI, 1.

CHAPITRE V

INFLUENCE DU DROIT COMMERCIAL SUR LA THÉORIE DU MANDAT

58. Cependant, sous le coup des atteintes subies ainsi de différents côtés, le droit civil des obligations, dès l'époque classique, dut atténuer sa théorie primitive, contraire à la représentation. Il faut d'abord suivre ce travail de modification, et examiner ensuite s'il a jamais abouti en définitive à une transformation complète.

I.

EFFETS DES CONTRATS DU MANDATAIRE, A L'ÉPOQUE CLASSIQUE.

59. L'influence des actions que nous avons étudiées au début fut décisive. Les règles spéciales à la représentation dans les affaires commerciales ne pouvaient avoir, on l'a dit, leur domaine bien défini. Et l'on peut croire que cette difficulté de déterminer juridiquement l'acte commercial aida singulièrement l'extension en dehors de ses limites théoriques et la

généralisation pratique de l'action *institoria*[1]. Des rapports directs se trouvèrent ainsi établis entre le mandant et le tiers contractant, en dépit de la théorie primitive qui ne reconnaissait entre eux aucun lien de droit.

60. *Action contre le mandant.* — La trace évidente de la marche suivie est bien révélée par le jurisconsulte Paul, dans un fragment déjà cité qu'il faut reproduire :

Si cum villico alicujus contractum sit, non datur in dominum actio; quia villicus propter fructus percipiendos, non propter quæstum præponitur. Si tamen villicus distrahendis quoque mercibus præpositum habuero, non erit iniquum exemplo institoriæ actionem in me competere. (L. 16, *inst.*).

Ainsi le *villicus* préposé aux récoltes ne fait pas le commerce; mais telle des opérations dont il est accessoirement chargé peut justifier l'emploi contre son maître d'une action formée à l'instar de l'*institoria*. Et déjà avant Paul, on avait été plus loin. Ainsi, pour les prêts d'argent toujours favorisés, le mandataire qui a reçu mission d'emprunter sera facilement assimilé à l'*institor* préposé à un comptoir; et le mandant est soumis à l'action directe du créancier, donnée utilement à l'exemple de l'*institoria*, même en cas de solvabilité du mandataire contractant, et bien qu'il y ait eu stipulation.

In eum qui mutuis accipiendis pecuniis procuratorem præposuit, utilis ad exemplum institoriæ dabitur actio : quod æque faciendum erit, et si procurator solvendo sit qui stipulanti pecuniam promisit. (Papinien, L. 19, pr. *inst.* — L. 5, C., *de inst. et exerc.*, IV, 25).

Papinien, dont les décisions forment ici une doctrine complète, consignée dans ses *Responsa*, accordait le même

[1] Les textes confirment cette idée, puisqu'on y voit toujours invoquée l'analogie de l'action *institoria* plutôt que le principe de l'action *exercitoria*, la première étant la moins définie et la plus générale. Il ne faut pas oublier d'ailleurs qu'il y avait toujours, dans tous les cas, non pas à créer une action, mais à diriger autrement l'action du contrat par une formule *institoria* ou *quasi institoria*.

recours contre le mandant, par une action utile, *quasi institoria*, au fidéjusseur condamné pour le mandataire, et s'étant engagé sur la foi de ce mandat.

Idem Papinianus libro eodem refert, fidejussori condemnato, qui ideo fidejussit, quia dominus procuratori mandaverat ut pecuniam mutuam acciperet, utilem actionem dandam quasi institoriam : Quia et hic præposuisse eum mutuæ pecuniæ accipiendæ videatur. (Ulpien, L. 10, § 5, *mand.*, XVII, 1).

De même encore, toujours d'après la même analogie (*quia et hic præposuisse eum mutuæ pecuniæ accipiendæ videatur*), assimilant le mandat ou la gestion d'affaires à la préposition, si un prêt ou une fidéjussion étaient intervenus sur le vu d'une lettre adressée à un ami, à un affranchi, il donnait l'action *negotiorum gestorum* directement contre le principal intéressé :

Liberto vel amico mandavit pecuniam accipere mutuam ; cujus litteras creditor secutus contraxit, et fidejussor intervenit : etiamsi pecunia non sit in rem ejus versa, tamen dabitur in eum negotiorum gestorum actio creditori vel fidejussori : scilicet, ad exemplum institoriæ actionis. (Papinien, L. 31 pr., *de neg. gest.*, III, 5.)

Labéon auparavant avait suivi probablement la même idée, bien qu'il ne parle pas formellement de l'*institoria*, quand il permettait d'agir directement contre celui dont la personne ou l'ordre avaient été pris en considération pour contracter société avec son fils ou avec un tiers [1]. Enfin, si un mandataire, sans doute à titre général [2], chargé de vendre, a donné à l'acheteur la promesse de garantie, Papinien est d'avis que le mandant peut être poursuivi par l'action *empti*, comme s'il y avait eu dans l'affaire un véritable *institor* mandataire général préposé au commerce :

[1] Labéon, L. 84, *pro soc.*, XVII, 2 : *Quoties jussu alicujus vel cum filio ejus, vel cum extraneo societas coitur, directo cum illius persona agi posse, cujus persona in contrahenda societate spectata sit.*

[2] Savigny, Droit des obligations, § 57 (traduct., tome II, p. 210).

Si procurator vendiderit, et caverit emptori,.... Papinianus lib. 3. Responsorum putat, cum domino ex empto agi posse utili actione, ad exemplum institoriæ actionis, si modo rem vendendam mandavit..... (Ulpien, L. 13, § 25, *de act. empl.*, XIX, 1.)

Le mandat recevait donc au profit du tiers contractant les mêmes effets que s'il y avait eu véritablement représentation des parties dans la formation du contrat. Mais il restait toujours cette différence capitale, attestée par le même jurisconsulte, que le mandataire demeurait obligé même après la fin de sa gestion, et ne pouvait être relevé du lien de droit par le secours du préteur :

Procurator, qui pro evictione prædiorum, quæ vendidit, fidem suam adstrinxit, etsi negotia gerere desierit, obligationis tamen onere prætoris auxilio non levabitur; nam procurator, qui pro domino vinculum obligationis suscepit, onus ejus frustra recusat. (Papinien, L. 67, *de procur.*, III, 3.)

Exposé toujours à une poursuite, il lui était seulement permis de demander une décharge à son mandant[1].

61. *Action du mandant.* — La situation du mandant, au contraire, et toujours sous l'influence des règles de la préposition commerciale, se trouva bientôt améliorée. On était facilement amené, en le laissant poursuivre par les tiers, à lui donner contre eux un droit d'action réciproque, dans les cas où il ne pouvait se l'assurer lui-même avec toute efficacité. Nous avons vu cette tendance introduite dans la pratique par les préfets, en matière d'action *exercitoria*, et consacrée pour l'*institoria* du temps de Marcellus[2]. Paul nous montre comment elle aboutit à une règle plus générale dans les stipulations prétoriennes, où la main du magistrat se faisait plus directement sentir :

In omnibus prætoriis stipulationibus hoc servandum est, ut si procurator meus stipuletur, mihi causa cognita ea ex stipulatione

[1] Papinien, L. 12, pr. *inst.*; Paul, L. 45, pr., § 5, *mand. XVII*, 1.
[2] V. *supra*, n° 42.

actio competat. Idem est, et cum institor in ea causa esse cœpit, ut interposita persona ejus dominus mercis rem amissurus sit, veluti bonis ejus venditis : succurrere enim domino prætor debet. (L. 5, *de stip. prœt.*, XLVI, 5.)

La réforme prétorienne reçut bientôt toute sa portée dans la doctrine qui avait déjà étendu au droit civil les règles introduites pour le négoce. Ulpien, après avoir donné la question comme encore discutée, la résout dans le texte déjà indiqué et qu'il faut maintenant citer en entier :

Si procurator vendiderit, et caverit emptori, quæritur an domino vel adversus dominum actio dari debeat : et Papinianus, lib. 3 : Responsorum putat, cum domino ex empto agi posse utili actione, ad exemplum institoriæ actionis, si modo rem vendendam mandavit ; ergo et per contrarium dicendum est, utilem ex empto actionem domino competere. (Ulpien, L. 13, § 15, *de act. empt.*, XIX, 1.)

Ainsi se trouve accompli le progrès qui avait déjà été signalé dans une partie restreinte du droit. Le mandant n'est plus toujours obligé de se faire céder les actions, exposé aux risques de l'insolvabilité de son mandataire, ou à la chance du décès de celui-ci avant la *procuratio in rem suam* ou la *litis contestatio*. Il y a ici plus qu'une cession sous-entendue [1]. Pratiquement, le mandant agira comme s'il avait été représenté, et cette faculté lui est accordée en termes si larges, qu'on a pu se demander, en présence d'un texte ainsi conçu, si l'ancienne théorie n'était pas complètement renversée.

62. Il n'en est rien pourtant, et il faut se défendre ici de toute interprétation trop directement inspirée du droit moderne. La faculté accordée au mandant ne doit apparaître que comme une exception de faveur. Le raisonnement que contient le texte d'Ulpien tend seulement à assimiler le mandat civil à la préposition commerciale ; il n'autorise aucune autre innova-

[1] Cfr. la doctrine enseignée par M. Gide, Études sur le transport des créances, p. 319 et p. 257.

tion. Le préposant recevait l'action directe, dès le temps de Marcellus, *causa cognita, si modo aliter rem suam servare non potest* : l'action directe n'est donnée au mandant que sous les mêmes restrictions, bien que la loi *Si procurator* ne fasse aucune mention formelle de ces conditions sous-entendues[1]. Telle est certainement la portée logique de l'assimilation. Telle est aussi l'indication des textes qui, pour les stipulations prétoriennes elles-mêmes, considèrent l'action directe comme dernière ressource concédée en connaissance de cause, de même qu'au maître marchand menacé autrement d'une perte complète[2]. La rigueur du droit civil s'est trouvée peu à peu corrigée par un tempérament admis d'abord en matière commerciale, adopté ensuite par le préteur, mais resté jusqu'ici une simple facilité de procédure.

63. Il est vrai que le Digeste contient deux autres lois qui se prêtaient à être généralisées par les interprètes modernes[3]. Mais le premier de ces textes semble avoir été mal lu, et la rectification en avait déjà été proposée par la critique sagace de Cujas. La version qu'il proposait, et qu'on doit adopter d'après le manuscrit le plus ancien[4], refuse l'action directe :

Quod procurator ex re domini, mandato non refragante, stipulatur,

[1] On a remarqué que pour *l'institoria*, les restrictions n'apparaissent pas dans le texte même d'Ulpien (L. 1, *inst.*), mais dans le suivant, qui est de Gaius (L. 2, *inst.*). On ne saurait cependant soutenir qu'Ulpien aurait dans tous les cas donné l'action directe au préposant ou au mandant ; car pour *l'exercitoria*, il parle seulement d'un secours accordé d'habitude à l'*exercitor*, et remarque en premier lieu que celui-ci peut le plus souvent se contenter de l'action indirecte (L. 1, § 18, *exerc.*). — Cfr. Accarias, Précis, n° 63, tom. II. p. 528, note 1.

[2] Paul, L. 5, *de stip. prœt.*, *XLVI*, 5 ; L. 18, § 16, *de damn. infect.*, XXXIX, 2.

[3] Doneau, toujours préoccupé de la théorie abstraite plutôt que des données historiques, indique méthodiquement trois cas d'action directe du mandant : 1° si procurator ex re domini stipulatur ; 2° si procuratori prœsentis fuerit cautum ; 3° si dominus aliter rem suam servare non potest.

[4] Mommsen (Corpus, Berlin. 1868, préface) cite cette rectification à l'appui de l'excellence du manuscrit de Paris (n° 4450), qui date de la fin du XIe ou du commencement du XIIe siècle, et conserverait la vraie leçon, quand les autres manuscrits, et même la Florentine s'en sont écartés. Ici la leçon est conforme à deux versions des Basiliques, qui portent, soit : [illegible] (*Anonyme*), soit : [illegible] (*Stephane*). On peut voir un fac-simile du manuscrit de Paris, *h. l.*, aux *additamenta*.

invito procuratore dominus petere non potest. (Papinien, L. 68, *de procur.*, III, 3.)

Si l'on donnait à cette loi le sens contraire, en suivant la version vulgaire, elle renverserait toute la doctrine romaine : le cas d'une stipulation *ex re domini*, dans les limites du mandat, étant en effet le plus ordinaire, Papinien aurait ainsi permis au mandant d'agir malgré son mandataire, dans tous les cas, contrairement aux principes alors en vigueur et à sa propre doctrine (L. 49, § 2, *de ad q. vel amit.*, XLI, 2). — Quant au second texte, ce qu'on a pu d'ailleurs supposer aussi du premier, il est certain qu'il concerne uniquement le *procurator præsentis*, c'est-à-dire le *procurator ad litem*, dont la stipulation donne en effet action au mandant, ainsi que nous l'avons vu :

Si procuratori præsentis fuerit cautum, ex stipulatu actionem utilem domino competere nemo ambigit. (Ulpien, L. 79, *de verb. oblig.*, XLV, 1.)

S'il ne s'agissait pas là d'une caution de cette espèce, Ulpien n'eût pas donné comme hors de doute ici une solution que lui-même recommande ailleurs, sans la considérer encore comme admise, dans notre texte principal (L. 13, § 25, *empti*). Sa pensée doit donc être comprise simplement comme il l'a exprimée dans un autre fragment, cité à propos de la caution *judicatum solvi* (L. 28, *de procur.*, III, 3).

64. *Obligations du mandataire.* — Aucune hésitation ne semble possible d'ailleurs, si l'on considère la doctrine classique qui, toujours conforme à l'ancien principe, exige la cession d'actions par le mandataire, et le montre seul personnellement dans le lien de l'obligation. Pour la cession d'actions, elle est due au mandant, et il en a besoin, pour se plaindre par exemple de l'éviction de la chose vendue, bien qu'il puisse acquérir la possession par son mandataire :

Etsi possessio per procuratorem ignoranti quæritur, usucapio vero scienti competit, tamen evictionis actio domino contra venditorem invito procuratore non datur; sed per actionem mandati ea cedere cogitur. (Papinien, L. 49, § 2, *de adq. vel amit.*, XLI, 2.)

La nécessité de cette sorte de contre-mandat pour agir apparaît dans tous les textes avec une persistance qui exclut l'idée d'une action directe admise comme principe nouveau [1]. Quant au lien de l'obligation, ainsi qu'il a été dit, le mandataire n'en peut être déchargé, même après la fin de sa gestion, par le secours du préteur (L. 67, *de procur.*, III, 3). C'est dans sa personne que le contrat s'est formé, à ce point que s'il achète en connaissance de cause un esclave vicieux, il ne peut procurer l'action rédhibitoire au mandant de bonne foi; s'il achète de bonne foi, il pourra agir lui-même, malgré la mauvaise foi du mandant:

Procuratoris autem scientiam et dolum nocere debere domino, neque Pomponius dubitat, nec nos dubitamus. (Ulpien, L. 5 pr., *de tribut.*, XIV, 4. — L. 22, § 5, *de liberal. caus.*, XL, 12. — Africain, L. 51, § 1, *de ædil. ed.*, XXI, 1.)

Celui-ci d'ailleurs, dans ce dernier cas, serait repoussé, après s'être fait céder l'action, comme s'il avait acheté par un esclave (Pomponius, L. 13, *de contr. empt.*, XVIII, 1; L. 51 pr., *de ædil ed.*, XXI, 1). Au premier cas, il aura toujours son recours contre le mandataire [2].

65. En résumé, à l'époque classique, l'influence de l'action *institoria* s'est bornée d'une part à une extension de l'action directe des tiers à des cas de mandat non commercial, d'autre part à une facilité donnée *cognita causa* au mandant pour

[1] Ulpien, L. 8, § 10, L. 10, § 6, Paul, L. 43 pr., *mand.*, XVII, 1.

[2] C'est ce que dit la L. 51, § 1 (XXI, 1). On a expliqué dans le même sens un texte qui paraîtrait d'abord, d'après la leçon commune, donner *l'actio in factum* au mandant de bonne foi malgré la mauvaise foi du mandataire achetant un homme libre (Paul, L. 17, *de liberal. caus.*, XL, 12). Au lieu de lire : *Contra autem si ignorati procurator scit non est mihi denegunda*, on peut admettre comme restitution de textes assez vraisemblable : *contra procuratorem si ignorati procurator scit non est mihi denegunda* (Bechka, p. 60). En tous cas, par une décison spéciale, *l'actio in factum* est refusée, même si le mandataire est de bonne foi, dès que le mandant est de mauvaise foi. On exige en cette matière la bonne foi complète.

agir contre eux. La personne du mandataire ne s'efface pas. Il n'apparait pas comme un simple intermédiaire. Il est toujours considéré comme partie, et l'on ne voit nulle part jusqu'ici l'idée d'un contrat conclu par représentant, d'un lien de droit immédiat unique entre le tiers et le représenté. La théorie primitive a été, en somme, toujours respectée; la doctrine y a seulement ajouté une garantie nouvelle pour les tiers, et une sécurité complète pour le mandant.

II.

RÔLE DU MANDATAIRE A L'ÉPOQUE DE JUSTINIEN.

66. Il reste à rechercher si, à l'époque de Justinien et en dernier état, la théorie romaine ne s'est pas profondément modifiée, au point d'admettre comme principe général l'acquisition directe d'un droit par représentant, en dehors cependant des cas de plus en plus rares de contrats conclus dans les formes solennelles.

Ne serait-ce pas précisément cette doctrine nouvelle que le dernier des grands jurisconsultes romains, Modestin, aurait formulée dans les termes suivants:

Modestinus, lib. XIV, ad Q. Mucium. — Ea quæ civiliter adquiruntur, per eos, qui in potestate nostra sunt, adquirimus, veluti stipulationem; quod naturaliter adquiritur, sicuti est possessio, per quemlibet, volentibus nobis possidere, adquirimus. (L. 53, *de adq. rer. dom.*, XLI, 1.).

Malgré l'autorité si considérable de Savigny [1], il est difficile

[1] Droit des obligations, §§ 56-58 (trad., tome II, p. 183 et suiv.). L'illustre romaniste a construit sur ce texte toute sa théorie de la représentation; souvent réfutée, elle ne peut cependant ici être écartée sans examen, ni examinée sans longueur.

de reconnaître à ce texte une portée telle qu'il contienne la transformation radicale du principe ancien.

67. *a.* Il est probable que le jurisconsulte Modestin est bien l'auteur de ce fragment, comme le portent tous les manuscrits et toutes les éditions. On a remarqué cependant que l'ouvrage cité, *ad Q. Mucium*, ne figure nulle part, sauf dans la rubrique de la loi 53 et de la suivante, sous le nom de Modestin, tandis qu'un grand nombre de textes dans les Pandectes sont extraits de Pomponius *ad Q. Mucium*. Ce n'est pas une raison suffisante, sans doute, pour attribuer la loi 53 à Pomponius, et l'interpréter dans le sens de la doctrine classique primitive. Mais il ne sert de rien non plus d'invoquer le sens de la loi pour y maintenir le nom de Modestin, alors que sa date certaine serait nécessaire pour l'interpréter. Quant à la leçon « *veluti stipulationem* », elle peut être maintenue avec la Florentine ; le sens ne changerait pas, si on lisait « *veluti per stipulationem* », avec quelques manuscrits, ni la portée, si on restituait « *per mancipationem* », en supposant une interpolation de Tribonien.

Le jurisconsulte distingue les acquisitions de droit civil et les acquisitions de droit naturel. Il donne comme exemple des premières, la stipulation, et des secondes, la possession. Il admet dans celles-ci la représentation *per quem libet, volentibus nobis possidere ;* dans celles-là, l'entremise des seules personnes en puissance. Si c'est là une doctrine nouvelle, il faut bien reconnaître qu'elle n'est exposée ni avec rigueur ni avec clarté. Sans doute la règle énoncée pour l'acquisition seulement d'un droit doit être entendue absolument de la formation du lien de droit, établissant une dette ou une créance, diminuant ou augmentant le patrimoine. Sans doute encore les expressions « *ea quæ naturaliter adquiruntur* », théoriquement, comportent une généralisation qui comprendrait comme découlant du *jus gentium* tous les contrats non solennels [1]. Mais si l'on se dégage de toute idée préconçue pour

[1] Ulpien, L. 6, pr., *de just. et jur.*, I, 1 ; L. 7, § 1, *de pact.*, II, 14. — On a pu

s'attacher à suivre le développement de la théorie romaine, comment isoler absolument une loi unique, lui prêter un sens abstrait et général, et y voir introduit et consacré en même temps le système moderne de libre représentation qui n'apparait nulle part ailleurs dans les Pandectes? On pourrait concevoir que l'ancien principe ait été ainsi, sans autre explication, présenté comme restreint à la stipulation. Mais alors, surtout après les progrès si lents dont nous avons suivi la trace, pour que nous reconnaissions ici une réforme radicale, il faudrait que le second membre de phrase au moins indiquât formellement une innovation apportée et la facilité accordée de conclure par représentant directement tout contrat non solennel, formé *re*, *consensu*, ou bien un pacte. Tout au contraire, il est parlé seulement de la possession; la solution ne parait s'appliquer qu'aux contrats formés *re*, où en dernière analyse, l'élément de fait et le droit naturel dominant, la représentation était facilement admise depuis longtemps. Il n'est pas admissible que l'exemple choisi, dit-on, au hasard, soit précisément le seul qui ne comportât aucune innovation. On ne peut croire enfin que, bouleversant la théorie ancienne du mandat, le jurisconsulte eût parlé seulement d'une acquisition *per quemlibet*, sans spécifier le rôle de l'intermédiaire. Ce n'est pas ainsi que le disciple d'Ulpien a pu présenter, comme en passant, une doctrine qui accorderait l'action directe au mandant, dans tous les cas de contrats non solennels, sans indiquer même si le mandataire est toujours considéré comme partie au contrat, ou si sa personne s'efface, le mandant étant seul créancier et débiteur.

68. *b.* La loi 53 (XLI, 1) en elle-même ne suffit donc pas à autoriser le système proposé; on a dû, pour la compléter et la confirmer, chercher ailleurs les indications qu'elle ne fournit pas. Mais alors on a détourné de leur véritable sens des textes la plupart antérieurs à la loi elle-même et à la transforma-

remarquer que le texte ne parle pas du *jus gentium*, et distingue plutôt, d'après ses termes mêmes « *civilia quæ sunt juris, naturalia quæ sunt facti.* » (GIPHANIUS, *Lecturæ Altorphinæ*, h. l.)

tion qu'elle opérerait. Il a été admis de bonne heure, dans les contrats où aucune solennité d'actes, de gestes ou de paroles n'exigeait pour l'échange symbolique des consentements la présence simultanée des parties en personne, que l'absence n'était pas un obstacle à l'accord des volontés, et qu'elles pouvaient se manifester et se rencontrer, en dehors de toute forme sacramentelle, par une manifestation quelconque. Gaius le dit très-nettement :

> ... Sufficit eos qui negotia gerunt consentire. — Unde inter absentes quoque talia negotia contrahuntur, veluti per epistolam, vel per nuntium (L. 2, §§ 2, 3, de *oblig. et act.*, XLIV, 7).

Les plus anciens juriconsultes ne s'exprimaient pas autrement :

> Labeo ait convenire posse, vel re, vel per epistolam, vel per nuntium, inter absentes quoque; sed etiam tacite consensu convenire intelligitur (Paul, L. 2, pr. *de pact.*, II, 14).

L'emploi d'un *nuntius* qui porte la volonté des contractants, de ceux *qui negotia gerunt*, comme dit Gaius, est indiqué de même pour le pacte de constitut, la vente, la société, le mandat[1]. Il est ainsi d'usage constant et ancien dans un grand nombre d'opérations juridiques, dans des actes même comme le mariage[2].

Dans ces fragments nombreux d'époques diverses, qu'ils soient de Labéon ou de Modestin, le rôle du *nuntius* apparaît toujours le même; il n'a pas varié : ç'a toujours été un rôle purement matériel, nullement juridique. Il n'est même pas un

[1] Ulpien, L. 14, § 3, *de pec. const.*, XIII, 5. — Paul, L. 1, § 2, *de contr. empt.*, XVIII, 1; L. 9, C. *si q. alt...*, *IV*, 50. — Modestin, L. 4, pr. *pro soc.*, *XVII*, 2. — Paul, Sent., I, 3, § 1; Ulpien, L. 1, § 1, *de procur.*, III, 3.

[2] Pomponius, L. 5, *de ritu nuptiarum*, XXIII, 2. — Ulpien, LL. 6, 10, 18, *de spons.*, XXIII, 1; L. 7, § 3, *de jur. dot.*, XXIII, 3; L. 4, *de divort.*, XXIV, 2; L. 22, § 7, *sol. matr.*, XXIV, 3. — *Adde* : LL. 37, pr., 65, § 3, *ad. sc. Treb.*, XXXVI, 1; L. 25, § 4, *de adq. hered.*, XXIX, 2. — L. 4, pr., *de man. vind.*, XL, 2. — L. 19, § 1, *de recept.*, IV, 8. — On peut noter d'ailleurs, quant au mot lui-même, cette singularité qu'employé indifféremment au masculin ou au neutre, il signifiera sous chacune des deux formes ou message ou messager.

instrument d'acquisition ainsi que les personnes en puissance qui elles du moins dans certains cas étaient considérées comme individus. Cujas l'a remarqué : *nuntius nil contrahit.* Ce n'est pas une personne, c'est un instrument, à l'instar de la lettre missive, dont il est partout présenté comme tenant l'emploi[1]. Il réalise une forme particulière de notification de volonté, sans que son intervention donne lieu à aucune opération de droit. C'est un intermédiaire de fait, dont l'acte est impersonnel, et qui ne se rattache par aucun lien de droit à aucune des deux parties contractantes *(qui negotia gerunt)*. Comme dit Savigny, il n'a ni connaissance, ni volonté.

Il n'y aurait cependant, ajoute-t-il[2], aucune raison pour s'arrêter et se tenir à ce cas rigoureusement déterminé. On conçoit théoriquement qu'il soit chargé de discuter un prix, de choisir un objet ; dès que l'objet sera choisi, le prix fixé, dans les limites de sa mission, le *nuntius* se trouvera après coup, au moment du contrat, à l'égard du contractant, avoir seulement indiqué la volonté du principal intéressé. Si telle est bien la pensée de l'auteur de la théorie du *nuntius*, nous ne pouvons l'admettre même comme conception purement logique et abstraite. La mission de discuter et de choisir implique nécessairement, même après le fait accompli, une détermination de la part de celui qui s'en est acquitté, c'est-à-dire l'exercice absolu de l'intelligence et de la volonté, et par suite un acte personnel, une intervention active auprès du contractant. Est-il besoin d'ailleurs de s'engager dans une analyse de ce genre ? La simple logique ne dit-elle pas qu'un courrier n'est pas un chargé d'affaires ni un plénipotentiaire. Quelle que soit d'ailleurs la valeur du raisonnement, encore faudrait-il qu'il apparût chez les jurisconsultes romains, et dans le développement de leur doctrine. Tous au contraire nous présentent le *nuntius* comme un messager, non comme un

[1] On peut citer la définition qu'en donnaient bien les anciens auteurs des XIIe et XIIIe siècle : « *Nuntius est epistola loquens, ut epistola tacitus nuntius* » (Accurse) ; « *nuntius est is qui vicem gerit epistolæ, estque veluti pica et organum et vox domini mittentis ipsum, et recitat verba domini.* » (Azon).

[2] *Loc. cit.* p. 212.

correspondant. C'est la personne absente qui conclut, qui gère l'affaire (L. 2, § 2, *de oblig. et act.*, XLIV, 7). Les expressions ne varient pas ; il n'y a trace d'aucun progrès. Nulle part, il n'est supposé, en aucun cas, que le *nuntius* fasse usage de son arbitre propre, qu'il ait quelque latitude, ou qu'il prenne la moindre initiative. Nulle part sa responsabilité n'est prévue ni réglée.

C'est donc là toujours le trait qui le distingue du *procurator*, et il est impossible de le considérer comme un mandataire admis dans tous les contrats non solennels à traiter directement au nom du mandant. Les textes semblent bien prévenir toute confusion, en indiquant précisément sur ce point que le *nuntius* n'a aucun pouvoir propre. Il peut servir à faire un pacte de constitut, et Paul définit ainsi son rôle pour écarter toute objection :

Et licet libera persona sit, per quam tibi constitui, non erit impedimentum quod per liberam personam adquirimus; quia ministerium tantummodo hoc casu præstare videtur (L. 15, *de pec. const.*, XIII, 5).

On ne saurait mieux dire que c'est un simple instrument, un étranger sans aucun lien de droit avec personne, dont l'office a été admis pour l'utilité commune ici comme dans d'autres cas analogues (Frag. Vatic., 112 *in fine*). Cela est si vrai qu'il servira même pour porter ou accepter un mandat, ce qui ne permet guère de supposer qu'il pourrait en être chargé lui-même (L. 1, § 1, *mand.*, XVII, 1). Et Ulpien nous avertit bien qu'on n'a jamais songé à le considérer comme un *procurator :*

Procurator est qui aliena negotia mandatu domini administrat. — Procurator autem vel omnium rerum vel unius rei esse potest, constitus vel coram, vel per nuntium, vel per epistolam ; quamvis quidam (ut Pomponius lib. XXIV scribit) non putent unius rei mandatum suscipientem, procuratorem esse : sicuti ne is quidem qui rem perferendam vel epistolam, vel nuntium perferendum suscepit, proprie procurator appellatur ; sed verius est eum quoque procuratorem esse, qui ad unam rem datus sit [illegible]

La doctrine romaine n'a jamais admis d'autre théorie du *nuntius*. Elle reste très-nettement définie par le commentaire de Cujas dont le latin peut être cité : « *Differentia magna est inter procuratorem et nuntium. Procurator contrahit. Nuntius nihil contrahit, sed nuntiat nos emere, locare, vel pacisci alteri. Non possum emere quasi procurator; emptionis alienæ nuntius esse possum, et hoc nuntio actionem illi paro*[1]. » Il faut se tenir à cette définition dont nous éprouverons encore la justesse.

69. *c.* Si le *nuntius* a bien pour caractère propre ce rôle en quelque sorte matériel de messager, que tous les textes sans distinction, sans progression, lui attribuent à toutes les époques, il reste qu'il n'a jamais pu tenir la place d'un véritable mandataire, qu'il n'y a jamais eu, comme on l'a supposé, deux espèces de mandataires, l'un contractant au nom du maître, l'autre en son nom personnel. Le droit romain n'a pas connu la distinction que le texte de nos codes établit entre le mandataire et le commissionnaire. Il ne distingue pas suivant la mission donnée et les termes du contrat; dès que l'intermédiaire est une personne fondée de pouvoirs et non un simple individu officieux, c'est d'une façon absolue un *procurator*. Pour préparer une affaire, on employa bien à Rome l'entremise de courtiers de bas étage (*proxenetæ*)[2]; mais ils ne jouaient pas de rôle au contrat, même comme *mandator pecuniæ credendæ*. Seul le mandataire conclut l'affaire, et, sauf s'il s'agit de la possession, il doit contracter en son nom ou ne fait aucun acte valable.

En vain essaierait-on de tirer objection de la décision suivante, donnée par Ulpien, au titre du dépôt :

Si te rogavero ut rem meam perferas ad Titium, ut is eam servet,

[1] Cfr. DEMANGEAT, Cours élém., tom. II, p. 228.

[2] *De proxeneticis*, Dig., L., 14. — SÉNÈQUE, ep. 119 : *Opus erit tibi creditore; ut negotiari possis, æs alienum facias oportet; sed nolo per intercessorem mutueris, nolo proxenetæ nomen tuum jactent; paratum tibi creditorem dabo.* — STRACCHA, *tractatus de proxenetis.* — Leur entremise est employée pour les mariages, avec remise sur la dot (L. 3, *h. t.*).

qua actione tecum experiri possum apud Pomponium quæritur. Et putat, tecum mandati; cum eo vero, qui eas res receperit, depositi. Si vero tuo nomine receperit, tu quidem mihi mandati teneris, ille tibi depositi; quam actionem mihi præstabis, mandati judicio conventus (L. 1, § 11, *depos.*, XVI, 3).

Pomponius recherche quelle action appartient à celui qui charge autrui de faire un dépôt. C'est dans tous les cas l'action de mandat. Il ne suppose donc pas de dépôt opéré par un *nuntius*, et on ne voit en effet cet intermédiaire employé que pour porter la volonté d'un contractant dans les contrats formés *consensu*. Il est question ici d'un mandataire véritable; seulement, le contrat se formant *re*, la possession peut être donnée au nom du mandant, et, par une conséquence naturelle du principe admis en matière de possession, le mandant acquiert directement l'action de dépôt. Ce sera là le cas normal, le seul peut-être dont Pomponius se fût occupé. Ulpien, en second lieu, suppose que le dépôt ait été au contraire reçu au nom du mandataire; cette circonstance ne permet plus alors l'application de la règle, et en vertu de la manière même dont la possession a été transmise, le mandataire seul acquiert l'action de dépôt, que le mandant doit se faire céder par lui. La décision dérive tout entière de ce principe qu'on peut transmettre ou acquérir la possession au nom d'un autre, et par suite confier ou recevoir un dépôt par intermédiaire[1] : elle ne contient pas de distinction générale entre deux espèces de mandat, et n'indique nullement une doctrine qui, dès le temps de Pomponius d'ailleurs, aurait admis dans tous les contrats non solennels, une représentation véritable par le mandataire contractant au nom du mandant.

70. *d.* Une pareille doctrine, en définitive, non-seulement se concilierait mal avec les décisions où d'une façon absolue, sans distinction, le mandataire apparaît comme personnelle-

[1] On voit d'ailleurs par la suite des §§ 12, 13, 14 de la même loi que Pomponius et Ulpien après lui étudient simplement ici des espèces où le contrat de dépôt est mêlé avec un autre, et où la remise matérielle est abrogée.

ment créancier et débiteur ; mais il y a des textes formels, semble-t-il, pour l'exclure. On s'expliquerait mal, si elle est admise au temps de Pomponius, qu'après lui Papinien, en cas de vente, accordât seulement une action utile, *ad exemplum institoriæ*, contre le mandant, et Ulpien ensuite par réciprocité une action subsidiaire au mandant contre l'acheteur (L. 13, § 25, *empti*). Sans doute le cas de vente supposé par Papinien et Ulpien était nécessairement celui d'une vente faite au nom du mandataire, par cette raison d'abord qu'une stipulation n'aurait pu autrement intervenir dans la convention. Mais on n'est nullement forcé par cela même d'admettre cette raison comme seule déterminante, la question étant précisément de savoir s'il n'y en a pas une autre, générale, et le texte n'en formulant aucune. Or cette raison générale de décider est précisément donnée ailleurs pour la vente, en ce sens que le contrat *consensu* lui-même, en dehors de toute stipulation accessoire, ne peut être formé au nom du maître de l'affaire, et doit l'être par le gérant ou mandataire en son propre nom. Le Code de Justinien rappelle cette règle, au titre : *Si quis alteri vel sibi sub alterius nomine vel aliena pecunia emerit* (IV, 50) ; la Constitution 6, de Dioclétien, montre que le mari ne peut acheter au nom de sa femme ; le contrat serait nul, comme tout contrat ainsi passé par un gérant d'affaires :

... Si negotium uxoris gerens comparasti nomine ipsius, empti actionem nec illi nec tibi quæsisti ; dum tibi non vis, nec illi potes...

Malgré la gestion d'affaires, équivalente au mandat, le mari doit acheter en son nom personnel, bien qu'il ne veuille pas garder la vente sous son nom ; il ne peut acheter au nom de sa femme[1], et lui procurer ainsi une action directe. De même le mandataire, n'eût-il pas joint une stipulation à la vente, n'aurait pas pu contracter au nom du mandant. Voilà qui justifie la définition de Cujas : *non possum emere quasi*

[1] *Nomine ipsius* n'a évidemment pas d'autre sens, vu la suite de la phrase (*dum tibi non vis*), et l'ensemble de la constitution.

procurator; emptionis alienæ nuntius esse possum. » Il n'a pas été dérogé au principe ancien, qui a toujours comporté cet emploi du nuntius.

La nécessité de contracter en son propre nom et d'être partie au contrat, quoique mandataire, est tellement essentielle dans les idées romaines, qu'elle est encore imposée formellement dans la formation du pacte de constitut. Sans doute le pacte peut intervenir entre absents, par un *nuntius*, en termes quelconques; et c'est précisément à cette occasion que Paul indique le rôle effacé, impersonnel, du messager (L. 14, § 3, L. 15, *de pec. const.*, XIII, 5). Mais, si le pacte est formé par un véritable mandataire, fondé de pouvoirs, les termes employés ne sont plus indifférents (Ulpien, L. 5, §§ 4 et *sq.*, *h. t.*). D'une façon générale, on ne peut promettre *alium soluturum*, même s'il y a mandat (§ 4). On ne peut davantage recevoir la promesse pour autrui (§ 5), et ici le texte devient absolument formel :

§ 6. Julianus, lib. 11 Digestorum scribit, procuratori constitui posse : quod Pomponius ita interpretatur, ut ipsi procuratori constituas te soluturum, non domino.

Il n'y a donc aucune différence, à ce point de vue, entre la stipulation et le pacte prétorien de constitut. Le mandataire doit figurer comme partie; la promesse ne doit pas être adressée au maître. Pour l'esclave seulement, comme pour le *nuntius*, individus neutres et sans personnalité, les termes employés sont indifférents (§ 10). Ulpien ne laisse aucun doute sur l'étendue de la règle, puisqu'il présente comme une opinion personnelle et une exception de faveur, la validité d'un pacte reçu par des mandataires légaux, par le tuteur ou l'administrateur, *municipibus solvi aut pupillo* (§ 9). On ne peut exiger de témoignage plus formel contre la prétendue transformation qui se serait opérée par une substitution graduelle du *nuntius* au mandataire. L'ensemble des décisions relatives au pacte de constitut relègue le *nuntius* en dehors de toute opération juridique, même dans les conventions ordinaires[1], et définit le rôle nécessaire du mandataire exclusif d'une représentation véritable, sauf les cas d'exception déjà signalés.

Pour le pacte de remise, les décisions données ont moins de netteté; on suit surtout la bonne foi et l'intention présumée des parties. Au point de vue des termes mêmes de la convention, on devait admettre facilement que le pacte conçu *in personam* fût interprété *in rem* (Ulpien, L. 7, § 8, *de pact.*, II, 14). Cependant, pour acquérir l'exception même de pacte à son maître, l'esclave ne devait pas convenir *ne a se peteretur* (Paul, L. 21, § 1, *h. t.*), ne pouvant d'ailleurs être poursuivi. N'est-on pas en droit de penser qu'à l'inverse le mandataire devait convenir *ne a se peteretur?* Tout au-moins, si après être convenu *ne a Titio petas*, je suis poursuivi *nomine ejus*, l'exception m'est refusée comme n'étant acquise ni à Titius, ni à moi comme *defensor* (L. 21, § 2, *h. t.*). Seulement ce texte semble supposer que le pacte ait précédé la procuration. Quant aux effets de la convention, l'engagement de ne pas agir liait directement le mandataire et le mandant; au point de vue passif, c'était un engagement général et impersonnel. Mais le pacte obtenu par le mandataire profitait-il de même directement au mandant? Il ne lui donnait pas proprement l'exception de pacte (Ulpien, L. 10, § 2, *h. t.*). Il faut donc ici certainement conclure que le mandataire avait dû faire la convention en son propre nom. On admit, dès l'époque de Cicéron, que le mandant aurait cependant la ressource de l'exception de dol. Mais précisément, il fallut ainsi corriger pratiquement la rigueur de la théorie du pacte, que ce tempérament d'équité accuse très-nettement.

71. En résumé, le droit romain n'a jamais connu le développement de la théorie du *nuntius*, si ingénieusement imaginée par Savigny. Il a jusqu'au bout gardé la définition du rôle du mandataire partie au contrat même en dehors de la

[1] V. cependant sur le caractère du pacte de constitut, ACCARIAS, *Précis*, n° 721, tom. II, p. 760.

stipulation, et il s'est contenté d'en atténuer les conséquences pratiques, de donner d'une part un recours accessoire contre le mandant, de faciliter d'autre part la cession de l'action née dans la personne du mandataire, cela pour la stipulation comme pour les contrats non solennels. Il n'a pas reconstruit une théorie nouvelle du mandat; il a simplement généralisé quelques règles admises d'abord en matière commerciale, sans que jamais d'ailleurs l'*institor extraneus* pas plus que le mandataire ait joué le rôle d'un représentant véritable resté en dehors des liens du contrat. Il ne suffit pas en cet état, d'un fragment de Modestin, isolé, conçu en des termes qui n'impliquent nullement l'idée d'une réforme, pour contredire tant d'autres témoignages. Rien n'autorise, en l'interprétant avec une idée préconçue, à y voir consacrée une transformation complète du principe d'après lequel les parties même avec mandat doivent contracter en leur propre nom, et sont seules tout d'abord dans le lien de l'obligation.

CHAPITRE VI

PERSISTANCE DE L'IDÉE ANCIENNE. — PROMESSES ET STIPULATIONS POUR AUTRUI. — CONCLUSION

72. Que le droit romain ne se soit jamais ouvert à l'idée du contrat conclu par représentant, c'est ce qu'il est aisé maintenant de comprendre, si l'on se rappelle qu'il l'excluait par deux côtés : il admettait difficilement qu'une obligation fût acquise par autrui ; il annulait tout contrat où l'on ne parlait pas pour soi-même. Si donc la conception ancienne du mandat n'a pu disparaître malgré le changement des mœurs et les progrès d'une civilisation plus étendue, c'est qu'elle se trouvait renfermée et conservée sous une forme abstraite dans le principe absolu qu'on ne peut contracter pour autrui. Les textes importants, dont il nous reste à rendre compte, vont nous montrer dans la théorie romaine ces deux idées restées connexes et toujours confondues, bien que logiquement distinctes.

73. I. — A l'origine, nous le savons, on n'aurait pas compris la solennité des actes juridiques autrement que entre parties présentes, chacun prononçant les paroles sacramentelles. C'est ce qui est dit pour la stipulation :

Stipulatio non potest confici, nisi utroque loquente. (Ulpien,

L. 1, pr., *de verb. oblig.*, XLV, 1). — Inter stipulantem et promittentem negotium contrahitur.... (Paul, L. 83, pr., *h. t.*).

L'idée générale en était restée tout à la fois et qu'on contracte pour soi-même et que l'effet du contrat se produit entre les parties seules. Sans doute les rapports de puissance avaient conduit à imaginer une sorte de représentation, et tandis qu'aucun mot ne s'était trouvé nulle part ailleurs pour l'exprimer, alors on disait : « *vox filii, vox patris.* » On avait bien admis, dans l'intérêt du commerce, pour quelques cas particuliers ensuite, enfin d'une façon générale, qu'une procuration donnée permît d'étendre ou de transporter à une troisième personne l'effet du contrat. Mais on n'avait jamais dit que cette tierce personne, c'est-à-dire le mandant, s'était trouvée représentée dans l'affaire conclue entre les deux parties en présence, y avait joué un rôle ou figuré, quoique absente. La pratique avait introduit des détours de procédure; la justification logique n'en avait pas été dégagée, et le principe ancien était resté entier. L'obligation reposait toujours sur la tête de la partie contractante, qu'il y eût ou non mandat, qu'il s'agît ou non de contrat solennel.

74. La théorie générale des obligations avait donc gardé de la conception primitive du contrat une règle formulée comme abstraite, et appliquée sans distinction comme absolue :

Nec paciscendo, nec legem dicendo, nec stipulando, quisquam alteri cavere potest. (Scævola, L. 73, § 4, *de reg. jur.*, L, 17.) — Quæcunque gerimus, cum ex nostro contractu originem trahunt, nisi ex nostra persona obligationis initium sumant, inanem actum nostrum efficiunt; et ideo neque stipulari, neque emere, vendere, contrahere, ut alter suo nomine recte agat, possumus. (Paul, L. 11, *de oblig. et act.*, XLIV, 7).

Quoi que nous fassions, dit cette dernière loi déjà citée au début, notre propre contrat en étant l'origine, si ce n'est pas dans notre personne que l'obligation prend naissance, notre acte est nul ; c'est pourquoi on ne peut ni stipuler, ni acheter, vendre, ou contracter, pour qu'un autre ait le droit d'agir en son propre nom. La véritable portée du principe romain ne saurait être plus clairement révélée. Tel qu'il est exposé dans le fragment de Paul, le principe ne prohibe pas seulement toute convention où, sans mandat, une personne voudrait contracter pour autrui; il interdit toute représentation qui, pour permettre au mandant d'agir directement, laisserait le mandataire en dehors du contrat, jouant un rôle légal d'intermédiaire chargé de conclure, et non le rôle régulier de partie. Le jurisconsulte, comme le montre la fin du fragment, cherche à expliquer pourquoi aucun contrat, solennel ou non, ne peut être passé de telle façon qu'une tierce personne ait le droit d'agir en son propre nom. Voilà la règle, dans toute son étendue, dans toute sa généralité, sans catégorie de contrats, sans distinction entre le cas de mandat ou de gestion d'affaires et tout autre, telle que Scævola l'exprime en termes absolus. Elle exclut l'idée du mandataire contractant au nom du mandant pour que celui-ci puisse agir en son propre nom; et on ne peut la limiter, en introduisant encore ici la théorie du *nuntius*[1], puisque précisément s'il venait jouer un rôle juridique, s'il était considéré comme une personne, voulant permettre au mandant d'agir, il devrait contracter lui-même, ce qui est contradictoire avec l'hypothèse, ne pouvant d'ailleurs légalement même dans un pacte *cavere alteri*[2]. La seconde phrase de notre texte, avec tous les fragments déjà cités[3], montre parfaitement combien est étrangère au droit romain l'idée du *nuntius*, pris comme mandataire, comme personne contractant pour autrui. La première phrase explique simplement la seconde, et Paul y répond à la question d'abord posée, il donne la raison qui empêche de procurer l'action directement à la personne restée en dehors de l'acte : quoi que nous fassions, c'est notre propre contrat qui est à l'origine, c'est dans notre personne que naît l'obligation, c'est sur notre tête qu'elle repose : au-

[1] Savigny, obligations, § 59 (trad. tom. II, p. 223).
[2] L. 6, C. *Si quis alteri.... caverit*, IV, 50.
[3] Particulièrement L. 5, §§ 5 et *sq*, *de pec. const.*, XIII, 5.

trement l'acte est nul. Le droit d'action naît forcément dans la personne de celui qui gère l'affaire et qui conclut la convention. Voilà l'idée romaine, dans les deux phrases du texte de Paul, sous ses deux faces. Le formalisme est resté dans la rigueur de la doctrine juridique, malgré la disparition de la plupart des rites légaux; et de la solennité des anciens actes, on a gardé la nécessité d'un rôle réel pour les parties en présence.

75. Pour quelques interprètes, il est vrai, la loi 11, *de oblig. et act.*, ne s'appliquerait pas au cas de mandat; elle exprimerait simplement une idée considérée par eux comme essentielle au droit pur, à savoir qu'on ne peut stipuler ni promettre pour autrui, sans mission. Telle n'est pas, nous venons de le montrer, ni l'explication historique, ni l'analyse logique de notre texte. Non-seulement il suppose au moins, on ne peut en disconvenir, le cas où le mandataire traite en son propre nom; mais il marque nettement que le mandat ne peut s'accomplir autrement, il exclut toute représentation. Sans doute le mandataire qui contracte en son propre nom est obligé; il n'était pas besoin d'un texte pour l'exprimer, si Paul ne disait pas en même temps que, sans s'obliger soi-même, le mandataire ne pouvait procurer l'action au mandant. Dès que le cas de mandat n'est pas en dehors de la décision[1], il y est tout entier compris, et la loi n'a pas de sens, dans son application au mandat, ou bien elle exige impérativement que le mandataire traite toujours en son propre nom. Le principe romain, par son origine, par son extension, n'apparaît donc pas simplement comme une idée de droit pur et de raison. Il se rattache à la théorie primitive qui veut les parties présentes à l'acte, et il a bien cette portée que soit avec mandat, soit sans mission, on ne peut parler pour autrui.

76. II. — Voit-on cependant ailleurs se dégager l'idée ra-

[1] SAVIGNY, qui l'en exclut d'abord (p. 220), l'y fait ensuite forcément rentrer (p. 223).

tionnelle, très contestable d'ailleurs, qu'on ne peut, si l'on ne représente pas autrui, promettre ni stipuler pour lui [1]. En droit pur, il y a là une simple question d'intention, la validité du contrat dépendant de l'interprétation des volontés, et l'on concevrait parfaitement une législation qui verrait toujours l'intention de s'obliger personnellement dans la promesse pour autrui et qui présumerait toujours un intérêt personnel dans la stipulation pour autrui. Quant au droit romain, il garde du moule où il s'est formé une rigueur dont l'idée rationnelle exagère les conséquences pratiques et restreint la portée théorique.

77. Qu'on ne puisse par contrat verbal promettre pour autrui, c'est ce que Paul exprime dans les termes suivants :

> Inter stipulantem et promittentem negotium contrahitur; itaque alius pro alio, promittens daturum facturumve eum, non obligatur; nam de se quemque promittere oportet. (L. 83, pr., *de verb. oblig.*, XLV, 1).

La promesse est nulle : sans doute les contrats n'ont d'effet qu'entre les parties, et un tiers ne peut être lié par ma promesse; mais surtout, le contrat doit se passer d'abord entre les parties, et il faut s'engager soi-même. Que le tiers se trouve ou non engagé, c'est là une idée accessoire, pour le jurisconsulte romain ; c'est la promesse, directement, dans ses termes

[1] DONEAU (*Droit civil*, liv. XII, ch. XVI) a traité la question avec une grande force de logique. Il exige, dans la promesse pour autrui, que l'intention de s'obliger personnellement soit formelle; il faut dans un contrat quelqu'un d'obligé. Mais ne doit-on pas précisément présumer le contrat sérieux, et l'intention de s'obliger certaine? Nous dirions de même pour l'intérêt du stipulant : on doit le présumer réel, plutôt que d'annuler. Il faut cependant citer le raisonnement que fait ici notre auteur, en partant du principe de la liberté naturelle : « *Nulla justa causa est cur concedatur cuiquam alium obligare quod det alteri, ubi alium oneret sine commodo suo. Alium autem sibi obligare, quo quis sibi adquirat, ejus modi est ut cuiquam concedere non modo sit humanum, sed etiam necessarium ad vitam tuendam; sine quo et vita hæc, et societas hominum stare non potest.* » — En sens contraire, on peut citer GROTIUS (ch. XI, n° 18) : « *Sane non obstat jus naturæ aut gentium, quominus alteri etiam extraneo quilibet stipuletur, ut ei volenti et promissum acceptanti obligatio et actio acquiratur. Imo id naturæ bene congruit, neque nihil mea interest per me alterum beneficio affici.* »

mêmes, dans la personne du promettant, qu'il considère et qu'il annule. L'acte est nul, le contractant n'est pas obligé, parce qu'il ne s'est pas engagé formellement. Il lui aurait suffi de parler autrement, de promettre son entremise, ou de se lier par une clause pénale, pour que le contrat fût valable entre les parties (§ 2, Instit., *de inut. stip.*, III, 9. — Ulpien, L. 38, § 2, *de verb. oblig.*, XLV, 1). Bien plus, c'est dans le sens d'un engagement du contractant qu'on interprétera les promesses conçues comme impersonnelles, *habere licere, dolum malum abesse* (LL. 38 pr., 83 pr., *de verb. oblig.*). Le droit romain exige donc simplement que le promettant ne se contente pas de faire apparaître le fait d'autrui dans la rédaction du contrat verbal; la forme étant décisive, il faut parler nettement : la volonté ne peut l'emporter sur les termes employés.

78. On ne peut davantage stipuler pour autrui; c'est la même idée pour la créance que pour la dette. Il faut que le stipulant en personne apparaisse comme bénéficiaire au contrat; sa propre stipulation doit le constituer créancier, de même que le promettant doit se reconnaître personnellement débiteur. Strictement, l'intérêt propre, la créance directe du stipulant doivent résulter des termes mêmes du contrat verbal, par exemple d'une clause pénale qui contient une réserve formelle et une estimation suffisante du droit d'action (Ulpien, L. 38, § 17, *de verb. oblig.* — § 19, Instit., *de inut. stip.*, III, 9). On se départit pourtant de cette rigueur, dès le temps de Marcellus, en admettant que l'intérêt du stipulant, tout en se révélant par le but du contrat, ne fût pas formellement indiqué en termes exprès. Ainsi, un tuteur, en cédant l'administration à un autre, peut stipuler de lui *rem pupilli salvam fore*, pour dégager sa responsabilité :

Si stipuler alii cum mea interesset, videamus an stipulatio committatur? Et ait Marcellus stipulationem valere in stipulatione hujus modi. Is qui pupilli tutelam administrare cœperat, cessit administratione contutori suo et stipulatus est rem pupilli salvam fore; ait Marcellus posse defendi, stipulationem valere : inte[illegible] enim stipulatoris, fieri quod stipulatus est; cum obligatus futurus esset pupillo, si aliter res cesserit. (Ulpien, L. 38, § 20, *de verb. oblig.*).

Et Ulpien, d'une façon plus générale, accorde l'action au stipulant, toutes les fois que son intérêt propre se trouve engagé d'une façon précise, en vertu d'un contrat antérieur, comme s'il doit lui-même à la tierce personne ce qu'il stipule pour elle ; il conclut alors en ces termes :

Si quis ergo stipulatus fuerit, cum sua interesset ei dari, in ea erit causa ut valeat stipulatio. (L. 38, §§ 21-23, *de verb. oblig.*).

Voilà pourquoi en exposant la règle même, il ne l'explique pas par la nécessité que tout se passe entre les parties contractantes, et ne dit pas comme Paul : ***inter stipulantem et promittentem negotium contrahitur***. C'en est pourtant la raison primitive. Seulement, afin de justifier les exceptions introduites[1], on a ajouté que les obligations ont pour but unique de procurer à chacun son propre avantage :

Alteri stipulari nemo potest...; inventæ sunt enim hujus modi obligationes ut unusquisque sibi adquirat quod sua interest. (L. 38, § 17, *de verb. oblig.*).

Il y avait à l'origine plus de rigueur; et si on avait suivi jusqu'au bout l'idée nouvelle, on n'allait à rien moins qu'à valider toujours la stipulation, en présumant un intérêt quelconque chez le stipulant.

79. Le principe, qu'il s'agisse d'une dette ou d'une créance, n'est pas propre d'ailleurs à la stipulation. (L. 38, § 21, *de verb. oblig.*). Il est formellement indiqué dans les mêmes termes, au point de vue actif et passif, non-seulement dans les textes déjà cités, mais aussi pour le pacte prétorien de constitut. (Ulpien, L. 5, §§ 4 et 5, *de pec. const.*, XIII, 5.) On peut supposer cependant que, dans les contrats de bonne foi,

[1] La Glose, sous les mots *nihil agit* (§ 19, Instit., III, 9), énumère seize cas d'exception.

la promesse pour autrui s'interprétait plus facilement dans le sens d'un engagement personnel. Peut-être aussi un simple intérêt d'affection y est-il pris en considération pour donner effet à la promesse obtenue par le contractant pour autrui. (Papinien, L. 54 pr., *mand.*, XVII, 1.) Pratiquement, la rigueur, inspirée au début par un formalisme étroit, se trouvait donc adoucie par des tempéraments, dont la formule moderne ne rend pas compte.

80. En même temps, la règle conçue toujours dans les mêmes termes avait conservé sa portée générale. Certainement en effet, et c'est là ce qui importe ici, elle n'est nulle part modifiée par les rapports qu'un mandat aurait créé entre le contractant et le tiers. Nous avons déjà montré que dans le pacte, dans le contrat de vente, il faut, même avec mandat, parler en son propre nom (L. 5, § 6, *de pec. const.*, XIII, 5). L'action sera bien donnée ultérieurement pour ou contre le mandant; mais la personne du mandataire aura dû d'abord figurer nominalement dans l'obligation. Les textes relatifs à la stipulation marquent également qu'il ne peut y avoir de représentation; seules les personnes en puissance peuvent jouer le rôle de représentants, et échappent à la règle qui leur interdirait de stipuler pour autrui[1]. En dehors des rapports de puissance, quand aucun bénéfice n'apparaît pour le stipulant, il n'en peut acquérir aucun au tiers, même à un mandant. Les effets du contrat pourront bien être reportés sur le mandant, mais toujours à la condition qu'ils auront en premier lieu reposé sur la tête du mandataire[2]. Nous trouvons ici un signe remarquable et des limites et de la portée de la règle : Ulpien valide la stipulation que je ferais *procuratori meo* (L. 38, § 23, *de verb. oblig.*), parce qu'il trouve l'intérêt personnel suffisamment indiqué; nulle part,

[1] Gaius, III, § 103; Ulpien, L. 38, § 17, *de verb. oblig.*, XLV, 1; § 19, Instit. de inut. stip., III, 9.

[2] Il fallut bien admettre cependant que la volonté du mandant jouait un rôle dans la perfection du contrat conclu par le mandataire. L. 63, *de contr. empt.*, XVIII, 1; L. 1, §§ 2 et 3, *exc. rei vend.*, XXI, 3; L. 5, §§ 3 et 4, *mand.*, XVII, 1. — *Contra* Paul, Sent. II, 15, § 3.

il n'est dit qu'on puisse stipuler *mandanti*[1]. C'est cependant ce qu'on eût été conduit à admettre, si le principe qui exclut la représentation ne s'était pas trouvé confondu dans la règle qu'on ne peut contracter pour autrui.

81. Mais précisément l'idée de représentation n'apparaît pas ici; c'est une conception que les jurisconsultes romains n'ont jamais dégagée; l'effet du contrat ne peut se produire dans la personne du mandant. Tout au contraire, c'est en dehors de tout mandat, que, dans certains cas, le contrat pour autrui a été validé en ce sens que le tiers même recevait un droit d'action; et il le recevait directement par l'effet même du contrat, tandis que le mandant ne pouvait jamais agir sans cession au moins fictive, ni être poursuivi autrement qu'à titre accessoire. C'est ainsi qu'en dernier état, la clause insérée dans une donation, profite directement au tiers bénéficiaire[2]; certaines personnes, par faveur, peuvent demander la restitution de la dot stipulée à leur profit[3]; la restitution du dépôt stipulée au profit du propriétaire de l'objet, non contractant, peut être demandée par lui[4]; la faculté de réméré peut être réservée utilement au débiteur dans la vente du gage faite par le créancier[5]. Le contractant peut ainsi par la convention même conférer le droit d'agir à un tiers qu'il désigne[6]. C'était là certainement des décisions qui se prêtaient à

[1] Sans doute il est inexact de dire, avec Pothier (Obligations, n° 59) que la gestion d'affaires donne un intérêt personnel suffisant pour valider la stipulation faite au nom du maître de l'affaire ; mais le mandataire, qui lui peut être responsable pour n'avoir pas géré, n'a-t-il pas, comme le mandant, intérêt à obtenir l'engagement du contractant ? Son intérêt ne naît pas de la stipulation dont la validité est en question, il a une cause antérieure.

[2] L. 3, C. *de don. q. s. mod.*, VIII, 55.

[3] Pomponius, L. 9, *de pact. dot.*, XXIII, 4 ; Paul, L. 45, *solut. matr.*, XXIV, 3 ; L. 7, C. *de pact. conv.*, V, 14.

[4] L. 8, C. *ad exhib.*, III, 42.

[5] Ulpien, L. 13, pr., *de pignor. act.*, XIII, 7.

[6] Les exceptions qui viennent d'être énumérées dérogent en effet surtout à la règle d'après laquelle l'effet du contrat ne pourrait se produire dans une personne tierce. Mais en somme il ne semble pas que le droit romain ait jamais nettement distingué les trois maximes : *Per liberam personam obligationem non acquiri. Res inter alios acta alii nocere nec prodesse*, d'une part ; et d'autre part, *Alteri stipulari nemo potest.*

être généralisées et complétées, en cas de mandat, en ce sens qu'on pût acquérir à autrui un droit d'action et ne pas s'en réserver un à soi-même. Aucun texte cependant ne vient dire qu'avec mandat on peut contracter au nom d'autrui, que le mandant sera seul tenu et seul maître de l'action. On étend seulement les effets du contrat régulier, en admettant les actions utiles pour ou contre le mandant, toujours à la condition qu'elles soient d'abord nées dans la personne du mandataire, c'est-à-dire sans faire échec à la règle absolue qu'on ne peut contracter pour autrui.

82. En résumé, il faut bien le reconnaître, malgré le développement historique que nous avons suivi, tel est resté, en cette matière, le trait propre du droit romain. Il n'a jamais connu la théorie du contrat passé par représentant. Les sources ne révèlent pas deux règles distinctes : l'une, à peu près disparue, interdisant la formation directe d'un contrat par mandataire ; l'autre, toujours vraie, prohibant toute convention conclue au nom d'autrui sans mandat. Notre interprétation ne peut voir dans les textes qu'une règle toujours persistante, en vertu de laquelle l'effet du contrat ne peut se produire dans une personne tierce, la partie contractante n'étant pas dans le lien de l'obligation et ne jouant que le rôle d'intermédiaire chargé de pouvoir.

Ce sera la conclusion de cette étude. A Rome, le mandataire, commercial ou non, a dû toujours parler en son propre nom. La nécessité des affaires et le progrès du droit amenèrent à étendre les effets de son contrat au mandant. Mais lui-même, ni dans les actions *institoria* et *exercitoria*, ni dans les réformes introduites sous leur influence, n'a pas vu changer son caractère propre ni varier son rôle : il n'a jamais cessé d'être forcément partie contractante.

DROIT FRANÇAIS

DE LA CONCURRENCE DÉLOYALE ET DE LA CONTREFAÇON

EN MATIÈRE DE

NOMS ET MARQUES

DE LA CONCURRENCE DÉLOYALE ET DE LA CONTREFAÇON

EN MATIÈRE DE

NOMS ET MARQUES

PRÉLIMINAIRES

1. I. — On a dit souvent et de la concurrence et de la loyauté qu'elles sont l'âme du commerce, comme sa vie et sa santé. Cette idée morale et économique ne détermine peut-être pas très-nettement quelle doit être l'intervention du législateur entre les industriels d'une part, entre eux et le public d'autre part. Mais elle indique bien que l'absence de règles positives sera toujours moins dangereuse qu'un excès de réglementation, et que si l'on peut désirer un code industriel pour coordonner et compléter les lois existantes, en somme moins il contiendrait d'articles, meilleur il serait.

2. En théorie[1], la société ne s'occupera pas de protéger les consommateurs ; elle ne prendra dans leur intérêt aucune mesure directe, non-seulement préventive, mais même ré-

[1] Nous avons lu avec fruit, malgré les différences et les changements de législation, le *Cours de droit industriel*, de C.-P. Waelbroeck, professeur à l'Université, avocat à la Cour de Gand (3 vol., in-8°, Paris-Bruxelles, 1863-1867). La théorie économique et juridique y est très-nette.

pressive; elle les considérera comme juges de la qualité des produits qu'ils achètent, et n'interviendra que si le contrat est civilement nul, ou s'il y a péril pour la santé publique. Tout le soin du législateur se bornera à laisser la concurrence libre, et il ne saurait mieux faire que de confier aux concurrents eux-mêmes la police du marché; ceux-ci auront ainsi le droit de se distinguer dans la lutte, ils pourront réclamer contre quiconque s'adresserait au public sous leur nom, ils recevront même des signes particuliers pour rallier leur clientèle, et des moyens énergiques pour protéger ces signes contre toute usurpation. Le public saura ainsi à qui il a affaire; ce sera à lui de choisir, et il doit être présumé capable de le faire seul.

3. Ces idées fort simples résument assez bien l'état de notre droit sur ce qu'on a appelé la concurrence déloyale et sur les délits qui s'y rattachent. Elles ont inspiré l'application, faite par les tribunaux, des articles 1382 et 1383 du Code civil, aux délits civils ou quasi-délits de concurrence; elles ont plus spécialement dicté au législateur les lois pénales du 28 juillet 1824, *relatives aux altérations ou suppositions de noms dans les produits fabriqués*, et du 23 juin 1857, *sur les marques de fabrique et de commerce.*

4. II.—Tel n'a pas toujours été l'esprit de notre législation. On sait que, sous le régime des maîtrises et jurandes, les concurrents n'étaient pas libres, le travail étant un privilège réservé et organisé, et que la fabrication était réglée comme le commerce classé, pour assurer à la fois et le monopole que l'État s'était cru en droit de concéder aux corporations reconnues, et la garantie qu'il croyait devoir au public. C'est le système qu'on a pu résumer en une règle : « Chacun fera son métier, et rien que son métier, afin de le bien faire et de ne tromper personne[1]. » Classification des

[1] Blanqui, *Histoire de l'économie politique*, tom. I, p. 235. — V. aussi Chaptal, *de l'Industrie française* (2 vol., in-8°, 1819), tom. II, ch. IV; Dunoyer, *de la Liberté du travail* (3 vol., in-8°, 1845), tom. I, p. 371 et s., tom. II, p. 331 et s.

métiers, et types officiels de fabrication disparurent un moment, aux derniers temps de l'ancien régime, quand dans l'édit mémorable de février 1776, rapporté au mois d'août suivant, Turgot vint proclamer des principes qui n'ont jamais été mieux exprimés. Même après sa chute, il resta quelque chose de son œuvre, et des lettres-patentes du 4 mai 1779 organisèrent pour les tissus un système mixte où la marque de conformité au type officiel pouvait être remplacée par un plomb indiquant une fabrique libre.

5. Après 1789, l'édit de février 1776 fut repris dans le décret des 2-17 mars 1791, *portant suppression de tous les droits d'aides, de toutes les maîtrises et jurandes, et établissement de patentes.* L'article 7 rendait libre, sauf à se pourvoir d'une patente, l'exercice de tout commerce ou industrie[1], garanti ensuite par les constitutions des 3-14 septembre 1791, et 24 juin 1793. En même temps réapparaît bientôt l'idée de la marque, mais comme signe facultatif librement adopté par l'individu pour soutenir la concurrence. Un arrêté du 23 nivôse an IX autorise les fabricants de quincaillerie et de coutellerie à frapper leurs ouvrages d'une marque particulière assez distincte des autres marques pour ne pouvoir être confondue avec elles, et la répression de la contrefaçon est organisée plus tard par le décret du 5 septembre 1810. La loi des 22 germinal-2 floréal an XI, *relative aux manufactures, fabriques et ateliers,* reconnaît, comme de principe, le droit pour tout manufacturier ou artisan d'appliquer une marque particulière sur les objets de sa fabrication; la contrefaçon d'une marque légalement adoptée est punie des peines prononcées contre le faux en écriture privée; l'industriel lésé aura droit à des dommages-intérêts (art. 16-18). Le décret du 11 juin 1809, en organisant les Conseils de prud'hommes, les

[1] Il faut citer ce texte qui est toujours en vigueur (V. *infra*, nᵒˢ 21 et 29) : art. 7. « A compter du 1ᵉʳ avril prochain, il sera libre à toute personne de faire tel négoce, ou d'exercer telle profession, art ou métier qu'elle trouvera bon ; mais elle sera tenue de se pourvoir auparavant d'une patente, d'en acquitter le prix suivant le taux ci-après déterminé, et de se conformer aux règlements de police qui sont ou pourront être faits... »

charge « de veiller à l'exécution des mesures conservatrices » de la propriété des marques empreintes aux différents pro» duits de la fabrique », de prononcer comme arbitres sur la différence entre les marques, qui doivent être choisies et maintenues distinctes, d'en recevoir dépôt, etc. (art. 4-9 et 12). Le droit de l'individu reçoit donc des garanties, mais en même temps les idées anciennes renaissent par endroits. La loi du 22 germinal an XI parle de règlements à faire par les Chambres consultatives des Manufactures, relatifs aux produits des manufactures françaises qui s'exporteront à l'étranger, et présentés en forme de projet de loi au Corps législatif dans les trois ans à partir du jour de leur publication[1]. Le décret du 22 décembre 1812 permet à toutes les manufactures de drap d'adopter une lisière qui leur soit particulière; mais un décret antérieur du 25 juillet 1810 remettait en vigueur un arrêt du Conseil du 5 décembre 1782, et accordait à tous les fabricants de Louviers et à eux seuls l'autorisation exclusive d'avoir à leurs draps une lisière jaune et bleue[2]. Une série de décrets impériaux des 1er avril, 18 septembre 1811 et 22 décembre 1812 organise pour la fabrique des savons une marque obligatoire, dont la forme et les indications sont réglées suivant le procédé de fabrication, la ville de Marseille recevant d'ailleurs une marque propre pour ceux de ses savons qui seraient de première qualité[3]. Cette intervention de la société dans le choix et la composition de la marque ne se renouvela heureusement pas, et demeura ici même sans effet.

6. On songea souvent cependant à faire de la marque, non

[1] On peut consulter l'exposé des motifs de la loi du 22 germinal an XI, et voir l'art. 413. C. pén.

[2] Ces décrets sont restés sans exécution, par suite de deux avis du Conseil d'État, approuvés par l'Empereur, des 30 avril 1811 et 17 déc. 1813.

[3] Le préambule du décret du 1er avril 1811 porte : « Vu les représentations de la Chambre de commerce de Marseille touchant les fraudes pratiquées dans la fabrication du savon ; — Vu les édits et arrêts du Conseil sur le même objet, des 5 oct. 1688, 15 février 1751 et 20 février 1760 ; — Voulant laisser au perfectionnement de l'industrie toute son étendue, et aux inventeurs de nouveaux procédés toute leur liberté ; — Entendant en même temps prévenir toute fraude au préjudice de nos sujets consommateurs, et de la confiance qu'il importe d'obtenir pour le commerce de notre empire dans ses rapports avec les étrangers.... »

pas seulement ce qu'elle doit être sous un régime de liberté, un signe commode pour se distinguer de ses concurrents, mais aussi, par une ingérence dans les procédés de fabrication, forcée, sinon voulue, une garantie de la qualité même du produit. Sans doute, on proposait d'abord seulement, dans le système de la marque obligatoire[1], de forcer le producteur à se faire connaître, de lui imposer la signature; mais, si le choix de la marque obligatoire restait libre, il n'y avait que confusion, vu l'impossibilité d'en trouver un assez grand nombre distinctes pour chacun ; on en venait naturellement à créer des catégories, à imposer des types officiels, et sinon à réglementer la fabrication, du moins, ce qui est déjà trop, à exiger que la marque indiquât la composition du produit, ou déclarât la conformité du produit à un genre légalement déterminé. La marque obligatoire, outre les difficultés d'application, ou perdait toute valeur comme signe individuel, ou en prenait une excessive, comme signe d'un contrôle public. Elle est ou inutile, ou tyrannique.

7. La question ne paraît pas avoir été soulevée, lorsqu'en 1824, le législateur vint statuer à nouveau sur l'usurpation des noms des fabricants ou des villes de fabrique, mal définie et trop sévèrement punie par la loi du 22 germinal an XI. L'idée qui prévaut à cette époque, indiquée dans les rapports et exposés des motifs, est de ne pas laisser les produits français destinés à l'exportation porter des indications fausses sur leur origine ; on se préoccupe de défendre la réputation des fabriques françaises à l'étranger, mais non de protéger les consommateurs. C'est ainsi que le Gouvernement dit à la Chambre des Pairs, donnant assez nettement l'esprit et la portée de cette partie de notre législation industrielle : « La » réputation d'une manufacture est, pour le fabricant, une » propriété à laquelle il tient justement, et que la législation » a non moins justement protégée. Qu'est-ce que le droit

[1] Il faut lire, pour comprendre tout ce qu'un pareil système a de chimérique, Jobard, *Le Monautopole, ou le moyen d'organiser l'industrie, de moraliser le commerce, et de discipliner la concurrence, etc.* (Paris, in-8°, 1844).

» qu'elle lui donne d'apposer sa marque sur ses produits, si » ce n'est la garantie légale et reconnue de cette sorte de » propriété ? Que sont les rigueurs décernées contre la con» trefaçon, sinon la sanction de ce droit [1] ? » La loi du 28 juillet 1824 n'avait pas d'autre but que la loi du 22 germinal an XI, dont elle garde l'esprit et corrige la rigueur.

8. En 1845, pour compléter l'ensemble des lois successivement portées sur les poids et mesures (4 juillet 1837), sur le travail des enfants dans les manufactures (22 mars 1841), sur les brevets d'invention (5 juillet 1844), et avec l'idée d'ailleurs de donner un code industriel où les règles éparses fussent rassemblées et résumées, un projet de loi présenté à la Chambre des Pairs devait refondre la législation sur les noms et marques de fabriques [2]. La discussion, à laquelle on voit prendre part Victor Hugo, Cousin, Martin du Nord, Dupin, porta presque entièrement sur le principe proposé de la marque purement facultative. Quelques-uns demandaient la signature obligatoire, comme pour les imprimeurs, et la liberté du bon commerce seule permise, au moyen d'une marque indicative de la qualité des produits; mais il fut très-bien répondu qu'on reviendrait ainsi fatalement au contrôle de l'État, après inspection et vérification, que la concurrence par les produits à bon marché doit pouvoir rester anonyme, qu'enfin, à tout le moins, si tout le monde a une marque, personne n'en a; quant à la fraude, le Code pénal suffit au public. Le projet du Gouvernement ne subit pas de changements notables. A la Chambre des Députés, il fut seulement examiné en Commission (rapport déposé le 15 juillet 1847), sans que les événements aient permis ensuite de le voter. Le projet amendé par la Commission de la Chambre des Députés n'ad-

[1] V. également le rapport présenté par le comte Chaptal à la Chambre des Pairs.

[2] Projet de loi présenté à la Chambre des Pairs, le 8 avril 1845, discuté dans les séances des 1er et 2 avril 1846. Il faut lire également le rapport excellent fait par M. Drouin de Lhuys au nom de la Commission de la Chambre des Députés, le 15 juillet 1847. Le Conseil général de la Seine demandait, par un vœu émis en 1846, la marque obligatoire. La question législative était en même temps traitée dans un excellent article de M. Wolowski (*Journal des économistes*, tom. 16).

mit pas l'obligation de la marque ; mais on y peut noter une distinction entre la marque d'origine et la marque significative, « indiquant la nature des produits, le mode de fabrication, la contenance des fûts, vases, etc., » toutes deux facultatives en principe, mais que des règlements particuliers peuvent rendre obligatoires.

9. C'est seulement en 1857, un nouveau projet ayant d'ailleurs été élaboré au Conseil d'État en 1851, sans pouvoir venir à l'Assemblée, que la législation a été définitivement fixée. Le système de la marque obligatoire ne fut discuté que dans l'exposé des motifs et le rapport de la Commission. Il y est condamné par des motifs sur lesquels il n'y a plus à revenir, comme peu pratique, inutile, ou contraire à la liberté industrielle. La loi n'a et ne doit avoir qu'un but, la protection de la marque librement adoptée par un industriel ou un commerçant[1] ; elle statue entre les concurrents, et donne au public cette unique garantie que la lutte où il est juge sera loyale. C'est pour affirmer cette pensée que le législateur, se conformant d'ailleurs aux textes antérieurs et à l'usage, parle de la propriété de la marque et qualifie ainsi de la façon la plus énergique le droit de l'industriel, dont l'intérêt est seul directement en jeu.

10. Enfin, en 1873, une proposition de loi, due à l'initiative parlementaire[2], s'inspira de l'idée que l'État pouvait, sur la demande de l'industriel, contresigner la marque privée, et qu'outre l'intérêt fiscal, il assurerait ainsi plus aisément la répression de la contrefaçon étrangère[3]. Le législateur se fit

[1] On peut noter, grâce à un relevé fait par les soins du ministère du commerce, qu'il a été déposé en France, depuis la loi de 1857, jusqu'au 1er janvier 1879, 33,056 marques, dont 30,828 françaises, et 2,228 étrangères.

[2] Proposition présentée le 11 mars 1872. Rapport, le 4 juillet 1872. Rapport supplémentaire, le 27 février 1873. Discussion, le 2 avril et le 26 novembre 1873.

[3] Nous croyons pouvoir dire que cette loi n'a pas jusqu'ici donné les résultats attendus. Il semblerait que l'application n'en ait été encore réclamée que dans le commerce de la pharmacie et particulièrement à Paris. Peut-être faut-il attendre que l'habitude ait pu se répandre de faire timbrer par l'État les marques privées industrielles ou commerciales.

peut-être alors quelque illusion, quant à l'efficacité de la mesure ainsi imaginée ; mais il n'a évidemment entendu porter aucune atteinte à la liberté de la marque, ni même lui donner aucune valeur significative. Le rapport supplémentaire fait par M. Wolowski, au nom de la Commission du budget, l'atteste formellement, la loi du 26 novembre 1873 n'apporte aucune innovation dans le régime même de l'industrie[1] ; elle fortifie seulement la répression de la contrefaçon des marques.

11. III. — Dans l'état actuel, notre législation positive, fort sagement conçue, sinon encore parfaitement ordonnée, se borne donc, abstraction faite de la loi du 26 novembre 1873, à consacrer la légitimité des marques particulières adoptées par chaque concurrent pour se faire reconnaître du public, et à punir comme délit l'usurpation de ces marques nominales ou emblématiques. Elle s'occupe de la signature, non de la fabrication, et punit le faux en écriture industrielle, non pas, sauf de rares exceptions, la sophistication des produits. C'est la fraude entre concurrents qu'elle vise directement.

12. S'il a fallu des textes spéciaux pour atteindre plus sûrement et plus sévèrement les faits de concurrence dont le caractère pouvait nettement se définir, il suffisait, pour maintenir la loyauté dans les rapports des concurrents entre eux, du droit commun interprété suivant les besoins de l'industrie et l'esprit de notre système économique. Ainsi s'est formé d'une façon tout à fait remarquable une sorte de droit coutumier fondé sur la responsabilité de quiconque par sa faute ou son imprudence cause un dommage à autrui, et inspiré dans

[1] L'éminent économiste rappelle d'ailleurs, dans son rapport, une idée qu'il avait déjà émise en 1857, dans différents articles et dans le cours de droit industriel professé par lui au Conservatoire des arts et métiers : « Il ne s'agit pas non plus d'introduire un système de marques significatives qui entraînerait une responsabilité définie de la part du fabricant, autorisé à délivrer une sorte de facture légale attachée au produit, et emportant avec elle l'engagement de livrer des objets d'une qualité, d'une pureté ou d'une composition réglées à l'avance. Ce sont là des innovations qui pourront être étudiées, lorsqu'il s'agira de remanier la législation des marques. »

les arrêts où il se perpétue par l'idée élémentaire que chacun a le droit de se distinguer de ses concurrents, que personne ne doit être autorisé à se faire ou laisser confondre avec un concurrent. Le droit individuel a reçu ainsi des garanties précieuses et une sanction suffisante, en même temps que des règles générales étaient posées sur l'usage commercial du nom, sur les différentes manœuvres destinées à amener la confusion entre des établissements rivaux ou des produits similaires. Il se trouve dès lors qu'on ne saurait appliquer les lois spéciales aux délits de concurrence, sans connaître d'abord les principes généraux consacrés en matière de concurrence simple.

13. Fera-t-on cependant intervenir dans la théorie juridique soit du droit commun, soit des lois spéciales, l'idée d'une propriété industrielle ? Sans doute, l'idée n'aurait pas été proposée, ni le mot usité, si l'on n'avait voulu marquer la force et le caractère du droit individuel. Mais ici, comme dans des matières analogues, la netteté de la langue juridique se prête mal à l'emploi d'un terme qu'il faudrait prendre, si on l'accepte, avec une définition toute spéciale et indéfiniment variable. L'inventeur d'un procédé ou d'un produit, l'auteur d'un dessin ou d'un modèle de fabrique, en théorie pure, n'ont pas, dans le sens où on l'entend généralement, une véritable propriété ; ils reçoivent non pas ce qu'on ne peut leur ôter, la paternité de l'œuvre, le droit de se l'attribuer seuls, mais ce qu'on pouvait ne pas leur accorder, le privilège d'appliquer seuls leur idée, privilège soumis à des conditions et le plus souvent temporaire. Ce qui est perpétuel, sans être une propriété, c'est le droit de ne pas faire connaître une conception, et, quand on l'a publiée, d'en garder l'honneur : mais quant au profit, le droit d'exploitation, de reproduction, nous semble un monopole légitimement réclamé en échange de la publication, non une propriété véritable. Tout au moins, comme nous le verrons, ne peut-on parler de propriété industrielle, quand il s'agit du nom ou de la marque. Ce sont là des signes naturels ou conventionnels qui représentent la valeur individuelle du commerçant, qui le font connaître et reconnaître. Les employer ou les imiter à son détriment, c'est usurper sa réputation, détourner sa clientèle, et il doit être armé pour conserver le bénéfice de son travail et de sa probité. S'il y avait dans le règlement de la concurrence quelque propriété véritablement reconnue, elle aurait pour objet la réputation acquise, la clientèle formée, et non des signes sans valeur propre ; mais la liberté du commerce, surtout la force des choses ne permettent pas de concevoir un droit privatif de ce genre, le public pouvant s'adresser à qui il veut, et la réputation étant un bien purement personnel. En réalité, il n'y a d'analogue à la propriété que le droit sur le fonds de commerce, sur l'établissement industriel, considérés comme universalité. Mais ce n'est même pas là, dans l'état actuel de la législation, sauf au point de vue fiscal, une universalité légale [1]. D'après l'usage, on groupe sous ce nom la propriété des immeubles, le droit au bail, le matériel, les marchandises, les brevets ou marques, c'est-à-dire autant de droits spéciaux régis par des principes particuliers ; on y comprend les dettes actives et passives, c'est-à-dire des droits personnels. Si d'ailleurs on y ajoute l'achalandage, même joint au fonds, il n'est pas l'objet d'un droit privatif, et la cession de clientèle n'est pas une vente, mais une obligation prise de faire et de ne pas faire, de recommander et de ne pas s'établir. On conçoit dès lors qu'il soit difficile de déterminer quel serait ici l'objet de ce qu'on a appelé la propriété industrielle. Le mot a été pris comme commode et énergique pour désigner le droit de l'individu qui s'est fait distinguer, d'interdire à ses concurrents toute manœuvre de nature à donner le change au public. Mais l'usage illicite de la marque d'autrui, de sa signature industrielle, n'est pas un vol ; c'est quelque chose, si l'on veut, d'analogue plutôt au faux, ou à l'escroquerie. La loi a donc pu parler de propriété,

[1] Le fonds social est une universalité reconnue par la loi civile (art. 529, C. civ.). La loi fiscale considère les fonds de commerce d'une manière générale, comme universalité. (L. du 28 février 1872, art. 7 et suiv.)

sans que, par la nature des choses, elle ait rien fait d'autre que de statuer sur une fraude particulière.

14. C'est ce qui apparaîtra plus nettement dans l'exposé même des règles qui s'appliquent aux rapports entre concurrents, soit d'après le droit commun d'abord, soit ensuite d'après le droit pénal spécial dont les principes particuliers seront mieux compris, dégagés des idées générales sur le fond. Il restera, en terminant, à noter que l'industriel est obligé, dans quelques cas exceptionnels, de marquer ses produits ; et à indiquer dans quelle mesure le public atteint par la fraude entre concurrents est admis à réclamer [1].

[1] Nous avons beaucoup emprunté aux ouvrages connus de Renouard, Blanc, Rendu, Calmels, Bédarride ; nous citerons particulièrement et aussi une fois pour toutes, d'une part le livre de M. Gastambide, le plus net qui ait été écrit, resté presque définitif, avec une centaine de pages sur notre sujet, malgré les changements de la législation (*Traité théorique et pratique des contrefaçons*, par A. Gastambide, in-8°, 1837) ; d'autre part, le traité si complet de M. Pouillet (*Traité des marques de fabrique*, par E. Pouillet, in-8°, 1875), et la collection précieuse des *Annales de la propriété industrielle, artistique et littéraire*, par M. Pataille. Le journal la *Propriété industrielle* (1857-1887) contient des articles de doctrine, souvent utiles à consulter.

CHAPITRE PREMIER

DE LA CONCURRENCE DÉLOYALE

15. Le droit commun considère comme délit ou quasi-délit tout fait quelconque de l'homme, toute faute ou toute imprudence causant dommage à autrui. Qu'il y ait d'ailleurs ou non intention de nuire, il n'y a obligation de réparer le dommage, que si le fait est illicite, c'est-à-dire s'il n'est pas l'exercice d'un droit, s'il porte atteinte à un droit (art. 1382 et 1383, C. civ.)[1]. Notre code formule ainsi une règle d'équité qui n'avait pas besoin d'être écrite, et qui ouvre naturellement un large champ aux applications de jurisprudence.

16. Entre concurrents, au point de vue civil, en dehors des textes spéciaux, le droit égal à la lutte rend particulièrement délicate l'appréciation de la faute ou de l'imprudence. Mais nous savons déjà que l'esprit de notre législation et surtout les mœurs commerciales de notre temps, ne permettent de

[1] Art. 1382. Tout fait quelconque de l'homme, qui cause à autrui un dommage, oblige celui par la faute duquel il est arrivé, à le réparer.

Art. 1383. Chacun est responsable du dommage qu'il a causé non-seulement par son fait, mais encore par sa négligence ou par son imprudence.

V. Aubry et Rau, tom. IV, § 443 et suiv.

considérer comme illicites que les faits de nature à amener la confusion entre les rivaux, à tromper l'attention du public; c'est dans les différents moyens et dans les différents modes de publicité que pourra être commis un délit ou quasi-délit, plutôt que dans les actes mêmes du trafic ou de la fabrication.

I.

ÉLÉMENTS DE PUBLICITÉ.

17. *a.* Le moyen le plus naturel pour s'adresser au public, c'est le nom qu'on porte. Le nom de naissance s'impose, quand il s'agit de traiter; c'est la marque sociale de la personne, le signe de son identité et de son individualité. Ce n'est pas, bien qu'on l'ait dit [1], un objet de propriété; car on n'est pas maître de son nom civil, on le reçoit par un héritage forcé (art. 57 et 58, C. civ.), on est obligé de l'employer [2], on ne peut le changer qu'exceptionnellement, on ne peut le transmettre qu'en créant une filiation fictive par l'adoption (art. 347, C. civ.), et il ne représente toujours que l'individu juridique, la personne capable de droits et d'obligations, laquelle est libre, mais non au sens juridique, maîtresse, propriétaire d'elle-même; on a pu dire assez ingénieusement que c'est au contraire le nom qui possède l'individu. En

[1] Civ. c. 30 janvier 1878 (S. 78.1.289); l'arrêt vise la violation de l'art. 544 dans la décision attaquée qui interdisait l'usage dans un commerce déterminé du nom vrai de l'individu.

[2] Décret du 24 brumaire an II, *relatif à la faculté qu'ont tous les citoyens de se nommer comme il leur plait en se conformant aux formalités prescrites par la loi*, aussitôt abrogé par le décret du 6 fructidor an II, *portant qu'aucun citoyen ne pourra porter de nom ni de prénom autres que ceux exprimés dans son acte de naissance*, ce dernier confirmé par arrêté du 19 nivôse an VI.— Loi des 11-21 germinal an XI, *relative aux prénoms et aux changements de noms*.— Quant à l'usage civil d'un faux nom, le Code pénal en prévoit différentes formes (Art. 145, 147, 150, 133, 259, et art. 405).

dehors de la vie civile, et des contrats commerciaux, où il est obligatoire, tout commerçant a le droit, sinon toujours le devoir, de se servir de son nom et de s'en servir seul[1]. Il en interdira donc facilement l'usage à celui qui en porterait légalement un autre, et le forcera pour empêcher la confusion à se conformer à l'état civil.

18. Entre homonymes, s'ils sont concurrents, il y a égalité des droits, et celui à qui on voudrait interdire absolument l'usage de son nom se défendrait en demandant qu'on lui en donne un autre, ce que le juge ne peut faire[2]. Il importe cependant à la bonne foi que le public puisse distinguer, et que la confusion soit évitée entre des maisons rivales ; on pourra donc exiger que les noms semblables soient précédés de prénoms, qui en font d'ailleurs partie légalement, et dont l'indication est requise dans les actes solennels[3]. Le juge pourra même ordonner que le nom soit suivi d'une autre mention, lieu de naissance, degré de parenté, qualité d'aîné ou de cadet entre frères, etc. Celui qui a fait le premier connaître le nom se réservera le droit d'indiquer la date à laquelle il a fondé sa maison. Il y aura d'ailleurs faute ou imprudence de la part du concurrent, établi le dernier, à n'avoir pas pris les mesures tout indiquées ou avoir recherché la confusion. La responsabilité sera encore plus évidente si l'identité n'est pas naturelle, si elle a été obtenue par artifice, si le concurrent a voulu profiter d'une ressemblance partielle et la rendre plus sensible. On le forcera alors facile-

[1] En Allemagne, tout commerçant doit faire inscrire au Tribunal de commerce sur un registre spécial sa raison de commerce (*Firma*), c'est-à-dire le nom sous lequel il gère ses affaires et donne sa signature dans le commerce (C. comm. allemand, art. 19, 15, 12). L'art. 20 du Code de commerce allemand de 1861 (collection Foucher, tom. 10), porte : « Toute nouvelle raison de commerce doit se distinguer nettement des raisons (de commerce) préexistantes inscrites sur le même registre de commerce. Tout commerçant ayant les mêmes prénoms et nom de famille qu'un négociant déjà inscrit au registre de commerce, qui veut faire figurer ce nom dans la raison (de commerce), est tenu d'y ajouter une énonciation complétive servant à la distinguer clairement de la raison antérieurement inscrite. »

[2] Civ. c. 30 janvier 1878 (S. 78.1.259 et la note).

[3] Req. 2 janvier 1844 (S. 44.1.363). C. d'Amiens, 2 août 1878 (*Annales de la propriété industrielle*, année 1878, p. 223). Req. 11 avril 1863 (*Ann.* 63.323).

ment à porter sincèrement et entièrement son nom, et le sien seul[1]. Il y aurait d'ailleurs une fraude véritable, et un acte absolument illicite, dans l'usage qui serait fait en société d'un nom cherché uniquement pour la publicité, quand la personne même ne s'emploie pas au commerce. Le nom ne peut être mis isolément en société, sans les facultés ; ce n'est pas un apport légal, si l'on n'y met aussi au moins l'industrie, et l'apparence du crédit ne peut être donnée par qui ne s'engage en aucune mesure[2]. Sans statuer précisément sur la validité d'un tel acte, que le concurrent lésé ne mettrait pas directement en question, la déloyauté dénoncée n'en serait pas moins déjouée par le juge, et l'interdiction adressée à l'homonyme et à ses associés peut en pareil cas être absolue, dès que l'association est reconnue frauduleuse et fictive, parce qu'il n'est pas ainsi porté atteinte au droit d'exercer réellement le commerce sous son nom[3].

19. Le nom, quand il s'agit d'une société, est pris parmi ceux des associés en nom collectif, qui ne peuvent avoir d'autre raison sociale (art. 21 et 23, C. com.) ; comme d'ailleurs ils n'y figurent pas forcément tous, on pourrait empêcher de choisir ceux qui amèneraient quelque confusion. Les sociétés par actions adoptent librement une raison de commerce ou une dénomination (L. 24 juillet 1867, art. 57) ; au point de vue que nous considérons, leur dénomination n'est qu'un nom d'établissement, et il en peut être adopté un de ce genre, comme nous allons le voir, par tout individu ou toute société, en dehors du nom légal et pour la publicité seulement. Il y a d'ailleurs ceci de particulier que la raison de commerce d'une société par actions est une raison sociale, un nom légal, comme celle d'une société en nom collectif ; c'est

[1] Req. 18 novembre 1862 (*Ann.* 63.90).

[2] Dans la discussion de l'art. 20, C. com. au Conseil d'État, on demandait si le nom peut être mis seul en société ; Berthier répond : « En thèse générale, un nom isolé de tout acte de la personne est une chose fort abstraite au lieu que l'industrie est une chose positive à laquelle il convient de s'arrêter. » — Pothier (Société, n° 10), annule la clause comme illicite et immorale.

[3] Req. 4 février 1852 (S. 53.1.213). Req. 27 mars 1877 (*Ann.* 77.91).

le nom de la personne morale, et il a droit dans les deux cas à la même protection que celui d'un individu. On verra les limites de ce droit pour le choix de la dénomination sociale, en parlant du nom de l'établissement.

20. Le commerçant, au lieu de se servir de son nom légal, peut prendre un pseudonyme [1]. C'est au moins un usage, contre lequel la défense formelle portée, au point de vue civil, par l'art. 2 de l'arrêté du 6 fructidor an II, n'a pas prévalu, parce qu'un surnom a paru légal en dehors de tous contrats, pour la publicité seule, au même titre que l'emploi du nom de l'établissement ou du prénom seul. Il n'y a de limites à cette tolérance que le droit de celui qui porte véritablement le nom emprunté. Celui-là, à moins d'une concession formelle ou d'un abandon tacite difficilement présumé, sera admis à réclamer, soit au point de vue civil contre l'abus fait commercialement, soit à plus forte raison au point de vue de la concurrence, s'il exerce lui-même le commerce. On sera donc toujours libre de prendre un nom de fantaisie, imaginaire. On ne pourra généralement pas prendre un nom de famille porté par d'autres, et entr'autres par un parent. Ajoutons même que la femme mariée ne sera pas toujours maîtresse de faire le commerce sous son nom de fille, le seul légalement reconnu cependant; il est d'usage qu'elle porte le nom de son mari, et elle le conservera même veuve, pouvant alors le garder dans le commerce encore qu'elle se remarie. Bien qu'il n'y ait pas véritablement de prescription admissible, on conçoit comme équitable qu'un long usage ait quelque valeur dans une matière où le fait domine, et que l'antériorité de possession y soit surtout consultée, les questions d'état civil étant toujours réservées. Le commerce pourra ainsi être fait, sous le nom qu'elle adopte, par une corporation sans existence légale, bien qu'elle ne puisse contracter ni ester en justice qu'au nom de tous ses membres, ceux-ci agissant directement et personnellement; le nom adopté sera

[1] Civ. r. 6 juin 1859 (*Ann.* 59.215).

protégé contre la concurrence comme tout autre nom d'emprunt.

21. Il arrive qu'on se fasse connaître du public par la dénomination donnée à la maison de commerce ou à l'établissement industriel. Le nom propre peut être pris comme dénomination de ce genre et attaché ainsi au fonds, ou la raison sociale, qui dans une société anonyme figurera le plus souvent à ce double titre. On peut encore choisir le nom du lieu, sauf à ne pouvoir l'interdire absolument qu'aux concurrents établis ailleurs. Quant à la dénomination tirée de la nature même de l'industrie ou du commerce, elle ne saurait fonder un droit propre, étant forcément commune ; mais il sera facile de l'imaginer avec quelque fantaisie, de façon qu'une entreprise analogue ne se désigne pas nécessairement de la même manière, restant libre et par conséquent tenue de se distinguer par quelque différence, lorsqu'elle vient s'établir la seconde sur le même marché. Les dénominations arbitraires seront donc les plus sûres. Le droit du premier occupant sera d'ailleurs égal, qu'il y ait copie servile ou imitation de nature à donner le change, sauf la question de savoir si le concurrent a commis une faute ou une simple imprudence, et sauf appréciation du préjudice.

22. Nous avons dit que le nom ne pouvait être prêté pour un usage frauduleux par un individu qui n'exerce pas le commerce. Mais le commerçant qui a fait connaître son nom, peut-il le céder ? Aucune cause ne validerait la cession isolée, qui serait une pure duperie[1]. Mais en cédant son fonds,

[1] C. comm. allemand, Art. 23 : « Est interdite l'aliénation d'une raison de commerce séparée du fonds auquel elle appartient. » Art. 22. « Celui qui acquiert un commerce par voie de contrat ou d'héritage peut le continuer sous l'ancienne raison avec ou sans indication énonciative de la succession, lorsque l'ancien propriétaire, ou ses héritiers, ou, s'il y a lieu, les cohéritiers consentent expressément à ce que la raison continue. » — Notre législation est muette, sans qu'il faille le regretter ; il nous paraît d'ailleurs plus juridique, ou au moins équitable, de considérer la mention *successeur de...* comme tacitement permise, et de l'exiger normalement si l'on veut faire apparaître le nom de son prédécesseur. C'est ce que décidait l'art. 4 de la loi sarde du 12 mars 1855 ; et en 1857, au moins quand le nom figurait dans la marque

de droit, on garantit la clientèle qui y est naturellement comprise; le cédant se trouve donc, même en l'absence de convention, permettre au cessionnaire l'usage du nom seul connu du public, et renoncer lui-même à l'employer comme à s'établir d'ailleurs sur le même marché. Il y a là, au point de vue du nom, une sorte d'adoption; le successeur, à moins de clause contraire, peut continuer la publicité en ajoutant son nom à celui de son prédécesseur. Ainsi un certain usage du nom se trouve concédé normalement dans la vente du fonds. On peut même dire que, commercialement, le vendeur, suivant l'expression vulgaire, se retire; il abandonne son nom commercial, sans pouvoir le reprendre dans le même genre d'industrie, s'il ne s'est extraordinairement réservé la faculté de fonder une autre maison, ailleurs sans doute et après un certain temps [1]. Au point de vue purement civil, ses héritiers ou même les membres de la famille qui portent le nom, n'auront de principe d'action contre le successeur que s'il dénaturait l'établissement; on concevrait dès lors l'interdiction de laisser le nom du fondateur. D'une façon presque absolue, l'indication de la transmission pourra être exigée, toujours dans un intérêt civil, afin que l'on sache qu'il y a un successeur, et que le nom du fondateur ne représente plus ni une gestion, ni une responsabilité effectives. Au point de vue de la concurrence, le successeur a les mêmes droits sur le nom concédé, à l'égard des héritiers du cédant qu'à l'égard du cédant lui-même; c'est au moins le principe, puisque les héritiers sont garants comme leur auteur et ne doivent pas essayer de reprendre la clientèle abandonnée. Mais le principe ne peut pas toujours entièrement s'appliquer, parce que les héritiers ont pu être établis sous le même nom avant de recueillir l'héritage, et que d'autre part, si l'on conçoit sans atteinte à la liberté d'exercer le

on proposa chez nous que le successeur autorisé à s'en servir fût légalement obligé d'ajouter son propre nom suivi du mot *successeur*.

[1] La faculté de s'établir à nouveau a pu être considérée comme de droit, après la vente non d'un fonds proprement dit, mais d'une usine, et dans des circonstances particulières. Cass. 17 juillet 1844 (S. 44.1.678). *Cfr.* Req. 1er juillet 1867 (*Ann.* 68. 19). — V. sur la garantie due par le vendeur du fonds, Ch. Lyon-Caen et L. Renault, *Précis de droit commercial*, n° 686.

commerce l'engagement personnel de ne pas reconstituer un fonds aliéné, on ne saurait admettre l'obligation imposée aux héritiers par leur auteur de ne pas fonder une maison nouvelle. Le successeur se trouvera donc, en définitive, à l'égard des héritiers de son cédant, armé de la même façon qu'à l'en contre des tiers homonymes; il pourra exiger, et pour les premiers plus strictement, que toute confusion soit évitée, et que les maisons rivales se distinguent, soit par les prénoms, soit par la date de leur création, soit par toute mention équivalente.

23. Quant à la dénomination donnée à l'établissement, elle y reste attachée aussi longtemps qu'il dure, en quelques mains qu'il passe. Cela ne fait pas de doute, s'il s'agit d'une appellation arbitraire, formée de vocables communs. Mais il arrive qu'une maison soit désignée par le nom propre du fondateur sans que le nom du successeur ait jamais figuré dans la dénomination; c'est un usage qui a pu être consacré par une longue publicité. A l'origine, l'opposition de la famille pourrait empêcher que la transmission du fonds reste occulte; mais nous venons de dire que l'obligation pour le successeur d'indiquer son nom ne peut pas toujours être considérée comme restée absolue, et il semble qu'après une longue tolérance, si l'établissement est resté le même, la réclamation ne serait plus admise, parce que la rectification ne saurait plus être pratiquement efficace, ni prévaloir contre l'habitude prise dans le public, le nom propre étant devenu commun.

Des difficultés particulières s'élèveront si le fonds appartient à une société. La dénomination qui ne comprendrait pas de noms de personnes persistera facilement, comme dans les cas ordinaires, attachée au fonds et licitée avec lui ; elle ne se concevrait guère d'ailleurs partagée en nature, et s'évanouit alors comme l'unité qu'elle désignait. Tel sera le cas normal pour une société anonyme, où la dénomination sert de raison sociale. Mais, quand il s'agit d'une société qui s'est fait connaître usuellement, comme elle le doit légalement, par des noms d'associés responsables, la raison sociale survivra difficilement à la personne morale[1]. Même dans l'intérêt des associés et au point de vue de la concurrence, la dissolution de la société ne conservera le nom donné à la maison, habituellement porté par les associés, que si quelqu'un, société ou individu, prend réellement et totalement la suite des affaires. De plus, même dans ce cas, la garantie due de plein droit sera moins étendue et comportera moins d'effets pratiques, parce que, si la société qui a cédé ne peut se reconstituer, tout au moins chaque associé individuellement reste libre en principe de fonder une nouvelle maison sous son nom propre[2]. En dernier lieu, si l'on dissout et qu'on liquide, sans vendre le fonds, il n'est plus à parler de garantie ; chacun reprend sa part ; la valeur de la notoriété acquise à la raison sociale demeure impartageable, elle est anéantie, sans profit particulier pour personne, et sans dommage pour aucun. C'est là d'ailleurs matière à conventions précises, où les décisions de principe restent vagues, où les circonstances peuvent devenir déterminantes.

24. Comme nous l'avons indiqué en commençant, les règles sur la concurrence déloyale visent les faits de publicité, non les actes de fabrication ou de commerce. L'application de cette idée apparaîtra nettement, quand, par exception, la fabrication se trouve être ou avoir été privilégiée, ou quand le commerce est soumis à un monopole, c'est-à-dire quand l'exploitation d'une invention est en cause, ou la préparation et la vente d'un médicament. Les droits de l'individu sur son nom commercial peuvent rester entiers dans les deux cas.

[1] Le Code de commerce allemand a cru devoir statuer formellement : art. 24. « L'ancienne raison sociale peut se continuer, alors même qu'un tiers se rend sociétaire d'une maison de commerce existante, ou qu'un nouvel associé survient dans la société de commerce, ou qu'un associé en sort. — Toutefois, lorsque le nom d'un associé sortant fait partie de la raison sociale, il faut le consentement exprès de cet associé pour que la raison sociale puisse continuer. » V. aussi l'art. 25. Il ne faut pas oublier d'ailleurs que le mot *firma*, c'est-à-dire la raison de commerce inscrite au registre, ne correspond pas exactement à notre raison sociale, expression juridique.

[2] Req. 5 février 1855 (S. 56.1.417). Civ. c. 2 mai 1860 (S. 60.1.308). — *Cfr.* Req. 3 mars 1868 (S. 68.1.159), et pour une société coopérative, Civ. r. 19 déc. 1860 (*Ann.* 65.290). — [illegible] Req. 24 février 1862 (S. 62.1.241).

L'inventeur d'abord, que son brevet soit ou non expiré, garde toujours seul l'usage de son nom propre. Pendant la durée de son droit privilégié à l'exploitation, il n'y a pas de question. Mais il a un droit personnel plus durable, qu'il n'abandonne pas au domaine public; en révélant sa découverte pour obtenir en échange le privilège de la réaliser d'abord seul, il conserve naturellement, comme un bien propre, la paternité de l'invention et sa renommée d'inventeur. Quand donc tous peuvent fabriquer le produit ou employer le procédé, personne cependant ne peut se servir du nom propre. S'il y met quelque diligence, l'inventeur qui continue à exploiter forcera les concurrents ou à rester anonymes, sans faire apparaître aucun nom propre, ou à signer de façon à ne pas donner le change au public. L'acte de fabrication pourra bien ainsi être devenu libre, mais l'annonce devra rester loyale, le droit commun gardant son empire. En vain objecterait-on que l'inventeur conserve alors et se réserve un privilège de fait; l'exception faite d'abord en sa faveur ne peut se retourner contre lui, et ce serait une véritable défaveur que de considérer son nom propre comme tombé de plein droit avec l'invention dans le domaine public. Il pourra donc ne pas tolérer qu'une fabrique rivale lutte contre lui en se servant de son nom d'inventeur[1]. Loyalement, si un nom propre est employé comme tel dans la publicité commerciale, ce doit être pour indiquer de quels ateliers sort le produit.

25. Pour la pharmacie, il y a ceci de propre, d'une part que la préparation et le débit des remèdes ne sont pas libres, d'autre part que, dans les limites du monopole, aucun procédé ou produit ne peut être breveté, aucun secret ne peut être l'objet d'une annonce. La législation spéciale, dictée par l'intérêt de la santé publique, et dirigée contre le charlatanisme, a exigé par des mesures diverses que tous les produits pharmaceutiques soient forcément dans le domaine commun d'un

[1] Civ. c. 15 avril 1878 (Ann. 78,231).

commerce privilégié[1]. La concurrence ne peut donc exister qu'entre personnes munies du diplôme ; toute autre, débitant des substances considérées comme remèdes au poids médicinal, serait non-seulement soumise à une pénalité, mais passible de dommages-intérêts[2]. Entre concurrents privilégiés, il ne peut y avoir ni secrets réservés, ni brevets concédés; mais chaque officine peut avoir un nom, le faire connaître du public et le défendre, comme indiquant des matières plus choisies et une préparation plus soignée[3]. De plus, le procédé de fabrication, distinct parfois de la préparation médicinale, et surtout le mode employé pour administrer le remède, pour l'envelopper, par exemple, et en dissimuler le goût, sont, comme accessoires de l'exercice de la pharmacie, en dehors à la fois et du monopole et du domaine commun. Suivant les cas, ils pourront être l'objet d'un brevet ; tout au moins le nom de celui qui les a imaginés appartiendra, d'après les règles ordinaires, exclusivement à celui qui le porte et l'a fait connaître, ou, s'il ne peut utiliser lui-même son invention, à son cessionnaire qui l'exploite.

Ces indications vont être complétées, sur les deux points, quand nous parlerons du nom du produit, et nous y reviendrons encore en traitant de la marque.

26. *b.* Le nom de la personne ou de l'établissement ne suffit pas toujours pour attirer l'attention ; on cherche à la forcer en ajoutant des titres ou qualités. On croirait volontiers que c'est la vérité qui est ici la mesure du droit ; mais, au point de vue de la concurrence, la règle serait exagérée ou insuffisante.

27. La vérité n'est exigée que si le titre appartient à quel-

[1] Déclaration du 25 avril 1777. — Décret du 21 germinal an XI, art. 25, 36. — Décret du 18 août 1810. — L. 5 juillet 1844, art. 3. — Décret du 23 août 1854, art. 15 et suiv. — On peut consulter Cr. r. 17 août 1867 (*Ann.* 69.167) ; Paris, 3 janvier 1879 (*Droit* du 8 janvier 1879). — V. aussi Paris, 30 novembre 1876 (*Ann.* 77.323).

[2] Cass. ch. réun. 15 juin 1833 (S. 33.1.458).

[3] Civ. c. 30 janvier 1860 (*Ann.* 60.106) ; Civ. c. 31 décembre 1863 (*Ann.* 64.397). — Civ. r. 13 mars 1861 (*Ann.* 65.391). — *Adde* Paris, 3 avril 1869 (*Ann.* 69.151).

qu'un. Celui qui a pris un brevet peut seul s'intituler inventeur, et cela d'une façon absolue, malgré l'expiration du brevet, malgré une licence concédée, dès qu'il exploite lui-même. On ne peut s'intituler fournisseur d'une ambassade, d'une cour étrangère, si on ne l'est pas et que quelqu'un le soit. Mais personne ne peut se plaindre, si l'on a pris un titre de fantaisie, mensonger, sans usurpation. Il n'y aura ici d'ailleurs de réclamation admissible que de la part des personnes privilégiées.

28. Les médailles, diplômes, récompenses, officiellement décernés à une maison, sont une recommandation dont elle a le droit de défendre la valeur[1]. Elle interdira toute fausse annonce aux concurrents qui n'ont pas été distingués. Il sera permis de réclamer non-seulement à celui qui a obtenu une récompense égale à celle que le concurrent s'attribue faussement, mais aussi à celui qui a obtenu une récompense moindre, et par suite à ceux-là même qui n'en ont aucune : dès que la société organise des concours, en même temps que des expositions, c'est un droit pour tous concurrents de ne pas laisser un rival en fausser les résultats[2]. Les médailles ou diplômes appartiennent, en principe, plutôt à la personne qu'à l'établissement ; on n'empêcherait cependant pas le successeur de les annoncer, s'il garde réellement le fonds et qu'il ait une autorisation formelle du cédant. Nous ne parlons d'ailleurs pas évidemment des décorations ; une distinction de ce genre est absolument personnelle, et légitimement accordée à l'industriel, elle n'est pas dans le commerce, et ne comporte que l'annonce du titre par celui à qui elle a été conférée. Le fait de *porter* indûment une décoration est d'ailleurs un délit (C. pén. art. 259). L'annonce mensongère, ne constituant pas le port illégal, n'en sera pas moins un fait illicite, contre lequel tous concurrents pourront réclamer.

[1] Une pétition adressée à la Chambre des Députés par l'Union des Fabricants, en 1876, demandait que les récompenses officielles pussent être inscrites sur un registre central, à la requête des intéressés, et protégées par une loi correctionnelle.

[2] Req. 4 mai 1868 (*Ann.* 68.190).

29. Quant aux qualités qui indiquent un rapport entre les personnes, la mention, conforme à la vérité, pourra être obligatoire ou interdite, suivant le sens qu'elle comporte. Ce n'est pas la matière à règles précises. Quand on conserve à la maison le nom du fondateur, on peut être tenu de se qualifier successeur; la transmission est d'ailleurs un fait qu'on a toujours le droit d'indiquer. Au contraire, la société dissoute, il ne sera pas toujours permis de s'intituler ancien associé, si l'on cherchait par là à faire croire qu'on continue les affaires, et que les autres associés les ont abandonnées. De même l'indication d'une parenté vraie ne doit pas être prise, au détriment de celui qui a fait connaître le nom du fondateur, ou de son successeur, de façon à laisser supposer ce qui n'est pas, un lien ou l'identité entre les maisons; la qualité de fils, par exemple, ne pourra pas toujours être annoncée dans le commerce, si le père a eu un autre successeur et que les maisons doivent se distinguer. Il y a encore d'autres relations qui, même réelles, ne doivent pas être exploitées comme apparentes; le plus souvent, à moins de permission spéciale, on n'aura pas à s'annoncer comme élève, ni à plus forte raison comme ancien employé, contre-maître, ouvrier d'un industriel ou commerçant à qui on vient faire concurrence. Une indication de ce genre ne peut avoir pour but que de faire remarquer le nom du maître ou patron, comme si on continuait ses affaires, ou que de se faire suivre par la clientèle au détriment de la maison où l'on s'est formé. Au premier cas, il y a véritablement usurpation déguisée du nom, et fraude évidente. Au second cas, les droits non pas de concurrence, mais de publicité sont excédés. La liberté même de la concurrence peut d'ailleurs être, sinon supprimée, du moins restreinte par l'engagement entre patron et employé, commis, ouvrier. Le louage de services déterminés, à temps, comporte en effet très-bien une clause interdisant la fondation d'une maison rivale, à la condition que cette interdiction soit locale et temporaire; la clause indéterminée soit quant au temps, soit quant au lieu, serait à bon droit écartée, comme attentatoire à la liberté individuelle de faire le commerce[1]. De toute façon, et en l'absence même de convention, il pourra toujours être défendu d'indiquer la maison que l'on a quittée pour s'établir[2].

30. *c.* Le nom du produit sert souvent à la publicité. Il y faut alors quelque élément de fantaisie. Si l'on se contente de prendre la désignation nécessaire, ou simplement descriptive, elle sera forcément usuelle et permise à tous concurrents. On peut imaginer au contraire un nom arbitraire, et en interdire l'emploi vulgaire[3]. C'est un artifice qui viendra, le public s'y prêtant, remplacer ou tout au moins fortifier le droit temporaire de l'inventeur, et assurer une sorte de monopole de fait. Si au contraire le breveté a choisi pour son invention un nom qui décrit soit le procédé, soit l'usage, conformément au sens vrai et à l'étymologie, il sera contraint, le domaine public saisi, de laisser appeler la chose par son nom. Et l'on arrive à ce résultat assez bizarre qu'il aura intérêt à imaginer un nom absurde en même temps qu'une chose peut-être excellente. Sans en venir là, il peut à la fois faire connaître le produit avec son nom propre, et, le monopole expiré, ne pas laisser ce nom propre dégénérer dans l'usage en nom commun (comme quinquet, bretelle). Les concurrents, à l'origine, peu-

[1] Art. 1780, C. civ.; L. 2-17 mars 1791, art. 7. — Civ. r. 11 mai 1858 (*Ann.* 58.223). — Civ. c. 25 mai 1869 (*Ann.* 72.133). — Req. 5 juillet 1865 (*Ann.* 65.33). — *Vide* Civ. c. 19 décembre 1860, déjà cité, pour une clause de ce genre entre ouvriers associés (*Ann.* 63.280). — La jurisprudence n'annule pas la clause illimitée quant au temps, si elle est limitée quant au lieu. Civ. r. 21 janvier 1868 (*Ann.* 65.216).

[2] Tout directeur, commis, ouvrier de fabrique qui révèle un secret de la fabrique où il est employé, commet un délit, dont la tentative est punie, à la condition que la tentative ou le délit aient lieu pendant que l'inculpé est encore employé (art. 418, C. pén.). Après avoir quitté la maison, la révélation, sinon l'emploi personnel du secret, est un acte déloyal que n'excuse pas la liberté de l'industrie. Req. 23 juillet 1873 (*Ann.* 73.228). *Cfr.* Civ. r. 21 avril 1863 (*Ann.* 63.356). Même au point de vue de l'application de la peine, la définition du secret de fabrique ne nous paraît pas celle de l'objet brevetable; peu importe le genre de procédé, et la nouveauté n'y est pas requise absolue; il peut s'agir d'un détail de fabrication, non brevetable, d'un tour de main dans une manipulation connue. Notons que la peine est aggravée, si le secret est communiqué à des étrangers ou à des Français résidant à l'étranger.

[3] Civ. r. 23 mars 1861 (*Ann.* 63.310); Civ. r. 11 novembre 1873 (*Ann.* 71.31). — Il ne faut pas laisser le nom inventé devenir vulgaire. Req. 8 février 1873 (*Ann.* 77.91). — Le fabricant peut prendre son propre nom comme désignation arbitraire du produit : Req. 6 janvier 1873 (*Ann.* 73.115); Civ. c. 21 décembre 1853 (*Ann.* 54.18). Mais il faut alors ne pas le laisser tomber dans le domaine public.

vent en effet légalement se voir interdire de faire apparaître sur le produit tombé dans le domaine public le nom propre de l'inventeur; tout leur droit se borne à indiquer le nom commun, et, si par exception le brevet a introduit une nouveauté telle que le nom commun soit devenu incomplet ou inexact, l'indication du brevet périmé et de son titulaire forcerait au moins à faire connaître avec évidence la personne du fabricant. Il faudra décider de même pour les produits pharmaceutiques, qui ne comportent ni la délivrance d'un brevet, ni l'annonce d'un secret. Dès qu'ils figurent au *Codex*, ou ont été approuvés par l'Académie de médecine, tous pharmaciens, et eux seuls d'ailleurs, peuvent les préparer et les vendre; mais, même en dehors des élixirs non réputés remèdes, ou des adjuvants, enveloppes, etc., le mode de préparation d'un remède vulgaire a pu être révélé ou amélioré par un pharmacien ou tout autre, dont le nom n'est pas devenu lui-même la désignation forcée du médicament[1]; tout au moins, soit qu'il ait le droit d'exercer, soit qu'il ait dû prendre un cessionnaire, on pourra bien annoncer qu'on use de la faculté d'employer sa formule, mais il faudra en même temps indiquer l'officine où le produit est réellement préparé, et ne pas s'attribuer personnellement les diplômes délivrés à celui qui a imaginé la formule[2]. En un mot, bien que tous les produits soient dans le domaine commun de la pharmacie, il y aura néanmoins concurrence déloyale si par la désignation du produit on recherche la confusion entre les établissements et les personnes. C'est ce qui apparaîtra plus nettement encore quand on examinera le droit spécial aux marques.

Nous avons déjà dit que le nom du lieu pouvait désigner l'établissement; il peut servir à nommer le produit. Mais s'il ne s'agit pas d'un domaine particulier, la dénomination appartiendra à tous les fabricants du même lieu, et ne pourra

[1] Le nom propre, ici comme ailleurs, a pu tomber dans le domaine public par un long usage. Civ. r. 16 avril 1878 (*Ann.* 78.213). Mais la désignation du produit et le nom propre à la fois peuvent être réservés, si on les défend dès l'origine. Civ. r. 13 mars 61 (*Ann.* 65.391).

[2] Civ. c. 30 janvier 1860 (*Ann.* 60.106).

être interdite qu'aux étrangers. Il arrivera enfin, que le nom d'origine soit devenu, par l'usage, un nom de genre, significatif seulement sur la qualité particulière du produit, et dès lors nécessairement commun à tous les produits similaires.

31. Les œuvres littéraires ou artistiques sont une source de revenus et, dans un certain sens, par la publication et la reproduction surtout, ce sont des objets dans le commerce. En dehors de l'application des lois spéciales, c'est-à-dire sans qu'il y ait plagiat, il arrivera qu'un livre, une statue, soient vendus sous le nom d'un auteur qui n'a jamais rien fait de semblable. Cette usurpation commerciale de son nom propre, donné à une œuvre qui n'est pas la sienne, lui ouvre évidemment droit à des dommages-intérêts. Il en sera de même, si le titre seul de l'ouvrage a été pris[1], le livre lui-même n'étant pas imité; la copie du titre n'est pas une contrefaçon de l'œuvre, c'est une simple annonce destinée à s'emparer de l'attention du public, éveillée par l'auteur, et l'on conçoit des cas où l'usurpation s'arrête à la couverture ou à l'affiche. Il y a alors fraude commerciale, et à la condition que le nom de l'œuvre ne soit pas un nom générique et présente quelque originalité. Le plus souvent, il s'agira non d'un livre, d'un dictionnaire, d'un répertoire, mais d'un journal; en ce cas, il faut observer que le droit de fondateur sur le titre commence et dure avec la publication périodique, mais cesse, quand le journal a définitivement cessé de paraître, à la condition que le nouveau ne puisse être pris pour la continuation de l'ancien, c'est-à-dire, à ces deux points de vue, après un certain laps de temps.

[1] Même pour un dictionnaire, il arrivera rarement que la distinction puisse être faite. *Cfr.* Merlin, *Questions de droit*, v^is, Contrefaçon et Propriété littéraire, *af.* du Dictionnaire de l'Académie française. — Cass. 23 floréal an XII; Cr. c. 16 juillet 1833 (S. 1833.1.543). — V. surtout Gastambide, *Traité des contrefaçons*, liv. Ier, tit. X.

II.

MODES DE PUBLICITÉ.

32. Tout ce qui vient d'être dit, sur les divers noms, dénominations, désignations, s'appliquera sans difficulté, quel que soit le mode de publicité employé pour les faire apparaître : enseigne, prospectus, annonce, affiche, ou apposition sur les produits. Sur ce dernier emploi des signes propres à un commerçant, les lois pénales du 28 juillet 1824 et du 23 juin 1857 comportent une étude spéciale et des définitions plus précises ; il faut s'y référer, pour certains cas où, même en matière de marques, l'action en concurrence déloyale est seule ouverte. Pour les autres modes de publicité, quelques explications particulières suffiront.

33. C'est à l'enseigne que la clientèle peut le plus facilement se rallier, et dès le principe elle a été considérée pour le commerce au moins, sinon pour l'industrie, comme le mode de publicité le plus important. Elle est en effet, dans les relations avec le public, ce qu'est la marque sur le produit. Son importance lui a même valu qu'on emploie ici le mot de propriété, sans précision d'ailleurs ni justesse. Pas de doute en effet que le droit d'employer seul une enseigne ne repose ni sur le tableau même, objet mobilier [1], ni sur l'effigie, imaginée et exécutée avec plus ou moins d'art. Le droit ne s'étend qu'à l'adoption de certains noms, mots, devises, et de certains signes ou images, comme désignation naturelle propre, arbitraire, ou emblématique d'une maison de commerce. L'enseigne adoptée distincte, spéciale, nouvelle, par quelqu'un de

[1] *Cfr.* Civ. c. 21 décembre 1853 (S. 54.1.90).

ces éléments, ne peut ensuite être copiée ni imitée d'une façon sensible par une maison rivale, vendant des produits semblables, si le nouveau venu cherche à induire le public en erreur, et s'il y a véritablement concurrence possible, les maisons étant assez rapprochées pour que la clientèle puisse hésiter et être trompée. Quand au fait seul de s'établir dans le même immeuble qu'un concurrent pour y exercer à côté de lui une industrie semblable, c'est un acte irréprochable, s'il ne se complique d'aucune manœuvre accessoire, dont l'enseigne serait le principal instrument. On conçoit dès lors qu'on se soit demandé si le propriétaire, de droit commun, devant au locataire la libre et pleine jouissance des lieux loués (art. 1719, C. civ.), ne lui était pas garant du trouble apporté dans ses affaires par la présence du concurrent, second locataire. La raison de refuser toute action de ce genre, s'il n'y a stipulation expresse, est que le propriétaire est bien obligé par la nature du contrat de faire jouir paisiblement de la chose louée, mais qu'il conserve la libre disposition des choses non louées, ou louées en commun comme les passages, dessous de portes et piliers de portes, et que sa garantie ne s'étend qu'aux troubles directs, aux diminutions effectives de jouissance, non au préjudice indirectement éprouvé dans l'exercice de l'industrie[1]. Le propriétaire ne sera jamais garant de la concurrence déloyale; il ne sera tenu à raison de la concurrence simple, que s'il s'est obligé à ne pas accepter un concurrent comme second locataire. Si le bail contient une stipulation de ce genre, le premier locataire n'aura d'action que contre le propriétaire, parce qu'il n'a certainement qu'un droit personnel né du contrat, conformément à la doctrine la plus autorisée[2]. Entre locataires, aucune plainte directe ne peut donc se concevoir, s'il n'y a concurrence vraiment déloyale en dehors du fait simple de l'établissement dans la même maison, ou tout au moins, s'il n'y a voie de fait apportant trouble à la

[1] Civ. r. 6 nov. 1867 (*Ann.* 67.401); Paris, 29 août 1867 (*Ann.* 67.396); Paris, 8 mai 1862 (*Ann.* 62 231). — *Cfr.* Req. 1er décembre 1863 (S. 61.1.23). — *Contra* Paris, 12 mars 1863 (S. 63.2.221).

[2] Aubry et Rau, tom. IV, § 365-3°, p. 471, note 7. (4e édition).

jouissance (art. 1725, C. civ.), la première enseigne étant par exemple déplacée ou couverte par la nouvelle.

34. Au lieu d'une enseigne proprement dite, on peut adopter une disposition plus ou moins singulière dans la construction, ou dans la couleur des magasins, devantures, vitrines. Si un voisin, faisant commerce semblable, donne à son établissement un aspect analogue, ce pourra être, joint à d'autres, un élément de concurrence déloyale. Nous verrons, à propos des marques, que de même, pour les produits, l'aspect d'ensemble obtenu par la forme, le mode d'envelopper, de fermer ou boucher, ou par la couleur, ne saurait être impunément imité, au détriment de celui qui les a le premier employés et y a mis quelque originalité.

35. Restent enfin les modes les plus divers de publicité, qui se multiplient sous forme d'inscriptions, en tête de facture ou griffes, annonces, prospectus, réclames écrites ou verbales. Ils faciliteront l'emploi des moyens déjà indiqués comme illicites et destinés à faire naître les méprises. Mais ils comportent encore d'autres manœuvres où il faudra voir aussi des actes de concurrence déloyale. Entre concurrents, on ne peut poursuivre le mensonge simple ; chacun est libre de vanter ses marchandises, leur qualité et leur bon marché, mais toute allégation qui directement dans la forme tend à déprécier les produits d'une maison rivale pourra être relevée comme un procédé frauduleux, quelle que soit la vérité, l'intérêt du public n'étant pas en cause. Nous ne parlons pas de la diffamation véritable[1], mais d'atteintes analogues portées, en dehors des questions de probité, à la réputation commerciale. Le dénigrement des produits, nommément, soit qu'on critique la fabrication, soit qu'on dénonce les prix comme exagérés, excède les droits de publicité[2]. La lutte

[1] V. Cir. r. 19 février 1870 (*Ann.* 70.52).
[2] Douai, 20 juillet 1868 (*Ann.* 68.29) ; Paris, 23 avril 1869 (*Ann.* 69.113). — *Cfr.* trib. corr. de Dijon, 1er juin 1877 (*Ann.* 77.151). — V. aussi trib. de comm. de Rouen, 4 juin 1877 (*Ann.* 77.257).

reste libre, et le public juge, bien que l'annonce ne puisse désigner formellement un concurrent pour le discréditer. Dans cette mesure, la règle sagement appliquée n'apporte pas plus d'entrave à la concurrence que la défense, essentielle à notre matière, d'induire le public en erreur sur l'identité de maisons rivales.

III.

ACTION.

36. Les idées générales que nous venons d'indiquer permettent de concevoir une variété indéfinie de faits qui ne peuvent être considérés comme couverts par le droit de libre concurrence [1], et qui seront légalement qualifiés de délits ou de quasi-délits civils. L'usage les réunit sous le nom de concurrence déloyale; mais il importe de remarquer que la mauvaise foi n'y est pas un élément essentiel, bien qu'ordinairement il s'y trouve et que les faits mêmes l'impliquent le plus souvent. En effet, n'y eût-il pas intention de nuire, la responsabilité du dommage causé, l'obligation de le réparer et de le faire cesser, n'incomberaient pas moins au concurrent simplement imprudent ou négligent (art. 1383, C. civ.), dès qu'il a, même sans le savoir, excédé ses droits et porté atteinte à ceux d'autrui. Le droit commun reçoit ici, dans une matière spéciale, une application très-large; mais la théorie particulière ainsi formée sous un nom propre, ou n'a pas de fondement, ou reste régie par les principes généraux. Il suffit donc, pour que la plainte en concurrence illicite soit recevable, que l'acte dommageable ne soit pas légitime et qu'il lèse un droit [2].

[1] V. sur les droits de concurrence entre membres d'une corporation, dans une profession réglementée : Req. 18 février 1878 (D. 78.1.417).

[2] La Cour de cassation a cependant considéré comme moyen nouveau, au point

37. L'action, ainsi née, ne comporte aucune procédu spéciale, et il est évident que les faits ne pourront être con tatés par aucun des moyens organisés, comme nous le ve rons, pour la saisie de produits indûment marqués.

38. Quant à la compétence, elle paraît clairement indiqu par l'article 631, C. com., aux termes duquel « les tribuna » connaîtront : 1° des contestations relatives aux engagemen » et transactions entre négociants, marchands et banquier » . . . 3° de celles relatives aux actes de commerce entre tout » personnes. » La loi, n'eût-elle parlé que des engagement serait applicable à ceux qui se forment sans contrat et nai sent d'un fait de commerce (art. 1370, C. civ.). Parlant e outre des transactions des négociants, elle statue non p seulement sur les contrats commerciaux, sur les actes *de* con merce, mais sur tous les actes *du* commerce. Ce qu'elle voulu, et raisonnablement, c'est que les juges consulaires fu sent saisis de toutes contestations entre négociants, relativ à leur commerce[1]. Elle a seulement laissé sous l'empire d droit commun toutes les actions où la qualité de commerça est indifférente, et où l'acte de commerce n'apparaît p (art. 638, C. com.). En vain prétendrait-on que les procès d concurrence portent sur la propriété du nom commercial, d l'enseigne; car, s'il y avait là une propriété véritable, enco n'existerait-elle que d'après les règles propres du droit con mercial[2]. On ne peut objecter davantage que les contestation dont nous avons parlé jusqu'ici ne s'élèvent pas toutes forc ment entre personnes réputées commerçantes d'après la dé

de vue du pourvoi, il est vrai, l'allégation d'une faute simple, quand la dema s'était d'abord fondée sur la mauvaise foi. Req. 9 mars 1870 (*Ann.* 70.131). Il faudrait évidemment pas conclure de cet arrêt que la demande en concurrence d loyale est juridiquement différente de la demande fondée sur les art. 1382 et 13 C. civ.

[1] Req. 3 janvier 1872 (*Ann.* 72.259); Paris, 28 avril 1866 (*Ann.* 66.193); Pari 9 juillet 1867 (*Ann.* 67.271). — *Cfr.* Civ. c. 21 août 1863 (S. 63.1.497).

[2] Nous supposons évidemment que les éléments de la concurrence déloyale ne confondent pas avec ceux d'une contrefaçon prévue par une loi spéciale et soumis formellement par cette loi à une compétence exceptionnelle. V. Paris 17 août 18 (*Ann.* 66.366).

finition légale; car alors, le droit commun s'appliquera sans difficulté.

39. Le jugement appréciera la faute ou l'imprudence, et le dommage causé. Il ordonnera la réparation du préjudice, ce qui comporte non-seulement des dommages-intérêts pour le passé, mais l'injonction de cesser immédiatement les actes illicites de concurrence, et d'en supprimer ou modifier les instruments. Pour le passé, la condamnation ne saurait être que d'une somme d'argent, outre la publicité qui peut toujours être prescrite (art. 1036, Pr. civ.)[1]; les réparations en nature n'existent dans notre droit que pour les cas où elles sont formellement ordonnées ou permises; il pourra intervenir entre les parties une dation en paiement, mais non par autorité de justice une confiscation de produits avec remise au concurrent lésé, les infractions à la loi de 1857 sur les marques comportant seules ce mode de réparation en vertu d'un texte exprès. Pour l'avenir, le tribunal ne prononcera légalement que par voie d'injonction, sans pouvoir ajouter une contrainte; la justice a bien le pouvoir d'ordonner, de prescrire tous changements de noms indûment portés, toute addition de mentions destinées à éviter la confusion, d'interdire tous actes illicites, mais elle excéderait son droit si elle statuait sur des faits futurs, sur une action qui n'est pas née, qui ne lui est pas soumise et dont elle ne peut être saisie d'avance[2].

40. Si la concurrence interdite continue, il faudra donc revenir devant le juge. Si les faits matériels se sont renouvelés identiques, l'appréciation déjà intervenue sur les droits de chacun semblera bien définitive; mais il n'y aura pas proprement chose jugée. Dans un sens, l'action a la même cause

[1] Art. 1036. Pr. civ. Les tribunaux, suivant la gravité des circonstances, pourront, dans les causes dont ils seront saisis, prononcer, même d'office, des injonctions, supprimer des écrits, les déclarer calomnieux, et ordonner l'impression et l'affiche de leurs jugements.

[2] Req. 21 février 1862 (S. 62.1.211) ; *Cfr.* cependant, Civ. r. 6 juin 1859 (Ann. 59.211).

juridique ; mais le préjudice dont on demande la réparation est nouveau, il n'a pu être encore apprécié, et de plus l'intention de nuire, la mauvaise foi est devenue certaine ou plus grave. D'une façon absolue, d'ailleurs, entre des faits qui se succèdent, considérés comme délits civils ou criminels, il ne peut y avoir identité juridique, ni par suite entre les actions auxquelles ils donnent naissance entre les mêmes personnes[1].

[1] Req. 27 mars 1877 (*Ann.* 77.92); Req. 1er juin 1874 (*Ann.* 74.250). — *Cfr.* Civ. r. 22 déc. 1863 (*Ann.* 65.107).

CHAPITRE II

ALTÉRATIONS OU SUPPOSITIONS DE NOMS DANS LES PRODUITS FABRIQUÉS

41. Quand le nom d'un fabricant, la raison commerciale d'une fabrique, ou le nom d'un lieu de fabrication est indûment apposé sur un produit, le fait devient un délit prévu par la loi des 28 juillet-1 août 1824, et puni par l'art. 423 C. pén. [1] C'est une infraction propre, indépendante de la contrefaçon d'autres marques dans laquelle elle peut être impliquée sans s'y confondre. (L. 28 juillet 1824, art. 2). Sous l'empire de la loi du 22 Germinal an XI, il y avait là un crime, trop sévèrement puni et mal défini, et le législateur de 1824 a précisément eu pour but d'abroger, en y substituant une disposi-

[1] Loi du 28 juillet 1824, *relative aux altérations ou suppositions de noms dans les produits fabriqués.* — Art. 1er. Quiconque aura, soit apposé, soit fait apparaître, par addition, retranchement, ou par une altération quelconque, sur des objets fabriqués, le nom d'un fabricant autre que celui qui en est l'auteur, ou la raison commerciale d'une fabrique autre que celle où lesdits objets auront été fabriqués, ou enfin le nom d'un lieu autre que celui de la fabrication, sera puni des peines portées en l'article 423 du Code pénal, sans préjudice des dommages intérêts, s'il y a lieu.

Tout marchand, commissionnaire, ou débitant quelconque, sera passible des effets de la poursuite, lorsqu'il aura sciemment exposé en vente ou mis en circulation les objets marqués de noms supposés ou altérés.

Art. 2. L'infraction ci-dessus mentionnée cessera en conséquence et nonobstant l'article 17 de la loi du 12 avril 1803 (22 germinal an XI) d'être assimilée à la contrefaçon des marques particulières prévue par les articles 142 et 143 du Code pénal.

tion plus complète et moins dure, l'art 16 de la loi de l'an XI, ainsi conçu : « La marque sera considérée comme contrefaite » quand on y aura inséré ces mots ; *façon de*, et à la suite le » nom d'un autre fabricant ou d'une autre ville. »

I.

DROIT PROTÉGÉ.

42. La loi de 1824 protège le nom du fabricant, la raison commerciale de la fabrique ; elle suit ainsi la loi de l'an XI, qui ne parlait dans son art. 16 que du manufacturier ou artisan[1], tandis que la loi de 1857 a reconnu aussi les marques de commerce, peu adoptées d'ailleurs dans l'usage, et facilement composées du nom parmi d'autres signes distinctifs. Le nom protégé peut être le nom de famille, ou la raison sociale ; il peut n'avoir pas de valeur civile, n'être pas celui dont on signe les actes, et, puisqu'on admet le nom de la fabrique, la raison commerciale, on protège même un pseudonyme, un nom imaginaire, ou la désignation d'usage d'une corporation non reconnue[2]. Les initiales ne sont d'ailleurs qu'un emblème du nom vrai, et doivent être déposées comme marque, si elles ne forment elles-mêmes un pseudonyme[3]. Comme il s'agit enfin du nom propre, le droit exclusif, consacré par la loi au profit de celui qui le porte, sera maintenu, à moins qu'exceptionnellement, par la tolérance

[1] Loi du 22 germinal an XI, art. 16 : « La contrefaçon des marques particulières que tout manufacturier ou artisan a le droit d'appliquer sur les objets de sa fabrication, donnera lieu, 1° à des dommages intérêts envers celui dont la marque a été contrefaite ; 2° à l'application des peines prononcées contre le faux en écriture privée. »

[2] Cr. r. 26 avril 1872 (*Ann.* 71-72.57). — Le rapporteur à la Chambre des Députés disait formellement, à propos de l'énumération des divers noms protégés : « Il nous a paru indispensable d'y comprendre aussi la raison commerciale qui peut contenir et contient quelquefois un nom autre que celui du fabricant. »

[3] Paris, 26 avril 1851 (cité par Blanc, p. 773).

de lui-même ou de ses auteurs, on ait pu le faire dégénérer en nom commun.

43. Les noms de lieu sont protégés comme les noms de personne, sans limites, qu'il s'agisse d'une province, d'une région, d'une ville ou d'un domaine. Cette disposition ne fut pas adoptée sans difficultés, bien que l'art. 17 de la loi du 22 germinal an XI, parlât déjà des noms de ville. On observait avec raison, à la Chambre des Députés, que le lieu de la fabrique est assez indifférent, dès que les manufactures produisant les mêmes qualités ne sont plus légalement groupées, qu'une mesure de ce genre rappelait les anciens règlements, fort inutilement sous un régime de liberté, qu'enfin les parties intéressées seraient difficilement déterminées[1]. Le baron Chaptal, rapporteur à la Chambre des Pairs, demandait une ordonnance pour compléter la loi, fixer d'une part la banlieue industrielle des villes productrices, réserver d'autre part une marque indicative de la qualité aux seuls fabricants qui seraient reconnus la produire. La loi a passé sans ces aggravations; mais elle conserve sur ce point un caractère mal défini. Elle prohibe certainement la concurrence mensongère,

[1] *Moniteur* du 2 juillet 1824. — Aux députés qui faisaient valoir avec beaucoup de force ces objections, et, comme Pardessus, Casimir Périer, demandaient le droit commun pour le nom de lieu, le rapporteur se contente de répondre qu'on pourra par des règlements déterminer quels fabricants ont le droit d'apposer sur leurs produits le nom d'une ville. Un amendement fut proposé pour prescrire ces règlements, et d'ailleurs rejeté. La même idée reparaît dans le projet de loi de 1845, qui statuait, comme on le sait, sur les noms et marques à la fois. On fit observer, de même qu'en 1824, qu'une réglementation de ce genre serait impraticable et vexatoire. La disposition disparut du projet tel qu'il fut porté à la Chambre des Députés. Il peut être utile de noter qu'en 1845, la loi unique, portant sur tous délits en matière de marques nominales ou emblématiques, disposait : Art. 6. « Tout fabricant pourra inscrire sur ses produits le nom du lieu de la fabrication. » Art. 7. « Tout fabricant qui inscrira sur ses produits le nom du lieu de la fabrication devra ajouter à cette indication sa raison de commerce ou la dénomination particulière de son établissement. » Art. 8. « Nul ne pourra inscrire sur ses produits le nom d'un lieu autre que celui de la fabrication. » Étaient punis également : 1° ceux qui à côté de l'indication du lieu de fabrication, n'auraient pas inscrit sur leurs produits la raison de commerce ou la dénomination particulière de leur établissement; 2° ceux qui auraient inscrit sur leurs produits le nom d'un lieu autre que celui de leur fabrication (art. 9 du projet). On atténuait ainsi les inconvénients de la marque prise du nom de lieu. Le Code pénal belge de 1867, art. 191, a reproduit le texte de notre loi de 1824, mais il ne punit pas l'usurpation du nom de lieu; il prévoit d'ailleurs dans son art. 498 la tromperie sur l'origine, comme la tromperie sur la nature de la chose vendue.

en n'admettant pas l'indication d'une origine fausse ; c'est aux acheteurs de juger, et à l'usage d'établir si l'indication vraie de l'origine est significative. L'indication fausse matériellement sera donc toujours un délit ; quant à sa portée, au point de vue de l'acheteur qui réclame, ce sera aux tribunaux de décider, non d'après la loi de 1824, mais d'après le droit commun (art. 423, C. pén.), si l'erreur sur l'origine a entraîné une tromperie sur la nature du produit[1].

44. Les tribunaux apprécieront également où est le lieu de la fabrication proprement dite, quand les opérations sont multiples et disséminées. Ils fixeront dans quelles limites la banlieue industrielle se rattache à la ville[2]. Légalement, les produits manufacturés sont seuls indiqués, bien que pour les produits naturels, l'origine signifie davantage ; la jurisprudence a pensé cependant, puisque le législateur visait surtout les produits destinés à l'exportation, que nos vins ne pouvaient être exclus de la protection légale, qu'ils subissaient quelque préparation, à la différence des grains ou des bestiaux, et que les lieux où on les récolte et, pour les vins de Champagne au moins, où on les prépare, est un lieu de fabrique[3]. Aujourd'hui d'ailleurs la loi sur les marques de fabrique et de commerce a permis l'emploi d'un signe distinctif personnel pour tous les produits agricoles.

45. Il est évident que le nom du lieu de fabrication appartient en commun, au même titre, à tous ceux qui y établissent

[1] Nous insisterons sur ce point, *infra*, n° 53.

[2] Req. 24 février 1840 (Dalloz, v° *Industrie*, n° 331). Cr. r. 28 mars 1844 (S. 44.1.727). — *Cfr.* Req. 17 novembre 1863 (*Ann.* 68.231) — et aussi, Req. 6 juin 1847 (S. 47 1.721).

[3] Cr. r. 12 juillet 1845 (S. 45.1.842). Cet arrêt, très-fortement motivé, a fixé la jurisprudence sur plusieurs points. A la même date (21 juillet 1845), la commission de la Chambre des Pairs proposait d'ajouter au projet de loi alors élaboré une disposition expresse portant : « Sont réputés produits de fabrication : tous produits d'agriculture transformés par des opérations quelconques, chimiques ou mécaniques, les vins, eaux-de-vie, etc. » La loi du 23 juin 1857 est applicable à tous les produits de l'agriculture (art. 20) ; mais elle ne statue que sur les marques emblématiques, ou tout au moins sur celles où le nom figure sous une forme distinctive.

leur industrie, sans droits acquis ni réservés. Ils peuvent tous, ou un seul, le revendiquer et en interdire l'usage à tout fabricant établi ailleurs [1].

46. La loi ne parlant que d'objets fabriqués, il paraît difficile de l'appliquer aux noms d'auteur apposés sur les livres, gravures, tableaux ou sculptures. La question présente surtout de l'intérêt, quand l'apposition mensongère du nom n'est pas en même temps une atteinte au droit de l'auteur sur l'œuvre, quand il n'y a pas contrefaçon de l'œuvre, mais attribution inexacte. Il nous semble que l'auteur, ou l'éditeur, si l'auteur ne s'édite pas lui-même, malgré l'apparence, livre en somme au public une œuvre reproduite par des procédés matériels ; dans un certain sens, un livre, une statue, ne sont pas des produits naturels. On peut même ajouter que la loi suppose seulement, dans son texte strict, un usurpateur fabricant, un objet fabriqué, et que la personne lésée peut être un auteur, un artiste [2]. Il n'y aurait donc pas de doute pour l'appliquer, si le nom a été indûment apposé sur un objet d'art industriel, si la difficulté s'élève entre fabricants de bronzes. Il convient de remarquer, en ce sens, que le nom de certaines de nos villes a une valeur à la fois artistique et industrielle, et que les produits de leurs fabriques, marqués souvent de leur seul nom, sans autres signes, seront en même temps des objets fabriqués et l'œuvre d'artistes. Il y a donc certainement des cas où la loi de 1824 protège les œuvres d'art, et la signature seule, plus efficacement que le droit commun et l'action fondée sur l'art. 1382.

47. Nom d'individu ou de lieu, comme l'indication est naturelle et l'usurpation sans excuse, il n'est pas besoin d'affir-

[1] Cr. r. 12 juillet 1845 (S. 45.1.852). Req. 24 février 1859 (Dalloz, v° *Industrie*, n° 251). Pour des eaux minérales naturelles ou artificielles, outre les règlements particuliers v. Lyon, 7 mai 1841 (D. 42.2.27), et Conseil d'Etat, 29 août 1865 (S. 66.2.291). — V. aussi, Tribunal correctionnel de la Seine, 29 janvier 1879 (inséré au *Droit* du 17 avril 1879) ; Paris, 15 mars 1879 (*Droit* du 4 mai 1879).

[2] Tribunal correctionnel de la Seine, 11 février 1879 (*Droit* du 20 février 1879). — *Cfr.* Paris, 10 mars 1853 (*Ann.* 53.19).

mer le droit par un dépôt, ni d'avertir les tiers [1]. L'usage du nom suffit, à quelque époque qu'il commence, sans que l'antériorité ait d'effet, sauf entre homonymes, ou que la prescription soit possible, sauf pour faire dégénérer le nom propre en nom commun et saisir alors le domaine public [2].

II.

INFRACTION.

48. L'atteinte au droit n'est prévue par la loi spéciale, que si elle se manifeste par l'apposition du nom sur les objets fabriqués. Peu importe que la partie lésée ait ou non l'habitude de signer ses produits; peut-être se contente-t-elle de

[1] En statuant, comme on le devrait, par les mêmes dispositions sur toutes les marques, purement nominales ou emblématiques, il serait aisé de continuer à ne pas exiger le dépôt du nom propre ou de la raison de commerce employés isolément. C'est ce que semblait faire le projet de 1845 ; il exigeait le dépôt des marques « distinctives » (art. 2), et punissait par une disposition unique ceux qui auraient « usurpé, altéré ou contrefait la marque distinctive, la raison de commerce, ou la dénomination particulière d'un établissement » (art. 9.1°). Ce texte pourrait être repris, en ajoutant que l'infraction est supposée commise sur un produit ou son enveloppe. — En Belgique, une loi votée cette année même (*Bulletin de la Société de législation comparée*, avril 1879, p. 279), sur les marques de fabrique et de commerce, n'admet le nom ou la raison sociale comme marque que sous une forme distinctive (art. 1er). Le nom ou la raison sociale employés isolément restent protégés par l'action en dommages intérêts et par la disposition spéciale de l'art. 191 du Code pénal belge de 1867. M. Demeur, rapporteur à la Chambre des Représentants, s'exprimait ainsi à cet égard (séance du 19 décembre 1877) : « Les tiers qui s'en emparent (du nom commercial) savent qu'ils se servent du nom d'autrui sans devoir en être prévenus par une formalité quelconque. Une loi spéciale n'est donc pas nécessaire pour conférer à un fabricant ou à un commerçant le droit exclusif d'apposer son nom sur des produits de sa fabrication ou de son commerce. » Dans la discussion (séance du 22 janvier 1879), la question du nom de lieu n'a été touchée qu'incidemment ; la loi nouvelle ne modifie pas les dispositions du Code pénal belge que nous avons notés plus haut. — Il faut comparer encore l'art. 14 de la loi allemande du 30 novembre 1874 sur la protection des marques, traduite avec un précieux commentaire par M. Charles Lyon-Caen, professeur agrégé à la Faculté de droit de Paris (*Annuaire de la Société de législation comparée*, IVe année, p. 140 et suiv.). On peut rapprocher de ce texte l'art. 27 du Code de commerce allemand.

[2] *Cfr.*, dans les motifs, Civ. c. 24 déc. 1855 (Ann. 56. 18).

mettre son nom ou celui du lieu sur ses factures, prospectus ou enseignes, et cela même n'est pas requis, s'il ne s'agit pas d'un nom d'emprunt. La loi de 1824 est applicable dès que le concurrent poursuivi, lui, fait apparaître sur ses produits un nom auquel il n'a pas droit. Cette apposition indue sera punie, qu'elle ait lieu d'ailleurs sur le produit ou sur son enveloppe, sur une bouteille, non adhérente, ou sous un bouchon non apparente[1]. Quand à la manière de faire cette apposition, la loi a voulu ne laisser aucun cas en dehors de ses prévisions ; elle parle d'addition, d'altération, de retranchement, de tous moyens qui feraient apparaître le nom usurpé ; elle le défend, quoiqu'on le fasse précéder frauduleusement de mots qui se dissimulent, comme *façon* de..., ou *système* de..., où, s'il s'agit d'une ville, *près* de...; elle a voulu ainsi compléter la loi du 22 germinal an XI, et s'est inspirée d'anciens réglements de 1718 et 1719 cités par le rapporteur dans la discussion à la Chambre des députés[2]. Altérer son nom ou en retrancher une partie pour reproduire à peu près un autre nom, ce sont toujours des cas d'usurpation, alors même qu'on n'a pas obtenu l'identité. Il y a délit dans l'imitation comme dans l'apposition non dissimulée.

49. Si le délit est d'ailleurs seulement préparé, c'est-à-dire avant que le produit porte le nom, il n'y a qu'une tentative,

[1] Cr. r. 12 juillet 1815 (S. 45.1.812). *Cfr.* Cr. c. 22 janvier 1807 (S. 7.2.235).

[2] Ces règlements portent défense aux fabricants voisins d'Elbeuf, d'apposer la mention *près Elbeuf*. Les travaux préparatoires indiquent nettement le but qu'on s'est proposé ; on a voulu compléter la définition donnée dans la loi de germinal an XI (art. 17), parce que, dit le rapporteur à la Chambre des Députés « les fraudeurs se sont mis facilement à couvert, en évitant la seule manœuvre décrite dans la loi, et l'on a vu des draps marqués originairement de tel domicile *près* de Louviers, ou *rue* de Louviers, *à l'instar* de Sedan, ou *filature* de Sedan, et des marchands, se rendant, par une de ces additions, complices de la simulation ainsi préparée, couper sur le chef les mots *près de*, ou *rue de*, *à l'instar de*, en faire par ces retranchements des draps de Louviers ou de Sedan, et les vendre pour tels, etc. » Il reste donc toujours vrai, à plus forte raison qu'on ne peut marquer *façon de*, ou *système de*, pour faire apparaître un nom de fabricant ou de ville ; nous avons déjà indiqué, s'il s'agit du nom d'un inventeur, qui n'est pas dégénéré en nom du produit, que l'indication *système de* ne peut être tolérée à moins qu'exceptionnellement le produit ne puisse être distingué autrement, et alors à la condition de marquer en évidence l'atelier d'où il sort. Il faut lire, sur la portée véritable de l'art. 2 de la loi de 1824, Civ. c. 24 déc. 1833 (*Ann.* 56.18).

pénalement non réprimée en l'absence de texte, et qui se transformera, s'il y a lieu, en complicité, une fois le délit lui-même consommé [1]. Le graveur, l'imprimeur, celui qui prépare l'enveloppe du produit ne sont pas atteints directement, parce qu'il ne s'agit pas ici d'une contrefaçon.

50. Mais le nom une fois apposé, ce n'est pas le fabricant seul qui pourra être poursuivi. La loi fait alors de la complicité par mise en vente du produit un délit spécial, puisqu'elle porte formellement : « Tout marchand, commissionnaire ou » débitant quelconque, sera passible des effets de la pour- » suite, lorsqu'il aura sciemment exposé en vente ou mis en » circulation les objets marqués de noms supposés ou alté- » rés. » La commission de la Chambre des Députés a pensé, comme le rapport l'atteste, qu'il fallait désigner non-seulement le débitant, mais le marchand en gros et le commissionnaire ; elle a ajouté également les mots « mis en circulation », pour atteindre le trafic, quelle que soit sa forme, la marchandise ne fît-elle que passer en France [2]. A ce dernier point de vue, il n'est guère douteux que le transit seul suffisait pour constituer le délit, avant même qu'un article de loi l'ait nommément prévu (L. 23 juin 1857, art. 19) ; le rapport indiquait en effet comme coupables ceux qui achètent des mar- » chandises marquées de noms supposés ou altérés pour les » vendre dans un autre endroit, ou les exporter sans les faire » entrer dans leurs magasins. »

51. C'est seulement pour l'exposition en vente ou la mise en circulation que la loi parle de l'intention. « Un marchand » de bonne foi, disait l'exposé des motifs présenté à la Cham- » bre des Députés, peut exposer en vente dans son magasin, » innocemment, sans être instruit de la fraude, des marchan- » dises dont la marque se trouve être altérée ou falsifiée. » De là le mot « sciemment », qui n'existe pas pour l'altération

[1] Cr. c. 3 juin 1846 (S. 46.1.848). *Cfr.* Cr. r. 9 juillet 1852 (S. 53.1.41).
[2] Cr. r. 7 déc. 1854 (*Ann.* 56.200). Nous parlerons plus tard de la saisie en transit, organisée par la loi du 23 juin 1857 (*infra*, n° 122).

ou la falsification. Ce sont là en effet des délits matériels, sans excuse ; la loi a pu sagement présumer la fraude, dès que la confusion est possible sur l'origine du produit, sans admettre comme on le décide sous l'empire de la loi de 1857, que la bonne foi puisse être alléguée. Dans un seul cas, cette rigueur pourrait être tempérée, si les tribunaux se trouvent appelés à prononcer entre deux homonymes de bonne foi, réellement fabricants tous deux, et auteurs des produits similaires; le texte même permet alors de ne pas appliquer la peine.

52. L'infraction est punie « des peines portées en l'article » 423, C. pén., sans préjudice des dommages-intérêts, s'il y » a lieu. » Le Code pénal prononce l'emprisonnement pendant trois mois au moins, un an au plus, et une amende qui ne pourra excéder le quart des restitutions et dommages-intérêts, maximum ainsi laissé à l'appréciation du juge ordinairement mieux limitée, ni être au-dessous de 50 francs. La confiscation des produits, à la différence de ce que nous verrons pour les marques (L. 23 juin 1857, art. 14), est ici forcée ; l'art. 423 porte en effet que « les objets du délit, ou leur valeur, s'ils » appartiennent encore au vendeur, seront confisqués », c'est-à-dire l'objet même, s'il n'y a pas un propriétaire autre que le coupable, ou le prix, qui s'ajoute alors à l'amende, si le coupable est dessaisi. Il n'est pas question d'ailleurs de remise des produits confisqués au propriétaire du nom, parce que le Code pénal ne s'occupait dans cette disposition que de tromperies dans la vente. Des dommages-intérêts pourront être alloués au fabricant, et ils seront calculés, s'il y a eu usurpation d'un nom de lieu, sur le préjudice personnellement éprouvé par le ou les fabricants parties civiles. L'art. 423, modifié par la loi du 13 mai 1863, ajoute : « Le tribunal » pourra ordonner l'affiche du jugement dans les lieux qu'il » désignera, et son insertion intégrale ou par extrait dans » tous les journaux qu'il désignera, le tout, aux frais du con- » damné. [1]»

[1] L'art. 13 de la loi du 23 juin 1857 porte en outre que les délinquants pourront

On peut remarquer que la confiscation forcée des marchandises elles-mêmes est une peine bien rigoureuse, alors surtout qu'elle ne peut devenir une réparation civile par la remise au propriétaire ; dans la pratique, on suit peu le texte de la loi, et on se contente de confisquer l'enveloppe, considérée comme objet du délit, ou de faire détruire ou effacer la marque nominale, suivant les cas.

III.

ACTION.

53. La poursuite de l'infraction appartient, suivant le droit commun, au ministère public dont l'initiative est libre. Le fabricant citera directement devant le tribunal de police correctionnelle, ou se portera partie civile. La loi de 1824 n'organise d'ailleurs aucune forme particulière de constatation, et la saisie ne pourrait être autorisée, bien que permise pour les marques emblématiques en vertu de la loi du 23 juin 1857.

54. Le fabricant lésé peut d'ailleurs n'agir qu'au civil ; le droit commun règle alors la compétence, faute d'un texte pour réserver les questions de noms comme celles de marques ou de brevets aux tribunaux civils ; l'action sera donc portée devant le tribunal de commerce. Injonction pourra être faite au concurrent non-seulement de cesser l'apposition ou la supposition de nom, mais aussi de démarquer ses produits. Aucune confiscation ne saurait être prononcée, sauf au tribunal de commerce d'accorder tels dommages-intérêts que de droit, et d'ordonner la publicité.

être privés du droit de participer aux élections des tribunaux et des chambres de commerce, des chambres consultatives des arts et manufactures et des conseils de prud'hommes, pendant un temps qui n'excèdera pas dix ans. Cette incapacité ne peut être infligée, en cas de simple infraction à la loi de 1824.

55. On décide généralement que l'acheteur trompé reçoit un droit d'action propre, dans tous les cas d'infraction à la loi du 28 juillet 1824. Mais, si l'on examine de près les travaux préparatoires, on admettra difficilement qu'il y ait eu sur ce point aucune innovation, et que le législateur ait voulu ajouter au délit de tromperie sur la nature du produit, seul prévu par le Code pénal (art. 423), celui de tromperie sur l'origine du produit, quand cette origine ne détermine pas sa nature. La loi n'est jamais présentée en effet aux deux Chambres que comme statuant sur la concurrence délictueuse, et elle indique dans son art. 2, qu'elle a seulement pour but d'abroger l'art. 17 de la loi du 22 germinal an XI, de compléter la définition et d'adoucir la peine. Le gouvernement, dont le projet n'a pas été sensiblement modifié, disait très-nettement, en le proposant à la Chambre des Députés : « Il complète la définition du délit qu'il s'agit de punir, et embrasse » les diverses fraudes possibles que la loi de 1803 (an XI) » n'avait pas prévues : il atteint celui qui apposerait ou ferait » apparaître par une altération quelconque, sur des produits » fabriqués, le nom d'un fabricant autre que le véritable, ou » d'un lieu autre que celui de la fabrication, et classe ce délit, » *quant à la peine*, avec ceux d'une égale gravité, c'est-à- » dire avec les fraudes qui se commettent *de vendeur à ache-* » *teur*, et que le Code pénal a réunies dans son art. 423. » L'exposé des motifs à la Chambre des Pairs, disait encore du projet : « Il ne vient que rendre exécutables, au profit de la » bonne foi, les mesures de protection que la législation exis- » tante devait et promettait à chaque fabrique. » La loi sur les noms, d'après de telles déclarations, comme d'après son texte, ne nous paraît qu'une loi de garantie pour les fabriques ; si elle protège le consommateur, c'est indirectement, sans changer les principes sur la vente frauduleuse [1].

[1] V. Appendice II.

CHAPITRE III

MARQUES DE FABRIQUE OU DE COMMERCE.

56. La loi du 23 juin 1857 n'a statué à nouveau que sur les marques emblématiques, où le nom de personne ou de lieu ne figurerait pas seul. On n'a point pensé qu'il y eût lieu de toucher à la loi de 1824, tandis qu'en 1845, avec plus de logique, le projet, repris ici et suivi de près, devait donner une loi unique mieux coordonnée. Nous allons en effet exposer des règles qui, sauf celles relatives au dépôt, devraient être générales; mais nous avons déjà été forcés de reconnaître, et l'occasion s'en présentera encore, que les dispositions nouvelles n'avaient pas d'application aux marques purement nominales. L'exposé des motifs de la loi de 1857 le disait formellement: « La loi de 1824 reste complètement en dehors du projet. » Et il l'expliquait bien imparfaitement par cette raison que l'usurpation de nom se trouvait déjà soumise, sans qu'il y eût besoin d'innover, à des règles uniformes et à une répression simplement correctionnelle.

L'harmonie était, au contraire, encore à établir entre les règles relatives aux marques symboliques dans les différentes industries. La juridiction variait arbitrairement, la répression de même. L'impunité résultait d'ailleurs de la sévérité de la peine de réclusion portée dans la plupart des cas (L. 22 Germinal an XI, art. 16[1]). Enfin, aucune disposition expresse ne punissait le débit des produits frauduleusement marqués. La loi de 1857 est venue indiquer quelles marques seraient reconnues, à quelle condition elles seraient spécialement protégées ; elle a défini les différents délits qu'elle voulait atteindre et frapper ; elle a enfin réglé la procédure et la compétence, en ce qu'elles pouvaient présenter de particulier pour les actions relatives aux marques légales emblématiques régulièrement adoptées.

I.

CONDITIONS DU DROIT A LA MARQUE.

§ 1er. *Éléments et définition de la marque.*

57. *a.* « Sont considérés comme marques de fabrique et de commerce les noms sous une forme distinctive, les dénominations, emblèmes, empreintes, timbres, cachets, vignettes, reliefs, lettres, chiffres, enveloppes et tous autres signes servant à distinguer les produits d'une fabrique ou les objets d'un commerce (art. 1er). » La signature, réelle ou emblématique, que l'industriel et le commerçant ont la faculté d'adopter,

[1] La loi du 22 germinal an XI, art. 16, portait la peine du faux, c'est-à-dire la réclusion (art. 150, C. pén.). — De plus l'art. 142, C. pén., avant la loi du 13 mai 1863 qui en a modifié le texte, punissait de la réclusion la contrefaçon du sceau, timbre ou marque d'une autorité quelconque, « ou d'un établissement particulier de banque ou de commerce. » Ces derniers mots ont disparu dans la nouvelle rédaction. Le rapport de 1863 explique la suppression en disant que « ces infractions se trouvent aujourd'hui punies par la loi spéciale du 23 juin 1857. » C'est une erreur. Notre loi ne statue que sur les marques apposées aux produits. Un établissement de banque ou de commerce peut avoir des marques pour un autre usage, les employer comme contrôle ou visa. L'art. 142, C. pén. conservait donc son utilité, même après la loi de 1857. *Cfr.* Cr. r. 12 juin 1863 (*Ann.* 63.347) ; Cr. c. 3 janvier 1859 (*Ann.* 59.140).

peut comprendre divers éléments, les choisir, les varier ou les combiner. La loi de 1857 a emprunté au projet de 1845 une énumération qui ne pose d'ailleurs pas de limites. Tout signe sera donc admis comme marque protégée, à la seule condition qu'il soit réellement distinctif.

58. En premier lieu figure le nom même. « Si la marque est la représentation du nom, dit le rapporteur devant la Chambre des Députés, il faut reconnaître que l'apposition du nom est la plus claire et la plus sûre de toutes les marques. Le nom lui-même est donc une marque, mais à la condition que, pour éviter toute confusion, il affectera une forme distinctive, et qu'il aura été satisfait aux prescriptions de la présente loi. » On n'a pas cru devoir faire une loi complète, absorbant et abrogeant celle de 1824. On a préféré cette distinction assez bizarre entre la simple apposition du nom, protégée d'après la loi ancienne, et la marque nominale, soumise aux règles nouvelles. Le nom peut donc servir de marque, s'il n'est pas simplement apposé sur l'objet ; il suffira d'une signature avec paraphes, de l'emploi de caractères empruntés à un alphabet étranger, mieux encore d'un encadrement quelconque ; dès que le nom ne figure pas isolé, sous sa forme ordinaire, il constitue une marque.

Pour cet usage, l'industriel n'est pas obligé de prendre son propre nom. Il faut adopter un pseudonyme, et le choisir dans le domaine de la fantaisie ou de l'histoire.

59. Le nom du lieu de fabrication peut figurer dans la marque sous une forme distinctive. Mais s'il ne s'applique pas à un domaine privé, ou s'il ne désigne pas le produit par le nom de l'établissement, ce sera un élément de marque commun aux fabricants du même lieu, et insuffisant, à moins qu'il se combine avec d'autres signes propres.

60. L'objet sera difficilement marqué par sa dénomination même, puisque ce ne peut être un moyen de le distinguer des similaires. On a dû dès lors s'ingénier à inventer des noms de fantaisie, ou faire des emprunts aux vocabulaires étrangers, faute de pouvoir retirer du domaine public le droit d'appeler les choses par leur nom.

61. C'est une pratique à laquelle l'intérêt des inventeurs leur commande de se plier ; si le nom donné au produit breveté est bien fait, s'il n'est pas absolument arbitraire, la langue usuelle n'en pouvant pas trouver d'autre, il reste nécessaire et tombe, avec le brevet expiré, dans le domaine public. Au contraire, choisir, en même temps qu'on prend un brevet pour l'invention, un nom de fantaisie pour le produit, et s'approprier une marque où ce nom peut se combiner avec d'autres éléments, c'est se ménager une sorte de privilége pratique pour un temps illimité après la durée du monopole, et se prémunir d'une arme légale contre la concurrence. Sans doute, le résultat ainsi atteint n'a pas dû être prévu par le législateur ; mais il serait encore obtenu et ne pourrait être empêché, si la marque ne comprenant aucune dénomination et purement emblématique s'était fait connaître et rechercher en même temps que le produit breveté. La légitimité du procédé apparaît encore mieux si l'inventeur donne son nom propre au produit ; c'est bien alors une dénomination de fantaisie, significative sans être nécessaire, qu'il convient de revendiquer dès l'origine et qu'il sera toujours permis de garder comme marque distinctive[1].

62. Dès lors, il se trouve que l'emploi d'une dénomination arbitraire, ou du nom de l'inventeur pris comme dénomination, peut réserver une marque spéciale au préparateur de produits non brevetables, dans la pharmacie par exemple. La formule d'un remède ne peut être tenue secrète, ni soustraite même temporairement au domaine public, ou plus exactement au domaine commun de la pharmacie. Mais quant à la dénomination de fantaisie imaginée par le préparateur, et où figure peut-être son nom propre, elle peut lui servir de marque, s'il ne la

[1] Civ. r. 15 avril 1878 (Ann. 78.231).

laisse pas devenir vulgaire [1]. A plus forte raison pourra-t-on revendiquer un privilége de ce genre, si l'on a inventé moins un remède nouveau qu'un mode d'administrer, de préparer ou de déguiser un médicament inscrit au *Codex* ou décrit par insertion au bulletin de l'Académie de médecine [2]. Il importe peu, au point de vue de la loi sur les marques, que la dénomination ainsi créée indique la possession prétendue d'un secret ; tant qu'une annonce de ce genre n'a pas été interdite ou se trouve tolérée, elle peut figurer comme élément d'une marque légale. On conçoit que les tribunaux protégent de même la marque où figure comme dénomination le nom de l'inventeur qui n'est pas pharmacien ; car, s'il n'a pas le droit, en vertu des règlements spéciaux, de préparer ni de vendre le produit, ce n'est pas une raison pour que son nom de savant, de médecin ou de spécialiste, pris comme dénomination dans une marque, tombe forcément dans le domaine commun de la pharmacie [3].

63. Les éléments de la marque peuvent être choisis non-seulement dans le vocabulaire des noms propres ou communs qui ne seraient pas devenus la désignation vulgaire et nécessaire de l'objet, mais encore parmi tous emblèmes suffisamment distincts qui ne seraient pas adoptés pour les produits similaires. La loi parle des lettres ou chiffres, et il est évident qu'on peut marquer de ses initiales les objets de son commerce et de son industrie, et en même temps que c'est là une marque soumise à la formalité du dépôt, et non pas une simple apposition du nom. La marque peut comprendre des lettres quelconques ou des chiffres de numération [4]. Le

[1] Civ. r. 13 mars 1861 (*Ann.* 63.291). *Cfr.* Civ. r. 18 avril 1878 (*Ann.* 78.213).

[2] Civ. r. 22 mars 1861 (*Ann.* 63.30).

[3] Cr. r. 8 mai 1868 (*Ann.* 69.162), surtout les motifs de l'arrêt.

[4] V. avant la loi de 1857, Cr. r. 12 juillet 1851 (S. 52.1.165). — La loi allemande du 30 novembre 1874, art. 3 (*loc. cit.*, p. 153, et note 1), ne protége pas les marques consistant exclusivement en chiffres, lettres, ou mots, ou reproduisant des armes publiques, ou contenant des images de nature à produire du scandale ; c'est un système qui, sans grand avantage, a l'inconvénient de conduire à l'examen préalable. On peut consulter sur l'état antérieur de la législation allemande, particulièrement sur les marques libres usitées dans tout un commerce (loi du 30 nov. 1874, art. 10), l'ouvrage

sceau aux armes d'une famille peut être employé dans le commerce; la loi industrielle en reconnait la propriété à celui qui s'en sera le premier servi et l'aura déposé[1], sauf pour la famille à défendre son blason contre l'usurpation d'un étranger, ainsi qu'elle pourrait faire pour un nom patronymique pris comme pseudonyme. Les armoiries ou devises adoptées dans une marque peuvent être celles d'une ville, d'une région ou d'une nation; il suffit qu'elles ne soient pas d'un usage ordinaire, comme il arrive dans certains commerces; ce sont d'ailleurs de simples emblèmes, et non des signes d'origine; elles seront légales pour un non résident, si dans le lieu même elles ne servent pas communément de marque propre, et constitueront à elles seules une marque individuelle pour le résident, si elles ne sont pas vulgairement employées pour les similaires fabriqués au même lieu. Enfin l'industriel peut se créer des armes de fantaisie, emblèmes de sa fabrication, ou signes vulgaires, animaux, plantes, instruments, étoiles, figures géométriques, pourvu qu'elles présentent un aspect particulier obtenu par la distribution, la combinaison ou la couleur.

64. On arrivera ainsi à employer des vignettes comme marques. Le dessin lui-même pourra être pris dans le domaine public, dès qu'il n'a pas encore été approprié à titre de marque usuelle ou individuelle. Ce peut être un portrait, une reproduction de monument ou de tableau. Il est évident que le droit de propriété du dessin, soit artistique, soit industriel, restera toujours distinct, et devra être respecté[2]. Et aussi l'inventeur de la vignette peut conserver son droit propre, en se conformant aux lois particulières, et, au lieu de

de Klostermann, La législation des brevets et marques dans tous les pays, §§ 31.38. (*Die Patentgesetzgebung aller Länder nebst den Gesetzen über Musterschutz und Waarenbezeichnungen.* — Berlin, 1868, in-8°). — La loi autrichienne du 7 déc. 1858 ne reconnaît pas davantage comme marques non-seulement les signes qui, pour certains genres de produits, sont usités dans tout le commerce, mais aussi les mots, chiffres, lettres isolément, ni les armes publiques.

[1] Paris, 4 février 1859 (*Ann.* 59.250).

[2] Cr. c. 30 déc. 1863 (*Ann.* 63.46).

vendre son dessin même, en autoriser la reproduction pour servir de marque à des industries différentes.

65. Tels sont, comme disait le rapporteur de la loi de 1857, « non pas tous les signes dont on peut se servir, mais les plus usités et les principaux d'entre eux. » Ces divers éléments pourront être combinés de telle sorte que par l'ensemble même ils donnent un signe plus distinct. Il sera ainsi toujours plus aisé d'obtenir une protection efficace, alors même que quelques éléments de détail se trouveraient vulgaires, ou qu'ils le seraient tous, mais non leur combinaison.

Quant au mode d'apposition, la marque ainsi composée sera une empreinte, timbre ou cachet, en relief ou en creux, ou bien une étiquette, plaque, panneau. Elle peut figurer sur le produit, ou sur l'enveloppe seule, papier, carton, sac, bouteille, bouchon. Peu importe qu'elle ne soit pas apparente, apposée par exemple sous le bouchon ; bien que la tromperie ne se révèle pas alors au moment de l'achat, le droit du fabricant n'en doit pas moins être garanti, puisque c'est lui que la loi a eu en vue[1]. L'adhérence au produit, souvent impossible, n'a pu d'avantage être exigée. Mais le texte adopté en 1857 va jusqu'à considérer l'enveloppe elle-même comme une marque, en dehors des signes dont elle est revêtue. C'est là évidemment une redondance ; il est parlé de même des timbres, cachets. Il faut pourtant conclure que le mode d'envelopper, s'il est particulier, devient un signe, et de même la matière choisie pour enveloppe, si elle est extraordinaire, la forme donnée aux paquets, boîtes ou bouteilles, si elle est excentrique. Logiquement on devra aller jusqu'à considérer comme marque la forme ou la couleur du produit, si la bizarrerie n'en était pas nécessaire[2]. Ajoutons d'ailleurs que, pour des éléments de marque de ce genre, l'originalité y sera requise plus sévèrement, et la formalité du dépôt exigée plus

[1] Cr. r. 12 juillet 1845 (S. 45.1.812).
[2] *Cfr.* Paris, 23 mars 1870 (*Ann.* 71-72. 31).

exactement; le plus souvent, en pratique, ou bien ces éléments s'associeront à une marque vraiment significative pour donner à l'objet un aspect distinct, ou bien l'on se contentera de poursuivre l'usurpation par une simple action en concurrence déloyale.

66. D'après la loi récente du 26 novembre 1873, « relative à l'établissement d'un timbre ou signe spécial destiné à être apposé sur les marques commerciales et de fabrique », on peut ajouter, comme faisant « partie intégrante de la marque » le timbre ou poinçon de l'Etat qui contrôle seulement le dépôt. C'est donc uniquement au dépôt, et non à la signature choisie elle-même, qu'est donnée cette sorte de légalisation ou d'authenticité; la marque reçoit ainsi un élément nouveau, protégé par des peines plus sévères, mais non une garantie substantielle pour les autres éléments qui servent à la constituer et ne se trouvent nullement ainsi certifiés (art. 6 et 7). Il convient dès lors de ne pas exagérer la valeur de ce que le rapporteur de la loi nouvelle, M. Wolowski, appelait le contre-seing de l'Etat, ni la portée de ce que dit le texte même de l'art. 1er ainsi conçu : « Art. 1er. Tout propriétaire d'une marque de fabrique ou de commerce, déposée conformément à la loi du 23 juin 1857, pourra être admis, sur sa réquisition écrite, à faire apposer par l'Etat, soit sur les étiquettes, bandes, ou enveloppes en papier, soit sur les étiquettes ou estampilles en métal sur lesquelles figure sa marque, un timbre ou poinçon spécial destiné à affirmer l'authenticité de cette marque. — Le poinçon pourra être apposé sur la marque faisant corps avec les objets, si l'administration les en juge susceptibles. » L'attestation de l'Etat porte simplement sur le fait du dépôt, et sur la conformité de la marque timbrée avec la marque déposée (règlement du 25 juin 1874, art. 1er, 1e et 2e) ; les bureaux de garantie, institués en exécution de la loi (art. 5 et 9 du règlement), n'ont rien d'autre à vérifier; cet élément nouveau, partie intégrante de la marque, ne la dispense pas de se dis-

tinguer d'autre part, et n'indique pas qu'elle le fasse suffisamment.

67 *b*. Quels que soient les éléments qui donnent à la marque un aspect distinct, il faut, pour être protégée, qu'elle soit nouvelle. Ceci ne s'entend ni de ses éléments, ni de leur combinaison, où la nouveauté doit être préférée, mais ne saurait être exigée; il suffit que la marque même ne soit pas adoptée dans une industrie semblable, soit par un concurrent comme propre, soit par tous comme vulgaire. Elle peut ainsi être empruntée à une industrie ou à un commerce tout à fait différents. Quant à la désuétude qui permettrait de s'attribuer une marque abandonnée, à moins d'un long temps écoulé, elle serait facilement combattue par la présomption que le domaine public est resté saisi.

68 *c*. Relative, quant à l'industrie à laquelle on l'applique, la nouveauté de la marque doit être absolue quant à l'étendue du marché sur lequel on voudra invoquer les effets du dépôt. Entre concurrents éloignés, l'antériorité d'usage peut être incertaine, le préjudice peu probable; mais, dès que le dépôt des marques est centralisé, le droit à la même marque ne saurait être partagé entre des régions arbitrairement circonscrites.

69 *d*. La même personne peut adopter une seule marque pour tous les objets de son commerce ou plusieurs pour un seul produit, si elle y trouve son intérêt. Une maison de commerce qui ne fabrique pas peut avoir sa marque; la loi reconnaît en effet la marque de commerce, bien que dans l'usage on parle plutôt de la marque de fabrique. La marque est permise pour toute industrie ou tout commerce, fussent-ils réglementés, comme la pharmacie, ou astreints déjà à une marque obligatoire : d'une part, le monopole, la défense de vendre des remèdes secrets ne sont pas incompatibles avec le droit de signer ses préparations; d'autre part les produits

contrôlés n'échapperont pas à la surveillance, s'ils se distinguent en outre des similaires. Pour les produits agricoles, dont on ne peut dire proprement qu'ils soient fabriqués, ni légalement qu'ils fassent toujours l'objet d'un commerce, une disposition spéciale, préparée par les controverses antérieures, permet l'emploi d'une marque, sans restriction, et spécialement pour les « vins, eaux-de-vie et autres boissons », ainsi que pour les « bestiaux, grains, farines. » (L. 23 juin 1857, art. 20)[1].

§ 2. *Du dépôt.*

70. La marque ainsi choisie, distincte et nouvelle, on doit affirmer par un dépôt l'intention de s'en servir seul. Faute de dépôt « nul ne peut revendiquer la propriété exclusive d'une marque » (art. 2)[2], c'est-à-dire soit faire reconnaître et interdire la contrefaçon par le tribunal civil, soit la faire réprimer par le tribunal de police correctionnelle (art. 16). Le dépôt est la condition sans laquelle il n'y a ni délit de contrefaçon, ni action civile ou citation correctionnelle. Il donne la publicité au choix qu'on fait d'une marque et avertit ainsi les tiers.

Pour le nom qu'on veut apposer sur ses produits, la publi-

[1] Comme on l'a déjà indiqué, le projet de loi de 1845, art. 8, amendé à la Chambre des Pairs, ne reconnaissait le droit à la marque pour les produits agricoles que s'ils étaient transformés par des opérations quelconques.

[2] Loi du 23 juin 1857, art. 2 : « Nul ne peut revendiquer la propriété exclusive d'une marque, s'il n'a déposé deux exemplaires d'un modèle de cette marque au greffe du tribunal de commerce de son domicile. » — Auparavant, la loi du 22 germinal an XI portait, en termes bien meilleurs : art. 18 « Nul ne pourra former une action en contrefaçon de la marque, s'il ne l'a préalablement fait connaître d'une manière légale, par le dépôt d'un modèle au greffe du tribunal de commerce d'où relève le chef-lieu de la manufacture ou de l'atelier. » Et le décret du 5 septembre 1810, spécial aux fabricants de quincaillerie et de coutellerie, disait de même : art. 3 « Nul ne sera admis à intenter l'action en contrefaçon de sa marque, s'il n'a fait empreindre cette marque sur les tables communes établies à cet effet, et déposées au tribunal de commerce, selon l'art. 18 de la loi du 22 germ. an XI. » *Adde*, décret du 11 juin 1809, art. 7.

cité serait inutile, le nom étant connu, et l'intention de s'en servir évidente. En matière de propriété littéraire et artistique, le dépôt des exemplaires n'est utile ni à la constatation du droit exclusif, ni à la publicité ; c'est une mesure d'ordre, et on n'a pu l'exiger pour les statues et les tableaux, comme on le fait pour les livres et gravures. S'il s'agit d'un brevet, la nouveauté de la découverte ou invention s'apprécie à l'époque du dépôt de la demande, celle-ci devant précéder toute publicité suffisante pour permettre l'exécution ; autrement la question de priorité aurait été difficilement résolue, et l'abandon du privilége devait être présumé. De même enfin, l'inventeur de modèles ou dessins de fabrique doit, avant toute mise en vente, faire un dépôt, sous enveloppe cachetée d'ailleurs et sans publicité, qui seul permet la revendication et décide, semble-t-il, de la priorité [1].

71. Le dépôt, exigé par la loi de 1857, est au contraire simplement déclaratif [2] : il n'attribue pas définitivement le droit exclusif, et ne tranche pas la question de priorité d'emploi. Il n'est efficace que pour une marque distincte, c'est-à-dire non empruntée au domaine public, ce qui est vrai forcément en toute matière, là même où le dépôt est l'origine du droit. Ici, de plus, il fait présumer, sans la prouver, la nouveauté relative, entre deux concurrents qui prétendraient tous deux avoir usé le premier de la même marque. Si aucun d'eux n'a fait le dé-

[1] Loi du 19 juillet 1793, art. 6 — loi du 5 juillet 1844, art. 31 — loi du 18 mars 1806, art. 15 et 18 ; *Cfr.* règlement du 11 juillet 1737. — Sur le dépôt, en matière de droits d'auteur, et de dessins de fabrique, il faut lire Gastambide, *Traité des contrefaçons*, n°s 123 et suiv., 311 et suiv. ; v. aussi Req. 1er juillet 1850 (D. 50.1.293).

[2] M. Gastambide (*Op. cit.*, n° 419), dit très bien à ce sujet ce qui a été souvent répété depuis : « On ne peut prétendre ici, comme en matière de propriété littéraire, que le défaut de dépôt emporte abandon de propriété au domaine public. Comment supposer, en effet, que la loi ait trouvé un avantage quelconque à faire entrer dans le domaine de tous une marque qui n'a en soi aucune utilité, et qui n'est bonne que pour celui qui l'a adoptée. Le dépôt, en matière de marque, n'est donc pas une déclaration de propriété, mais une déclaration de l'intention où est le propriétaire de la marque de poursuivre les contrefacteurs comme faussaires. » Cette doctrine, émise en 1837, sous l'empire de la loi du 22 germinal an XI et du décret du 20 février 1810, n'en est pas moins restée, au fond, définitive.

pôt, le débat sur la concurrence déloyale sera vidé par la preuve de la priorité d'emploi. Si tous deux ont fait le dépôt, la présomption qui protégera le plus diligent pourra être combattue et écartée par le déposant, second en date, qui aurait pour lui l'ancienneté de l'usage. Dans un seul cas, la présomption se trouverait absolue, contraire même au fait ; le déposant, n'étant soumis à aucun délai, a pu ne pas faire réellement usage de sa marque unique ou multiple ; un concurrent n'aurait pas le droit de l'employer avant lui, à moins de la déposer aussi avant qu'il en fasse usage[1]. Enfin, certainement, l'usage antérieur sans dépôt, malgré la présomption défavorable, fournirait une défense contre celui qui, à la date de son dépôt, ne pouvait plus se réserver la priorité d'emploi, et qui dès lors serait même valablement poursuivi en concurrence déloyale[2]. Telle est la partie logique du principe ici admis par le législateur, quand il a fait le dépôt purement déclaratif. Le rapport présenté au Corps législatif[3] l'indique formellement : « Fallait-il le dépouiller de sa propriété, cet industriel, si négligent qu'il fût, à ce point qu'il pût être poursuivi par un tiers qui, non content d'usurper sa marque, en aurait opéré le dépôt ? Telle eût été, en effet, la conséquence d'un principe rigoureux (celui du dépôt attributif) ; il nous a paru dangereux de faire dépendre de l'accomplissement d'une formalité, de soumettre à la chance d'une diligence plus active la propriété d'une marque qui le plus souvent tire son importance de son ancienneté et n'a pas été

[1] Sur cette dernière hypothèse, Paris, 16 déc. 1858 (*Ann.* 59.102). Sur le principe, avant la loi de 1857, Req. 28 mai 1822 (S. 22.1.337) ; depuis la loi de 1857, *cfr.* Cr. r. 16 mars 1865 (*Ann.* 65.190) ; Cr. r. 10 juin 1874 (*Ann.* 74.321) ; Cr. r. 9 février 1875 (*Ann.* 75.213) ; Cr. r. 29 juin 1876 (*Ann.* 77.162).

[2] V. Tribunal civil de la Seine, 9 mai 1876 et 1er juin 1875 (*Ann.* 77.215).

[3] L'exposé des motifs disait, dans le même sens, mais en termes moins bons : « Il est bien entendu, d'ailleurs, qu'il ne saurait être interdit à personne d'user d'une marque non déposée ; mais la marque, dans ce cas, ne constituera pas pour celui qui s'en servira une propriété interdite à tous autres. Il ne jouira pas du bénéfice de la loi, il n'aura pas l'action correctionnelle, et s'il lui reste l'action civile, en réparation des dommages causés, ouverte par l'art. 1382 du C. civ., toujours est-il qu'il ne pourra trouver dans l'usage habituel, dans la possession antérieure d'une marque, autre chose qu'un élément insuffisant par lui-même, et ne pouvant que concourir avec d'autres circonstances pour établir son droit à des dommages-intérêts. »

déposée à cause de son ancienneté même... Ainsi donc, au propriétaire d'une marque déposée, le bénéfice de la loi actuelle, des garanties spéciales qu'elle institue, et des actions qu'elle organise ; à celui qui n'effectue pas le dépôt, le droit commun. Il se servira de sa marque sans pouvoir en être dépouillé, et il demandera à l'article 1382 du Code Napoléon les moyens de se défendre contre toute concurrence déloyale[1] ».

72. En somme, pour le fond du droit, le dépôt n'est qu'une constatation officielle de la signature adoptée pour être apposée sur les produits. Il donne, comme dit encore le rapport « dans les questions de contrefaçon, une pièce de comparaison irrécusable. » Il permet même, depuis la loi de 1873, d'obtenir le contre-seing de l'État, et par là une sorte d'authenticité. C'est ce qu'expliquait déjà l'orateur du Tribunat, Perrin, pour justifier la loi de l'an XI et la peine du faux, aujourd'hui en partie rétablie : « Comment pouvoir placer au nombre des délits publics la simulation d'une marque qui n'aurait acquis aucun caractère d'authenticité ? »

73. De plus, quant au droit d'action, cette constatation publique est une notification nécessaire. Elle avertit les tiers, les oblige à la vigilance, et ôte toute vraisemblance à l'allégation de bonne foi. A dater du dépôt, la contrefaçon devient un

[1] Notre système du dépôt déclaratif nous paraît préférable à tous ceux qu'on a proposés ou adoptés ailleurs ; il est le plus simple et le plus naturel, bien qu'il ne soit pas rigoureusement logique. — Les législations étrangères se divisent, presque à égalité, entre le système du dépôt déclaratif et celui du dépôt attributif. Quand la marque ne reçoit aucune protection sans dépôt, il n'en reste pas moins vrai que le dépôt ne peut être efficace sans la priorité d'emploi. Aussi quelques États, comme l'Angleterre, ont-ils adopté un système mixte : le dépôt, d'après l'acte du 13 août 1875, art. 1 et 3 (*Annuaire de la Société de Législation comparée*, 5e année, p. 191, trad. par M. O. Denis Weil), ne fait preuve complète du droit qu'après un stage de cinq ans, et jusque-là fait présumer seulement la priorité d'emploi. A la Chambre des Représentants de Belgique, lors de la discussion de la loi récente, on proposait un système mixte d'un autre genre : le dépôt n'aurait conservé la marque déjà employée par le déposant, que si la priorité d'emploi ne remontait pas à plus d'une année avant le dépôt. Le texte de la loi adoptée se contente de décider que nul ne peut prétendre à l'usage exclusif d'une marque, s'il n'a fait le dépôt (art. 2), et cela, semble-t-il, d'une façon absolue, mais que d'ailleurs celui qui le premier a fait usage d'une marque, peut seul en opérer le dépôt (art. 3).

délit, et la voie correctionnelle est ouverte pour rechercher, constater et punir. La poursuite ne peut dès lors viser que des faits postérieurs au dépôt, l'intention manifestée par le réclamant ne se comprenant pas rétroactive ; la saisie suppose le dépôt déjà fait et attesté pour obtenir permission (art. 17)[1] ; il ne serait donc plus temps, au cours du procès, de remplir les formalités, et l'action devrait être renouvelée contre l'usurpation continuée et devenue délictueuse. L'action civile, portée devant les tribunaux civils, et qui peut être aidée d'ailleurs aussi de la saisie, est soumise à la même condition ; s'il n'a pas opéré le dépôt préalable, « nul ne peut revendiquer la propriété exclusive d'une marque » (art. 2), et le droit commun reste seul.

74. Institué pour la publicité, le dépôt n'a d'effet que pour quinze années (art. 3)[2]; on n'a pas voulu imposer des recherches indéfinies pour savoir si une marque était adoptée et toujours réservée ; et il a paru plus simple de permettre le renouvellement du dépôt pour un nouveau terme de quinze années. Malgré cette règle de forme, il n'y a pas de limite imposée au droit ; on pourra le perpétuer et le défendre toujours contre le domaine public, que d'ailleurs aucun intérêt légitime ne pouvait faire déclarer saisi de plein droit. Faute de renouvellement du dépôt, il n'y a plus de contrefaçon après l'expiration des quinze années ; pour les délits antérieurs, même après le délai, on peut saisir et poursuivre ; pour les faits postérieurs, il reste l'action en concurrence déloyale. En vain, la déloyauté du concurrent essaierait-elle de se couvrir

[1] *L. du 23 juin 1857, art. 17* : « ..... L'ordonnance est rendue sur requête et sur la présentation du procès-verbal constatant le dépôt de la marque... »

[2] *Loi du 23 juin 1857, art. 3* : « Le dépôt n'a d'effet que pour quinze années. La propriété de la marque peut toujours être conservée pour un nouveau terme de quinze années au moyen d'un nouveau dépôt. » — Le rapport indique bien que c'est là encore une simple mesure de forme. « Les avantages de cette réunion (des exemplaires concentrés au Conservatoire des arts et métiers) et du dépôt lui-même seraient illusoires si, pour connaître une marque, les recherches devaient embrasser un grand nombre d'années. Il importe également à tous de savoir si une marque est conservée, ou si, au contraire, elle est tombée dans le domaine public. » — Le renouvellement du dépôt est exigé presque unanimement par toutes les lois étrangères.

par un dépôt ; la négligence apportée au renouvellement ne fait pas perdre le droit de priorité, ni encourir la déchéance du droit de déposer encore ; le défaut de renouvellement joint au non usage pendant un long temps rendrait seulement probable l'abandon de la marque.

75. La forme du dépôt est réglée par l'art. 2 de la loi du 23 juin 1857[1] et par le décret du 26 juillet 1858. Il a lieu au greffe du tribunal de commerce du domicile, non de l'établissement, ou, à défaut de tribunal de commerce, au greffe du tribunal civil, et à Paris, pour les étrangers ou les Français dont l'établissement est situé hors de France. Il peut être fait par la partie intéressée ou son fondé de pouvoir spécial par procuration enregistrée. Le modèle est fourni, suivant un type adopté, en deux exemplaires, dessin, gravure ou empreinte de la marque, avec détails et légende, s'il y a lieu, sur papier libre. Un exemplaire reste au greffe, collé sur les feuilles d'un registre de papier libre qui est coté et paraphé par le président du tribunal, et qui donne l'ordre des présentations. Procès-verbal est dressé avec un numéro d'ordre sur un registre de papier timbré, coté et paraphé, indiquant le jour et l'heure du dépôt, le nom, le domicile, la profession du déposant, le genre d'industrie auquel s'appliquera la marque[2], le renouvellement du dépôt, si c'est le cas. Le numéro d'ordre

[1] Loi du 23 juin 1857, art. 2 et 4. — Décret du 26 juillet 1858, *concernant les formalités à remplir pour le dépôt et la publicité des marques de fabrique et de commerce. Modèle y annexé.* — Instructions arrêtées de concert entre le Département de la Justice et celui du Commerce. 6 septembre 1858, 21 février 1859, 11 septembre 1862. — *Adde.* Circulaire du Garde des Sceaux, 3 mai 1877.

[2] Seul, le décret réglementaire prescrit de spécifier le genre d'industrie pour lequel le déposant a l'intention de se servir de la marque. Mais légalement, sans difficultés, il peut appliquer la même marque à tous ses produits. La loi allemande et la loi anglaise exigent une spécification rigoureuse. Mais, comme l'observait tout récemment le rapporteur de la loi belge, « il est équitable que l'auteur d'une marque qui étend son industrie ou son commerce, ou qui entreprend un nouveau genre d'affaires, puisse appliquer la même marque à ses nouveaux produits », de plus « rien ne s'opposerait à ce que toute personne, en déposant une marque, déclarât qu'elle est applicable à toute espèce de marchandise, et ainsi la disposition légale serait illusoire. » (Rapport présenté par M. Demeur au nom de la section centrale.) Le règlement anglais (*Acs.* 73.393) a établi, suivant deux cédules, un classement des produits divers et un tarif des frais à payer, selon qu'une ou plusieurs marques sont adoptées pour diverses marchandises (art. 1-4).

et les mentions sont reportés sur les modèles signés comme le procès-verbal par le greffier et le déposant qui en retire expédition. Il est perçu un droit fixe de 1 franc pour chaque marque déposée, non compris les frais de timbre et d'enregistrement. Le second exemplaire du modèle est transmis dans les cinq jours au ministre du commerce, pour être déposé au Conservatoire national des arts et métiers. Il est tenu un répertoire annuel des marques. Les registres, procès-verbaux, répertoires et modèles sont communiqués sans frais. Il n'y a pas d'ailleurs de bulletin insérant régulièrement et officiellement les dépôts, pour les porter à la connaissance du public [1].

76. Le dépôt ainsi reçu, a dû être accepté sans examen préalable, dès que le déposant observe les formalités du règlement [2]. Le greffier n'a pour mission que de constater et de certifier un fait, le dépôt avec pièces à l'appui. Il n'a pas à rechercher si la marque est distincte et nouvelle, puisque le dépôt est purement descriptif et déclaratif, ni même si elle serait illicite ou contraire aux mœurs, sauf à la signaler; il n'a pas à décider si l'industrie annoncée peut l'être légalement. Sur tous ces points, c'est aux tribunaux de prononcer

[1] D'après la loi allemande du 30 novembre 1874, art. 6 (*loc. cit.*, p. 115, et la note de M. C. Lyon-Caen, p. 112), l'enregistrement est publié dans le *Moniteur de l'Empire*. En Angleterre, l'enregistrement doit être annoncé dans le journal officiel spécial (*Trade Marks Journal*), avec un fac-simile de la marque. Une publicité de ce genre existe aux Etats-Unis, et vient d'être établie en Belgique par la loi votée cette année (art. 6).

[2] C'est ce qui est reconnu par les instructions ministérielles précitées. Avant la loi de 1857, les conseils de prud'hommes étaient « arbitres de la suffisance ou de l'insuffisance de différence entre les marques déjà adoptées et les nouvelles qui seraient proposées... » (Décret du 11 juin 1809, art. 6). — La loi italienne du 30 août 1868 (art. 9) exclut formellement tout examen préalable sous le rapport de l'originalité des marques choisies. Au contraire, la loi anglaise (art. 5, *trad. cit.*) porte : « Le greffier chargé de l'inscription n'enregistrera pas, sans l'autorisation spéciale de la Cour, une marque de fabrique identique à une autre déjà enregistrée pour la même classe de marchandises, ou présentant avec elle une analogie de nature à tromper les tiers. Il est interdit de faire entrer dans la composition d'une marque de fabrique un mot quelconque qui serait inséré pour tromper les tiers, et dont l'usage exclusif ne pourrait dès lors être assuré par une Cour d'équité; il est également interdit d'y faire figurer un dessin pouvant donner matière à scandale. » On conçoit les dangers d'un tel système.

ensuite. Le ministre du commerce n'a d'ailleurs aucun contrôle à exercer, et il excéderait ses pouvoirs, en annulant le dépôt d'une marque comme incomplète ou comme destinée à des remèdes secrets. On concevrait même mal cette prétention, si elle ne s'était produite[1]; car le ministre a simplement pour mission de centraliser les modèles de marques, et il n'est même pas juge de la régularité, en la forme, du dépôt opéré au greffe. C'est évidemment aux parties intéressées d'opposer les vices de forme du dépôt, cette irrégularité, si elle est établie pour des formes substantielles, faisant rentrer dans le droit commun, et fermant la voie aux actions organisées par la loi de 1857.

§ 3. *Nature du droit.*

77. L'adoption régulière d'une marque de commerce ou de fabrique confère un droit qu'il est assez difficile et peut-être inutile de définir : dans la loi, la jurisprudence et la pratique, on l'appelle communément un droit de propriété, mais la même unanimité se retrouve pour lui refuser les effets que comporterait la propriété ordinaire. Il se trouve dès lors que le nom de propriété peut être conservé au droit de marque, parce que l'usage en est commode et l'emploi indifférent.

78. La loi de 1857 parle de « revendiquer la propriété exclusive d'une marque » (art. 2), de propriété indéfiniment conservée (art. 3), et du propriétaire de la marque (art. 14 et 17), ceci au cas d'un dépôt préalable. Il n'est pas douteux de plus que le droit ne naît pas du dépôt, qu'il n'en dépend pas, qu'il existe sans une loi propre et qu'il est pratiquement protégé par le droit commun. Il est même probable que c'est cette protection, indépendante de toute formalité, qui a introduit ici l'idée de propriété ou tout au moins le mot.

[1] Conseil d'État, 22 janvier 1863 (*Ann.* 63.32).

79. L'idée est fausse, si on la rapproche de la définition traditionnelle de la propriété comme du droit direct d'une personne sur un objet corporel, définition qui condamne également le nom de propriété littéraire, artistique ou industrielle, appliqué aux droits de publication des œuvres de l'intelligence, d'exploitation d'un brevet, ou de reproduction des modèles et dessins de fabrique[1]. Ici même, il y a encore des raisons particulières pour l'exclure, à moins de l'admettre dans un sens large pour tous droits composant le patrimoine, comme fait la loi quand elle parle par exemple de la propriété d'une lettre de change (art. 136, C. com.). En dehors de cette acception, si large qu'elle perd toute valeur, on ne recevra pas juridiquement pour un droit de propriété le droit de marquer les produits de son commerce ou de son industrie par un signe propre. Spécial en effet à l'industrie ou au commerce où il est exercé, il ne porte pas sur le signe même, objet peut-être d'un droit pour celui qui l'a imaginé, mais il s'applique seulement au rapport que ce signe indique entre le produit et l'établissement commercial ou industriel[2]. En lui-même, il n'a aucune valeur et ne peut être approprié; par l'usage qui en est fait, il protége l'achalandage, il s'attache au fonds de commerce. Ainsi, il n'y a pas ici d'objet précis sur lequel le droit porte en se confondant avec lui; il n'y a de droit exclusif qu'à l'égard de certaines personnes, les concurrents, fabricants ou marchands de produits similaires; il n'y a enfin de droit transmissible, on va le voir, qu'accessoirement à l'industrie

[1] Nous ne parlons pas du droit du titulaire d'un office ministériel, qui, pour d'autres raisons, ne nous paraît pas davantage un droit de propriété. (V. E. Duval. *De la nature des offices ministériels*, in-8°, 1875, p. 116 et suiv.). Sur les droits d'auteurs, on peut consulter, *Bulletin de la Société de Législation comparée*, 1877, p. 417.

[2] Le rapporteur de la loi de 1857 disait : « La marque est le signe de la personnalité du fabricant, du commerçant, imprimée à leurs produits; elle constitue donc une véritable propriété que proclame l'intitulé même de ce titre (1er), et qui est le premier mot de la loi. » La marque est bien en effet une signature, et la loi crée une sorte d'alphabet de convention; mais le faux n'est pas un vol, la contrefaçon vise à un détournement de clientèle, à une usurpation de renommée, et la clientèle comme la renommée sont des valeurs, des biens peut-être, non un objet de propriété. Quant à « la personnalité du fabricant, du commerçant, imprimée à leurs produits », elle est bien représentée par son nom, par sa marque; mais ni la personne, ni le nom ou l'emblème, ne sont juridiquement une propriété.

même : un droit qui n'est ni absolu, ni général, ni indépendant, n'est pas un droit de propriété. La sanction qu'il comporte est encore incompatible avec une telle définition : ce n'est pas, en l'absence de dépôt, une restitution, ce sont des dommages-intérêts, parce que l'attentat, dont il peut être l'objet, n'est pas une soustraction et ne se conçoit que comme un tort causé. La loi spéciale elle-même, tout en organisant ce qu'elle appelle une revendication, n'a pas créé un délit de vol, mais une sorte de délit de faux ; elle a ordonné la destruction de la marque, non la restitution, et elle n'a permis la mainmise sur le produit marqué que comme confiscation ou indemnité (art. 14). Le droit de marque, ainsi protégé, conformément à sa nature, apparait donc comme incorporel et mobilier, proprement ni réel, ni personnel. Quant à l'expression de propriété adoptée par l'usage, nous l'emploierons avec tout le monde, faute d'une autre également commode ou plus exacte.

80. Le mot une fois admis comme un terme que la langue juridique avec plus de rigueur eût écarté, le droit lui-même apparaîtra toujours attaché, sinon à la personne, du moins à la fabrique ou au commerce de celui qui l'a pu acquérir. On ne conçoit pas la marque isolée, détachée de la maison qui l'emploie ; car elle n'aurait plus de sens alors, et deviendrait une arme déloyale de concurrence. Elle peut appartenir à plusieurs associés, être mise en société avec l'industrie ou la clientèle, tomber dans la communauté entre époux ; elle sera même, si l'on veut, avec le fonds, donnée en nantissement ou soumise à un usufruit ou frappée de saisie [1]. Mais jamais elle

[1] On a fait remarquer d'ailleurs avec beaucoup de raison que la cession isolée d'une marque pourrait être connue comme licite, sans que nécessairement, par cela même, la saisie fût permise sur la marque seule. C'est ainsi que les immeubles par destination peuvent être aliénés, mais ne peuvent être saisis comme meubles (art. 524, C. civ., art. 592, C. pr. civ.). Ici l'aliénation volontaire ne peut se concevoir, pas plus que la saisie, parce que l'acquisition d'une marque isolée est un non-sens ou un leurre. « La marque ainsi transmise devient un instrument de fraude, disait encore le rapporteur de la loi belge. » Vainement on argumenterait de ce que les droits exclusifs d'exploitation reconnus à l'inventeur breveté, de même que les droits exclusifs de reproduction, reconnus à l'auteur d'un écrit, d'une œuvre d'art,

ne pourra être séparée du fonds, dont elle dépend, sauf l'application des règles sur la transmission du nom commercial, si ce nom figure dans la marque. Le droit est perpétuel, mais accessoire, et cela par une même raison : le signe adopté n'ayant pas de valeur en dehors de ce que vaut la maison qui l'a consacré, il devait servir à la distinguer tant qu'elle dure et disparaître avec elle.

81. La vente du fonds emportera donc cession de la marque, si le vendeur ne se réserve pas la marque et le droit de s'établir. Le propriétaire de la marque pourra même en concéder l'usage avec une partie de la fabrication du produit[1]. Transmission totale ou licence déterminée, la loi n'impose d'ailleurs aucune formalité pour conserver les effets du dépôt, sauf à justifier du droit par les moyens ordinaires de preuve, si l'on veut obtenir la protection légale ou l'apposition du timbre de l'Etat (D[t] du 25 juin 1874, art. 1er)[2].

d'un dessin, etc., sont cessibles. On ne peut, à ce point de vue, assimiler la marque à une invention, à une œuvre d'art, à un dessin, etc. L'objet du brevet, l'œuvre de littérature ou d'art, ont en eux-mêmes une valeur qui, de sa nature, est cessible. La marque, au contraire, n'a, dans son objet, aucune valeur. Elle ne vaut que comme certificat d'origine du produit auquel elle est attachée. Employée par un autre que son auteur ou que le successeur de celui-ci dans l'exploitation de sa fabrique ou de son commerce, elle cesse d'être l'expression de la vérité. Autoriser la transmission du droit exclusif d'en faire usage, indépendamment de la cession de la fabrique ou du commerce dont elle dépend, c'est autoriser le trafic d'un certificat qui, par le fait même de la cession, se trouve dépourvu de sincérité et par suite de toute valeur légitime. » C'est sur ces observations, si bien présentées, qu'a été inséré dans la loi belge un article pour régler et rendre publique la transmission : art. 7. « Une marque ne peut être transmise qu'avec l'établissement dont elle sert à distinguer les objets de fabrication ou de commerce. Toute transmission par acte entre vifs ou testamentaire sera enregistrée au droit fixe de dix francs. Elle n'a d'effet, à l'égard des tiers, qu'après le dépôt d'un extrait dans les formes prescrites par le dépôt de la marque. » La loi anglaise du 13 août 1875 (*Annuaire de législ. étrang.*, p. 191), dispose également (art. 2) que la marque enregistrée ne peut être cédée qu'avec le fonds. De même, la loi autrichienne du 7 décembre 1858, art. 3 (Klostermann, *loc. cit.*, § 53).

[1] Cr. r. 3 janvier 1878 (*Ann.* 78. 207). — V. pour le cas d'une industrie rachetée par l'État, Trib. civ. de la Seine, 30 janvier 1878 (la *France judiciaire*, 1878. 2.568).

[2] Le décret du 25 juin 1874, rendu en exécution de la loi du 26 novembre 1873, porte : art. 1er « ... En cas de transmission, à quelque titre que ce soit, de la propriété de la marque, le nouveau propriétaire justifie de son droit par le dépôt des actes ou pièces qui établissent cette transmission. Il dépose, en outre, l'original de la signature dûment légalisée... » — Le législateur de 1857 n'a pas voulu imposer

82. Si la marque appartient à plusieurs propriétaires indivis ou à une société, lors de la dissolution et de la licitation, elle pourra être acquise avec le fonds. Elle ne saurait être partagée, ni rester à un seul isolément[1]. Il arrivera donc qu'elle disparaisse plutôt que de prendre une signification abusive ; et la propriété se trouvera ainsi évanouie par la force des choses, parce qu'il n'en existait proprement aucune fondée en elle-même, et que le nom légal donné au droit exagérait en vain sa valeur juridique.

de formalités pour constater la transmission de la marque avec le fonds. Voici, à cet égard, ce que disait le rapporteur : « Dans la pensée de donner aux dispositions relatives à la propriété des marques un caractère particulier de moralité et de loyauté, notre honorable collègue M. Quesné a proposé l'amendement suivant qui serait ajouté à l'art. 3 : « Nul ne peut faire usage d'une marque à lui cédée et comprenant le nom d'un fabricant et d'un commerçant, s'il n'ajoute à cette marque son propre nom suivi du mot successeur. » La loi sarde du 12 mars 1855 contient une disposition analogue. Lorsqu'une industrie change de mains, il est nécessaire, suivant notre honorable collègue, que le public ne l'ignore pas et ne continue sa confiance qu'en connaissance de cause. Ne doit-on pas craindre aussi qu'un successeur, moins soucieux de l'honneur d'un nom qu'il ne porte pas, n'en exploite et n'en compromette le renom mérité par une fabrication moins bonne ou même par des fraudes criminelles ? Tout en rendant justice à la pensée morale et élevée de cet amendement, votre commission n'a pas cru pouvoir l'accueillir. Il lui a paru ne se rattacher qu'indirectement à la loi, et avoir plutôt pour objet le nom du commerçant régi par la loi du 28 juillet 1824, tandis que la loi actuelle s'occupe exclusivement des marques. Lorsqu'un commerçant, par sa loyauté et la supériorité des produits, a su donner confiance à sa marque, conquérir un nom respecté, il trouve des avantages considérables et la juste récompense d'une vie commerciale honorable, dans la cession de sa maison, du nom qui la recommande au public, de la marque qui en signale les produits. L'adoption de l'amendement rendrait impossible toute cession semblable, tarirait pour le commerçant une source légitime de profits, et supprimerait un élément puissant de loyale émulation. » La proposition et la critique étaient exagérées. On conçoit parfaitement la cession de la marque, et la publicité de cette cession, sans que la marque en porte le signe. C'est ainsi que la loi italienne du 30 août 1868 (art. 10) porte simplement que la cession doit être publiée dans le registre. L'amendement proposé en 1857 serait tout au plus admissible si toute marque comprenait forcément le nom de la personne, et encore aurait-il alors le défaut d'entraver inutilement la liberté de conventions.

[1] Paris, 16 janvier 1868 (*Ann.* 69. 336).

II.

INFRACTIONS A LA LOI SUR LES MARQUES.

§ 1er. *Du délit.*

83. L'utilité de la loi spéciale est d'ailleurs moins dans une définition théorique que dans la protection organisée pour le droit régulièrement acquis et conservé. Il faut donc déterminer le fait qui permettra d'agir soit devant le tribunal civil, soit devant le tribunal correctionnel. Pour donner ouverture au droit d'action, on a supposé non-seulement une marque formée d'après la définition légale et constatée par le dépôt, mais aussi du côté du concurrent l'emploi indû de cette même marque ou d'une analogue, de manière à donner le change ; la loi ne prévoit et ne régit que l'atteinte à la marque portée au moyen d'une marque. Tout fait de concurrence qui prendrait une autre forme, comme le choix d'une enseigne reproduisant la marque, l'annonce de celle-ci dans un prospectus, une facture, une réclame verbale, reste sous l'empire du droit commun, et ne donne pas même lieu pour le propriétaire lésé à une revendication proprement dite. Bien plus, soit pour la revendication, soit par la citation au correctionnel, l'enlèvement, la destruction de la marque ne sera pas considérée comme un vol, une usurpation, non pas, comme on le disait dans la discussion au Corps législatif que l'aliénation du produit par le fabricant confère à l'intermédiaire le droit spécial de propriété sur le signe opposé, mais parce qu'il n'y a pas usurpation sans l'emploi de la marque dans une concurrence[1]. Démarquer un

[1] Le rapporteur disait en 1857 : « Au nombre des délits ne doit-on faire figurer la destruction et l'altération frauduleuse de la marque ? Pour encourager l'usage de la marque facultative, suffit-il de punir les contrefacteurs ? Souvent la marque

produit, ce peut être porter préjudice au fabricant, alors surtout que le commerçant remplace la marque de fabrique par la marque de commerce; mais, même en cas de substitution d'une marque de fabrique à une autre, comme ce n'est pas le produit qui est protégé, le fabricant, dont la marque a disparu, ne se trouve armé d'aucun droit par la loi spéciale.

84. *a*. En réalité, on a simplement prévu le cas de concurrence faite au moyen d'une marque indûment employée ou imitée, alors qu'elle était régulièrement adoptée et déposée; la déloyauté ainsi caractérisée a paru dégénérer en délit, comme une manœuvre à la fois plus dangereuse et plus certaine. Il y

peut être supprimée sans le consentement et même malgré la défense du producteur, par des intermédiaires qui se donnent pour fabricants, par des concurrents jaloux de substituer leur marque à celle d'un autre et de se créer avec ses produits une réputation commerciale. Sans doute celui qui achète un produit en a la libre disposition, mais cela ne va pas jusqu'à enlever au fabricant l'honneur que lui procure l'exécution. Il en est ainsi pour les œuvres de l'art et de l'esprit; pourquoi en serait-il autrement des œuvres industrielles? Toute marque est une propriété, nous l'avons reconnu, et c'est le premier mot de la loi actuelle. Elle doit être préservée du vol et de la destruction. Plusieurs chambres de commerce en ont manifesté le vœu avec instances; le projet de la commission de la Chambre des députés, en 1845, contenant une disposition formelle en ce sens; la loi sarde du 12 mars 1855 a consacré ce principe, que MM. Tesnière et Legrand nous ont également proposé d'inscrire dans la loi. » Le Conseil d'Etat repoussa cet amendement, et la discussion reprit dans la séance du 12 mai 1857 au Corps législatif. M. Busson rapporteur, maintient, conformément à l'opinion du rapporteur de 1847, M. Drouin de Lhuys, que le fait de l'intermédiaire qui démarque un produit, et qui peut-être substitue à la marque du fabricant sa propre marque de commerce, est une fraude, que ce devrait être un délit dans la loi commerciale comme dans la loi sur les droits d'auteur. L'amendement de M. Legrand est combattu par M. Levavasseur; l'orateur fait observer que les commissionnaires en tissus ont l'habitude d'acheter en fabrique, de diviser les étoffes en coupons, de leur faire subir des apprêts particuliers, et d'y apposer leur marque de commerce seule; la ville de Rouen est particulièrement intéressée au rejet de l'amendement. M. Vuillefroy, président de section au Conseil d'État, commissaire du Gouvernement, indique que la conservation de la marque ne saurait être obligatoire pour l'intermédiaire, qu'il faut respecter les usages, et laisser les conventions libres; il ajoute que le fabricant, en vendant son produit, a aliéné son droit; en tout cas, le droit commun suffit. — La loi italienne du 30 août 1868, art. 3, dispose que le marchand ne peut, sans autorisation expresse du producteur, supprimer la marque de ce dernier, mais qu'il peut y ajouter la sienne. — L'hypothèse inverse n'a pas été prévue; mais il est arrivé que le marchand apposât la marque du fabricant sur des produits que celui-ci lui avait livrés sans les marquer, par exemple sur des produits de qualité inférieure. Ce n'est certainement pas un délit. Mais cet usage de la marque d'autrui peut être une faute, causer un préjudice, violer même les conventions des parties. On peut consulter, Tribunal civil de la Seine, 7 février 1876 (*Ann.* 76. 321).

a autrement concurrence simple, et non contrefaçon. Mais ce mot, qui est plus juste ailleurs, est difficile à définir, et n'offre ici aucune précision. La marque en effet, est toujours l'accessoire, dans l'organisation de la protection comme dans la fixation du droit; c'est la clientèle formée, la réputation acquise que la loi réserve, et non pas même le produit, lequel est librement fabriqué. Il fallait donc atteindre le fait matériel qui prépare la concurrence, et toute la série des actes dont elle-même se compose; la contrefaçon n'est qu'un moment du délit. Et encore est-ce plutôt un faux, destiné à une sorte d'escroquerie ou de détournement tout particuliers; l'assimilation, fort juste en théorie, trop rigoureuse pour être pratique, était faite entre le faux et l'emploi indû d'une marque par la loi de germinal an XI et le code pénal de 1810. Le législateur de 1857 a sagement renoncé à procéder d'après la logique; il s'est contenté de décomposer la concurrence en différents faits principaux, qu'il atteint, comme précis et nets. Il eût pu d'ailleurs les énumérer, sans établir des degrés entre eux. Il eût certainement dû, comme on le remarqua au sein de la commission du Corps législatif[1], ne pas les confondre avec des faits de tromperie (art. 8), que nous n'aurons pas à examiner en analysant les articles 7 et 8[2]:

[1] Dans le projet présenté par le Gouvernement, l'art. 7 punissait la contrefaçon, l'apposition frauduleuse, la vente. L'art. 8 était spécial à la tromperie par marque sur la nature du produit, et devait ajouter simplement à l'art. 423 C. pén. le délit de tentative. La commission fit observer que cette disposition, fort utile d'ailleurs, altèrerait l'économie de la loi, et ne se rapportait pas à des faits de concurrence. En même temps, elle proposait de prévoir l'imitation comme délit distinct de la contrefaçon. Le Conseil d'État crut devoir maintenir l'art. 8, et y insérer l'amendement de la commission; ce qui a contribué à augmenter encore la confusion. « On peut citer la rédaction que proposait la commission: « Sont punis des peines portées en l'art. 423 du Code pénal: 1° Ceux qui ont contrefait une marque ou fait usage d'une marque contrefaite; 2° Ceux qui ont frauduleusement apposé sur leurs produits ou les objets de leur commerce, une marque appartenant à autrui; 3° Ceux qui ont frauduleusement imité une marque ou se sont servis d'indications tendant à tromper sur la marque d'autrui; 4° Ceux qui ont frauduleusement détruit ou altéré une marque (V. *supra*); 5° Ceux qui ont sciemment vendu ou mis en vente un ou plusieurs produits dont la marque serait ou aurait fait l'objet d'un des délits punis par les paragraphes précédents. »

[2] Art. 7. Sont punis d'une amende de 50 fr. à 3,000 fr., et d'un emprisonnement de trois mois à trois ans, ou de l'une de ces peines seulement: 1° Ceux qui ont contrefait une marque ou fait usage d'une marque contrefaite; 2° Ceux qui ont fraudu-

85. *Apposition frauduleuse de la marque d'autrui* (art. 7, 2°). — L'art. 7 prévoit et punit l'apposition frauduleuse de la marque d'autrui, c'est-à-dire « le fait de celui qui s'est procuré la marque véritable d'une autre personne et s'en est servi pour marquer ses produits[1]. » C'est l'atteinte la plus directe et la plus sûre au droit de marque. Conserver le signe adopté par un industriel, et l'apposer sur des produits qui lui seront ainsi attribués, réemployer ses étiquettes, ou mieux encore ses vases ou sacs à marquer des similaires, il n'est pas de manœuvre où apparaisse plus caractérisée l'usurpation frauduleuse.

86. *Contrefaçon de la marque, ou usage d'une marque contrefaite* (art. 7, 1°). — On peut conserver la marque, l'enveloppe marquée, quand le produit est consommé, sans avoir l'intention d'en faire usage : l'apposition seule a dû être réprimée. Le fait de reproduire au contraire, matériellement, intégralement, la marque adoptée par un fabricant, a pu être puni, comme distinct de l'usage et déjà lui-même délictueux. Le concurrent, qui aura approvisionné des marques contrefaites, pourra être poursuivi, avant toute apposition. Celui même qui ne doit pas faire usage de la marque, imprimeur, graveur, fabricant de bouteilles, sera contrefacteur, dès qu'il a reproduit le signe adopté publiquement par le fabricant, et n'a pas exigé de l'industriel ou du commerçant qui fait la commande la justification de son droit. La loi a dû faire de la contrefaçon d'une marque une sorte de contravention matérielle, parce qu'il importait de saisir le délit dès l'origine, et

leusement apposé sur leurs produits ou les objets de leur commerce une marque appartenant à autrui ; 3° Ceux qui ont sciemment vendu ou mis en vente un ou plusieurs produits revêtus d'une marque contrefaite ou frauduleusement apposée.

Art. 8. Sont punis d'une amende de 50 fr. à 2,000 fr., et d'un emprisonnement d'un mois à un an, ou de l'une de ces peines seulement : 1° Ceux qui, sans contrefaire une marque, en ont fait une imitation frauduleuse de nature à tromper l'acheteur, ou ont fait usage d'une marque frauduleusement imitée ; 2° . . . . . ; 3° Ceux qui ont sciemment vendu ou mis en vente un ou plusieurs produits revêtus d'une marque frauduleusement imitée . . .

[1] Ce sont les termes mêmes employés par le rapporteur. — Cr. r. 1er août 1857 (*Ann.* 58.161).

qu'en somme il fallait bien considérer le dépôt comme un avertissement suffisant.

L'usage de la marque contrefaite se distingue ainsi de la contrefaçon proprement dite. Il doit être entendu ici spécialement de l'apposition sur les produits, quel qu'ait été le contrefacteur et quel que puisse être le débitant[1].

87. *Imitation frauduleuse, ou usage d'une marque frauduleusement imitée* (art. 8, 1°). — Si la reproduction n'est que partielle, et que la confusion reste possible, l'imitation en elle même est encore distinguée de l'usage de la marque imitée, et la loi atteint les deux faits isolément, comme s'il y avait eu contrefaçon brutale. La peine est cependant moins forte, bien que l'imitation soit plus coupable peut-être que la contrefaçon, sans doute parce que le préjudice est moins certain et le corps même du délit moins sûrement défini.

L'imitation est une contrefaçon qui évite d'être intégrale : le concurrent déloyal, ou le graveur qui travaille pour lui, ont cherché à la fois à produire la confusion et à se réserver une défense ; on a pris les traits principaux, et varié les détails, ou bien au contraire on n'a reproduit aucun élément essentiel, et on est arrivé par les accessoires à une ressemblance générale[2]. C'est aux tribunaux de déjouer, dans tous les cas, l'une ou l'autre de ces manœuvres, et d'apprécier s'il y a, comme porte le texte de la loi, « imitation de nature à tromper l'acheteur », c'est-à dire similitude d'aspect entre les deux marques, soit par l'ensemble, soit par un trait saillant, de sorte qu'à première vue, en n'apportant à l'examen qu'une attention moyenne, sans pouvoir comparer pièces en main, tout acheteur prenne le change et confonde les deux marques. Dès que la confusion, en fait, paraît possible, l'imitation porte illégalement atteinte au droit du propriétaire de la marque.

[1] Cr. r. 3 mai 1867 (*Ann.* 67.293).
[2] Req. 13 août 1861 (*Ann.* 61.358). — Cr. r. 3 janvier 1873 (*Ann.* 73.297). — Cr. r. 19 février 1873 (*Ann.* 72.301). — Cr. r. 9 février 1873 (*Ann.* 73.213).

88. *Vente ou mise en vente* (art. 7, 3°; 8, 3°). Dans les trois cas d'apposition, de contrefaçon, d'imitation, le produit indûment marqué peut passer successivement entre plusieurs mains. On a déjà distingué, dans la contrefaçon et l'imitation, le fait de l'ouvrier auteur de la marque, et celui du fabricant ou du commerçant qui emploie la marque. Il faut ajouter d'une façon générale, et comme prévu aussi distinctement, le fait du débitant qui écoule les produits marqués, soit qu'il ait déjà consommé la vente, exposé en montre, même à une exposition publique, soit qu'il ait seulement approvisionné pour mettre en vente, comme marchand, commissionnaire ou dépositaire. Il suffit, pour qu'il soit directement poursuivi, qu'il ne soit pas simple commis à gages.

89. *b.* Les faits ainsi énumérés sont légalement déterminés comme délits spéciaux; mais il ne suffit pas d'y définir l'élément matériel, il faut le montrer prépondérant, et parfois même suffisant à lui seul pour appeler la répression. De droit commun, le délit n'existe pas sans l'intention de nuire; mais les rapports entre concurrents la supposent facilement, alors qu'une atteinte est portée à une marque déposée. La bonne foi ne sera donc jamais présumée, parce que du fait même résulte la présomption contraire. La preuve de la bonne foi sera-t-elle cependant admise comme excuse? Personne, semble-t-il, même le simple débitant, ne serait reçu à prouver qu'il ignorait le dépôt opéré par le propriétaire de la marque comme une notification légale. Quelle pourra donc être l'ignorance alléguée, comme constituant la bonne foi? Au cas de la vente ou de la mise en vente, que la loi suppose formellement faites en connaissance de cause, il pourra être établi qu'on ignorait non pas le droit du propriétaire, mais le fait de l'apposition ou de la reproduction indues de sa marque; le commerçant poursuivi se défendra en montrant qu'il ne connaissait pas la fraude, qu'il en a été plutôt victime que complice, et qu'il s'est trompé en croyant non pas à un procédé licite de concurrence, mais à l'origine loyale de la marque [1]. Celui qui a imité la marque ou apposé une marque imitée [2] ne pourrait avoir la même excuse ; l'imitation ne sera punie cependant que si elle est frauduleuse, et ainsi, dans des cas pratiquement bien rares, la peine ne serait pas appliquée, si le juge, en constatant la ressemblance, pense que le concurrent a pu ne pas l'apercevoir. L'acquittement sera alors prononcé, comme porte l'art. 14, bien que la distinction des marques imitées soit prescrite, l'imitation interdite à l'avenir, et que le produit même puisse être confisqué. Quant à l'apposition de la marque vraie, on voit mal comment une usurpation de ce genre aurait lieu sans fraude; pourtant, s'il y avait eu réellement méprise, si on ignorait se servir pour des produits similaires des sacs ou des bouteilles d'un concurrent trouvés confondus avec les siens, le délit dégénèrerait en simple imprudence. En somme, sauf pour le cas de vente, à des excuses de ce genre comme constituant la bonne foi, la loi aurait pu ne pas laisser de voie ouverte et établir une présomption absolue, conforme à la vraisemblance, exclusive de toute preuve contraire. Les textes ne comportent pas cette rigueur d'application. Ce n'est pas que l'art. 14 [3], souvent invoqué, soit décisif; il peut parfaitement ne s'entendre que du cas de vente faite innocemment et permettre alors seulement l'acquittement, bien que la marque soit reconnue matériellement « contraire aux dispositions des articles 7 et 8. » Mais, s'agissant ici en matière pénale de déroger au droit commun, il

[1] La loi anglaise du 7 août 1862 (*Ann.* 61-53), qui avait d'abord organisé la protection des marques sans exiger de dépôt, considère comme de mauvaise foi et punit le débitant qui refuse de déclarer la provenance des produits faussement marqués. Le refus de déclaration se trouve être ainsi un délit spécial ; mais il semble que la déclaration n'exclut pas la mauvaise foi.

[2] L'art. 8 punit « ceux qui, sans contrefaire une marque, en ont fait une imitation *frauduleuse* de nature à tromper l'acheteur, ou ont fait usage d'une marque *frauduleusement* imitée. » Il faut évidemment entendre le dernier paragraphe d'un usage frauduleux, et admettre la bonne foi dans les deux cas indiqués, ou, ce qui serait plus logique, mais moins conforme au texte même de la loi pénale, repousser toute preuve de bonne foi dans les deux cas, aussi bien s'il y a imitation d'une marque que si la contrefaçon est servile.

[3] Art. 14. La confiscation des produits dont la marque serait reconnue contraire aux dispositions des art. 7 et 8 peut, *même en cas d'acquittement*, être prononcée par le tribunal, ainsi que celle des instruments et ustensiles ayant servi spécialement à commettre le délit...

faut tenir compte de ce que les articles 7, 2°, et 8, 1°, parlent de l'apposition ou de l'imitation comme « frauduleuse », et cela même pour l'usage d'une marque imitée; dès lors les droits de la défense comporteront la preuve de circonstances exceptionnelles comme impliquant simple imprudence. Aucune immunité de ce genre n'appartient au contraire au véritable contrefacteur; l'art. 7, 1°, a considéré la contrefaçon pour ce qu'elle est, une contravention matérielle[1]. La loi ne pouvait ici parler de fraude; quand il y a identité entre deux marques, il y a copie servile et délit de contrefaçon; on ne saurait alléguer une rencontre de hasard. Quant à l'erreur de droit, comme si l'on croyait avoir la priorité d'usage, ou puiser dans le domaine public, elle ne serait pas plus expédiente que l'erreur de fait, l'ignorance prétendue du dépôt de la marque revendiquée; c'est aux intéressés, imprimeur ou industriel, de se renseigner, et de ne pas se tromper sur leurs droits.

90. On a pu se demander à l'inverse si la mauvaise foi seule du délinquant donne lieu à la poursuite, quand le propriétaire lui-même de la marque, sous un nom supposé, commande la contrefaçon ou l'imitation, pour éprouver une honnêteté sur laquelle il a des soupçons, et saisir le flagrant délit en le provoquant. La question n'est pas douteuse, s'il s'agit de la vente d'objets frauduleusement marqués, constatée par le propriétaire de la marque, au moyen d'un achat fait par lui-même sans aucun dol. Mais pour la contrefaçon[2], il est plus délicat de savoir s'il n'y a pas absence d'un corps de délit, la marque contrefaite étant bien destinée à un concurrent imaginaire ou réel, mais se trouvant en fait tomber

[1] Art. 7. Sont punis... : 1° Ceux qui ont contrefait une marque ou fait usage d'une marque contrefaite. — S'il y a contrefaçon, c'est donc seulement en cas de vente, et chez le débitant (art. 7, 3°) que la bonne foi peut être prise en considération. La loi ne parle pas d'usage fait sciemment, et ne peut s'entendre ici comme pour l'imitation frauduleuse.

[2] Cr. r. 15 janvier 1876 (*Ann.* 76.5). — V. cependant la note de M. C. Lyon-Caen sur l'arrêt attaqué, Paris, 19 mars 1875 (S. 75.2.57). — *Cfr.* en matière de brevets, Cr. r. 3 avril 1858 (*Ann.* 58.373); en matière de concurrence déloyale, Paris, 4 mars 1869 (*Ann.* 69.97).

forcément entre les mains du propriétaire : il y aurait impossibilité absolue d'un préjudice, et notre loi n'admet pas un délit d'intention. On peut remarquer cependant ici que la contrefaçon, punie chez le graveur qui reproduit une marque, est une simple tentative avec commencement d'exécution, érigée légalement en délit; peu importe que la tentative ne puisse pas aboutir, par suite de circonstances toutes contingentes, et non, comme on dit, par des raisons absolues; elle doit être réprimée, dès que l'étiquette incriminée est faite, prête à livrer, bien qu'il y ait certitude de la saisir aussitôt faite; et la raison en est, qu'avant toute livraison, la contravention matérielle existe, il y a un corps de délit dans l'acceptation et l'exécution d'une commande qui n'a pas apparu comme émanée du véritable propriétaire. Peu importe encore que le concurrent, représenté comme destinataire, n'existe pas réellement; il y a ici comme un règlement de police pour les imprimeurs et graveurs : l'infraction existe dès qu'ils ne peuvent justifier d'une commande donnée comme légitime, ou d'une livraison destinée par eux à une fabrique similaire; elle subsiste donc, malgré la provocation, et l'acquittement du prévenu ne serait pas légal. Si, d'ailleurs, la partie civile ne se trouve pas avoir droit à des dommages-intérêts, tout au moins, en l'absence de dol, ne pourra-t-elle encourir aucun reproche pour avoir ainsi déjoué une concurrence jusque-là insaisissable.

91. *c.* En dehors des différents délits énumérés par la loi elle-même, le droit commun ne frappe pas la tentative et atteint tous les complices (art. 3, 59, 60, C. pén.). Ainsi, d'une part, il n'y aura pas de contrefaçon, si la commande a été seulement acceptée, et que les planches ne soient pas encore gravées, ou la composition d'imprimerie achevée. D'autre part, bien que le texte ait formellement prévu comme délits distincts certains faits de complicité, la poursuite pourra atteindre la commande faite par le fabricant avant qu'il ait apposé la marque contrefaite sur son ordre, ou le recel par un tiers avant toute exposition en vente par le commerçant, non d'ailleurs la détention pour un usage personnel qui n'est pas un recel. Les travaux préparatoires de la loi de 1857 indiquent bien que telle était la pensée du législateur, et le rapport présenté au nom de la Commission du Corps législatif disait en ce sens : « Il est superflu de rappeler que les dispositions du droit commun sur la complicité, et notamment la complicité par recel, s'appliquent à ces délits comme à tous les autres. »

92. Il convient d'ajouter que, depuis la loi du 26 novembre 1873, la marque peut porter le timbre ou poinçon de l'État, et la contrefaçon ou imitation, l'apposition de la marque vraie, devenir ainsi un crime ou un délit plus grave. L'art. 6 de la loi nouvelle dispose : « Ceux qui auront contrefait ou falsifié les timbres ou poinçons établis par la présente loi; ceux qui auront fait usage des timbres ou poinçons falsifiés ou contrefaits, seront punis des peines portées en l'art. 140, C. pén., et sans préjudice des réparations civiles. — Tout autre usage frauduleux de ces timbres ou poinçons, et des étiquettes, bandes, enveloppes et estampilles qui en seraient revêtues, sera puni des peines portées en l'article 142 dudit Code...[1] » Le texte punit ainsi comme crimes la contrefaçon. la falsification, c'est-à-dire l'imitation, l'apposition du timbre ou poinçon faux, sans qu'il y ait place pour la bonne foi ; la mise en vente seule, faite sciemment, ne semble pas prévue, et ne serait atteinte que par la complicité. Au contraire, s'il n'y a pas contrefaçon, mais soustraction et apposition indue des timbres ou poinçons vrais, il y a délit dans tout usage

[1] C. pén., art. 140. Ceux qui auront contrefait ou falsifié, soit un ou plusieurs timbres nationaux, soit les marteaux de l'État servant aux marques forestières, soit le poinçon ou les poinçons servant à marquer les matières d'or ou d'argent, ou qui auront fait usage des papiers, effets, timbres, marteaux ou poinçons falsifiés ou contrefaits, seront punis des travaux forcés à temps dont le *maximum* sera toujours appliqué dans ce cas. — Art. 142. Ceux qui auront contrefait les marques destinées à être apposées, au nom du gouvernement, sur les diverses espèces de denrées ou de marchandises, ou qui auront fait usage de ces fausses marques ; ceux qui auront contrefait le sceau, timbre ou marque d'une autorité quelconque, ou qui auront fait usage des sceaux, timbres ou marques contrefaits ; ceux qui auront contrefait les timbres-poste ou fait usage sciemment de timbres-poste contrefaits, seront punis d'un emprisonnement de deux ans au moins et de cinq ans au plus.

quelconque, dès qu'il est frauduleux; la peine correctionnelle frappe l'apposition, la mise en vente; elle s'applique, d'après le rapporteur de la loi[1], même à l'expédition frauduleuse des marques soustraites et destinées à un concurrent. Au même cas, le simple fait de s'être procuré ou d'avoir gardé les marques timbrées pour leur donner un emploi frauduleux, ne peut être atteint que comme complicité dans le délit lui-même, ensuite consommé; la loi de 1873 parait, en effet, n'emprunter que la pénalité édictée dans l'art. 142, C. pén., et n'assimile pas, comme cet article le fait formellement, la tentative au délit.

§2. *De la sanction.*

93. En définissant les faits qui peuvent être poursuivis comme portant atteinte à la marque, la loi a établi des peines et indiqué les réparations auxquelles ils donneraient lieu.

On avait proposé de frapper uniformément tous les délits, considérés comme analogues, des peines portées par l'article 423, C. pén., c'est-à-dire, ainsi qu'a fait la loi du 28 juillet 1824 pour les suppositions ou altérations des noms, d'un emprisonnement de trois mois à un an et d'une amende qui ne pourra excéder le quart des restitutions et dommages-intérêts, ni être au-dessous de cinquante francs. Le législateur a préféré des peines dont la gradation s'explique mal.

[1] « Notre honorable collègue M. Bozérian avait proposé une disposition destinée à faire considérer comme fait d'usage délictueux l'expédition frauduleuse à l'étranger desdits timbres, signes ou objets. Sans aucun doute, la loi ne saurait laisser impunie une violation aussi flagrante des droits des propriétaires de la marque : elle ne saurait admettre qu'on réunisse les signes employés avec la formule, ou les récipients destinés à caractériser le contenu, et qu'on les envoie au dehors, afin de les faire servir à d'autres produits ; mais votre Commission a pensé que la généralité des termes employés dans le deuxième paragraphe de l'art. 6 suffisait pour assurer la répression nécessaire dans les cas prévus par M. Bozérian. » (Rapport supplémentaire du 27 février 1873.)

Sont punis d'une amende de 50 fr. à 3000 fr. et d'un emprisonnement de trois mois à trois ans, ou de l'une de ces peines seulement : 1° Ceux qui ont contrefait une marque ou fait usage d'une marque contrefaite ; 2° Ceux qui ont frauduleusement apposé sur leurs produits ou les objets de leur commerce une marque appartenant à autrui ; 3° Ceux qui ont sciemment vendu ou mis en vente un ou plusieurs produits revêtus d'une marque contrefaite ou frauduleusement apposée (art. 7). Sont punis d'une amende de 50 fr. à 2000 fr. et d'un emprisonnement d'un mois à un an, ou de l'une de ces peines seulement : 1° Ceux qui, sans contrefaire une marque, en ont fait une imitation frauduleuse de nature à tromper l'acheteur ; 2° Ceux qui ont sciemment vendu ou mis en vente un ou plusieurs produits revêtus d'une marque frauduleusement imitée (art. 8). Conformément au droit commun, les peines ne peuvent être cumulées ; la peine la plus forte est prononcée seule pour tous les faits antérieurs au premier acte de poursuite (art. 10). Les circonstances atténuantes peuvent être admises (art. 12). En cas de récidive, lorsqu'il a été prononcé contre le prévenu, dans les cinq années antérieures, une condamnation pour un des délits prévus par la loi sur les marques, les peines qu'elle porte peuvent être élevées au double (art. 11).

94. Outre l'emprisonnement et l'amende, les délinquants peuvent être privés du droit de participer aux élections des tribunaux de commerce, des chambres consultatives des arts et manufactures et des conseils de prud'hommes, pendant un temps qui n'excédera pas dix ans (art. 13). On ne pouvait mieux frapper le contrefacteur, accessoirement, que par cette incapacité civique commerciale.

95. Ce sont là des condamnations à titre de peine seulement. Il y en a une qui est forcément toujours prononcée, comme la sanction même du droit revendiqué et reconnu, c'est la destruction des marques qui seraient contraires aux dispositions de la loi ; elle est prescrite dans tous les cas (art 14)[1]. Quant à la confiscation des produits, elle est toujours facultative; c'est une peine, si le délit est reconnu, et que la remise des produits confisqués au propriétaire de la marque ne soit pas ordonnée, étant elle aussi toujours facultative (art. 14). La remise ordonnée est toujours une réparation civile, que la loi présente comme accordée à titre de dommages-intérêts, et permet dans tous les cas, bien que le texte parle de contrefaçon ou de fraude. Même en cas d'acquittement, la confiscation peut être prononcée; la remise au propriétaire restant facultative, la confiscation prononcée seule ne serait plus une peine, vu l'absence de délit reconnu, ni une réparation civile, et resterait une sorte de mesure d'ordre public, de peine civile. La loi sur les brevets a été facilement plus nette; elle prescrit, même en cas d'acquittement, et la confiscation et la remise des objets contrefaits au propriétaire du brevet (L. du 5 juillet 1844, art. 49); c'est comme une restitution du produit à celui qui avait seul le droit de le fabriquer. Ici la destruction de la marque illégale venge suffisamment le droit du propriétaire[2]. L'attribution des objets eux-mêmes, légalement mis dans le commerce, et d'une valeur parfois considérable, ne peut être qu'un supplément d'amende, une mainmise du prince, si le Trésor en profite, ou qu'un élément de dommages-intérêts, si le propriétaire de la marque en bénéficie. Il eût semblé naturel d'ordonner la destruction plutôt que la confiscation des instruments et ustensiles ayant spécialement servi à la contrefaçon ou à l'imitation de la marque, alors que les marques mêmes doivent être détruites et non confisquées. Mais le texte peut n'être pas suivi à la lettre : s'il y a eu apposition de la marque d'autrui, il en sera fait resti-

[1] Art. 14. La confiscation des produits dont la marque serait reconnue contraire aux dispositions des art. 7 et 8 peut, même en cas d'acquittement, être prononcée par le tribunal, ainsi que celle des instruments et ustensiles ayant spécialement servi à commettre le délit. — Le tribunal peut ordonner que les produits confisqués soient remis au propriétaire de la marque contrefaite ou frauduleusement apposée ou imitée, indépendamment de plus amples dommages-intérêts, s'il y a lieu. — Il prescrit, dans tous les cas, la destruction des marques reconnues contraires aux dispositions des art. 7 et 8.

[2] Cr. r. 13 avril 1877. (D. 77.1.401).

tution ; à l'inverse, si les planches ayant été faites pour une imitation ne peuvent plus servir, elles seront détruites, plutôt que confisquées. Le juge seul d'ailleurs apprécie l'étendue de la confiscation et de la remise ; il peut frapper tous produits frauduleusement marqués, qui seraient trouvés entre les mains du fabricant ou commerçant, même sans avoir été saisis avant la poursuite. La destruction des marques est forcément ordonnée d'une façon générale.

96. Tous dommages-intérêts peuvent compléter ou remplacer cette réparation en nature. Ils peuvent, comme elle, être alloués, même en cas d'acquittement, s'il y a réellement usurpation de la marque et préjudice causé au propriétaire. Le juge les déterminera immédiatement, ou renverra à les fixer par état. En ordonnant que l'usurpation cesse, il pourra contraindre à l'exécution de sa décision par des dommages-intérêts pour chaque jour de retard, ne faisant alors qu'une simple injonction ; mais il ne saurait trancher d'avance un litige à venir, préjuger de faits ultérieurs, et en arbitrer d'ores et déjà le caractère et la gravité, n'ayant aucun pouvoir pour disposer sur des contestations à naître.

97. Enfin, aux termes de l'article 13, le tribunal peut ordonner l'affiche du jugement dans les lieux qu'il détermine, et son insertion intégrale ou par extrait dans les journaux qu'il désigne, le tout aux frais du condamné. Cette publicité n'est pas réellement une peine, bien qu'elle apparaisse ainsi dans la loi et dans le rapport de la commission [1]. Il est vrai qu'elle figure de même dans l'article 6 de la loi du 27 mars 1851, répressive de certaines tromperies. Mais on sait qu'en matière civile, les tribunaux peuvent même d'office, ordonner l'impression et l'affiche de leurs jugements (C. pr. civ. 1036).

[1] « Au mérite de l'exemplarité, dit le rapporteur, ces peines joignent l'avantage d'appliquer au délinquant une peine analogue au délit. Il a voulu nuire à ses concurrents, surprendre la confiance du public par l'usage de signes frauduleux ou mensongers : l'insertion dans les journaux et l'affiche, surtout l'affiche à la porte de son domicile et de ses magasins, mettront le public en défiance et l'obligeront à s'abstenir de fraudes désormais signalées. »

Ici donc, comme la loi sur les brevets le porte formellement (L. du 5 juillet 1844, art. 49 *in fine*), la publicité peut être accordée et demandée à titre de dommages-intérêts, et par suite ordonnée même en cas d'acquittement, en supposant toujours une véritable usurpation de la marque déposée. En vain dirait-on que la loi parle du condamné, pour en supporter les frais, et que le tribunal correctionnel se dessaisit en acquittant ; l'acquittement n'empêche pas toujours la confiscation, la remise des produits au propriétaire, par suite forcément, semble-t-il, tous autres dommages-intérêts, comme nous venons de dire, et, à ce titre, la publication du jugement. De toute façon, l'exécution de cette condamnation se restreint aux termes dans lesquels elle est prononcée. S'il n'y a limitation expresse, la publication ne pourra être que temporaire et ne comprendra que les motifs et le dispositif, les qualités ne faisant partie du jugement que dans une expédition en forme. En l'absence de toute condamnation obligeant l'adversaire à supporter les frais, la partie gagnante n'excédera pas ses droits en annonçant le jugement, sans pouvoir s'autoriser elle-même à en publier le texte par insertion, distribution ou affiche.

98. Il faut, en dernier lieu, rappeler que la loi du 26 novembre 1873 a organisé une répression plus rigoureuse pour protéger les marques auxquelles on ajouterait le timbre ou le poinçon de l'Etat. La contrefaçon, la falsification, l'usage des timbres contrefaits ou falsifiés sont punis conformément à l'article 140, C. pén., c'est-à-dire de vingt ans de travaux forcés [1]. Tout autre usage frauduleux des timbres est non plus un crime, mais un délit : l'article 142, C. pén., auquel il est renvoyé, prononce l'emprisonnement de deux ans à cinq ans ; les coupables pourront en outre être privés des droits mentionnés en l'article 42 du même Code pendant cinq ans au moins et dix ans au plus à compter du jour où ils auront subi leur peine ; ils pourront aussi être mis sous la surveillance de

[1] Sauf l'application de l'art. 463 C. pén.

la haute police pendant le même nombre d'années [1]. L'article 6 de la loi du 26 novembre 1873 réserve formellement l'admission des circonstances atténuantes.

Ces condamnations interviennent, la loi le dit elle-même, « sans préjudice des réparations civiles », que la cour d'assises ou le tribunal correctionnel pourront accorder.

III.

POURSUITE.

99. La poursuite des infractions à la loi sur les marques est presque entièrement régie par le droit commun, et dans les quelques dispositions propres que nous aurons à relever, sans entrer dans les détails de la procédure ordinaire, le législateur de 1857 s'est inspiré des règles déjà portées pour les brevets en 1844.

100. On avait proposé, comme fait précisément la loi du 5 juillet 1844, de subordonner la poursuite au nom de la société à une plainte du propriétaire: mais l'intérêt général a paru assez directement engagé, pour que l'action publique fût libre contre toute usurpation de marques déposées [2]. Le propriétaire de la marque pourra d'ailleurs ou se porter partie civile, ou citer directement devant le tribunal correctionnel, et toujours persister dans son action, même si le ministère public renonce à la poursuite ou n'appelle pas, sauf l'application de la peine qui ne peut jamais avoir lieu en dehors

[1] V. sur ce dernier point, la loi du 23 janvier 1874, *relative à la surveillance de la haute police*.

[2] On peut consulter sur ce point le rapport et la discussion en séance. « En fait, disait M. Riché, dans la séance du 12 mai 1857, le ministère public n'agira jamais spontanément; il attendra que l'intérêt privé se plaigne d'un préjudice. » — La loi allemande exige une plainte de la partie lésée (*loc. cit.*, art. 14 et note 1). De même, la loi belge récente.

de la réquisition de la partie publique en première instance et en appel. Celui-là seul d'ailleurs peut se plaindre, qui est atteint par la concurrence faite au moyen de la marque ; ce sera le plus souvent le déposant, ce peut être son cessionnaire ; et, suivant la convention intervenue et aussi le genre de la concurrence, comme s'il y a cession partielle et atteinte générale au droit, l'action appartiendra à tous deux. On conçoit également des cas où le cédant poursuivrait le cessionnaire partiel qui excéderait son droit de marque et porterait atteinte au droit réservé[1], à l'inverse où le cédant qui s'est dépouillé entièrement et reprendrait l'usage du droit exclusif serait poursuivi par le cessionnaire. Comme nous l'avons dit, dès que le préjudice est causé par une marque à une autre et qu'il y a eu dépôt, la voie correctionnelle est ouverte à la partie lésée. C'est bien là en même temps, sauf une disposition égarée dans l'article 8, la limite de l'application de la loi de 1857, de telle sorte que le consommateur lésé le plus souvent aussi par l'usurpation de la marque, ne pourra cependant se porter partie civile en relevant seulement un des délits spéciaux prévus entre concurrents[2].

[1] Cr. r. 3 janvier 1878 (*Ann.* 78.207). Cet arrêt ne distingue d'ailleurs pas assez nettement les difficultés nées réellement de la concurrence délictueuse, et celles qui mettraient seulement en cause l'interprétation des conventions des parties. *V.* Paris, 21 avril 1877 (*Ann.* 77.99).

[2] L'exposé des motifs indique et justifie parfaitement la portée de la loi sur les marques. Elle ne protége et ne doit protéger l'acheteur qu'indirectement ; elle ne saurait, sans danger, lui reconnaître un droit d'action propre, dans tous les cas où il a été trompé sur la provenance de l'objet acheté. Nous citerons les raisons données en 1857 et restées décisives (*V.* d'ailleurs Appendice II.) : « Fallait-il aller plus loin dans la protection du public, et prévoir les abus auxquels peut se prêter le droit de marque au détriment non plus des fabricants ou commerçants, mais des consommateurs ? Fallait-il profiter de l'occasion pour édicter des dispositions nouvelles contre les tromperies dont le public peut être victime par le moyen des marques ? On ne l'a point pensé. Sauf une seule disposition (art. 8), dont il sera parlé ultérieurement, à l'occasion du titre III, on a écarté soigneusement du projet toute disposition qui ne tendrait pas directement au but indiqué plus haut, de faire de la marque une véritable propriété, et de lui donner de sérieuses garanties. La loi, comme on le verra tout à l'heure, n'a voulu appliquer le bénéfice de ses dispositions protectrices qu'à la marque déposée ; c'est à celle-là seulement qu'elle entend accorder certains avantages, certains priviléges. Mais si vous vous placez au point de vue de l'intérêt des consommateurs, des tromperies dont ils peuvent être les victimes par le moyen des marques, la distinction essentielle et fondamentale des marques déposées et de celles qui ne le sont pas disparaît, car la tromperie est la même et a la même conséquence pour le public, soit qu'elle se pratique par une marque déposée, soit qu'elle s'exerce par une

101. Le délit peut être établi par tous les moyens de preuve. Le ministère public procèdera suivant les formes déterminées par le code d'instruction criminelle. La partie civile peut assurer la constatation par une description authentique, avec ou sans saisie, de la marque incriminée. L'art. 17 porte : « Le propriétaire d'une marque peut faire procéder par tous huissiers à la description détaillée, avec ou sans saisie, des produits qu'il prétend marqués à son préjudice en contravention aux dispositions de la présente loi, en vertu d'une ordonnance du président du tribunal civil de première instance, ou du juge de paix à défaut de tribunal dans le lieu où se trouvent les produits à décrire ou saisir. — L'ordonnance est rendue sur simple requête et sur la présentation du procès-verbal constatant le dépôt de la marque. Elle contient, s'il y a lieu, la nomination d'un expert pour aider l'huissier dans sa description. — Lorsque la saisie est requise, le juge peut exiger du requérant un cautionnement qu'il est tenu de consigner avant de faire procéder à la saisie. — Il est laissé copie aux détenteurs des objets décrits ou saisis, de l'ordonnance ou de l'acte constatant le dépôt du cautionnement, le cas échéant, le tout à peine de nullité et de dommages-intérêts contre l'huissier. »

102. Ainsi, pour procéder à une constatation de ce genre, il faut la permission du juge. Le président du tribunal civil est toujours compétent ; pour plus de célérité, en dehors du chef-lieu d'arrondissement, on peut recourir au juge de paix,

marque non déposée. Ici donc, et au point de vue de la tromperie pratiquée envers le public, il vous faudrait confondre ce qu'ailleurs, dans un autre point de vue, vous êtes obligé de distinguer soigneusement, vous seriez conduit à altérer sensiblement la simplicité et la clarté de la loi. Il y a plus : une fois dans cette voie, vous devez aller plus loin. Si vous prévoyez les tromperies pratiquées par le moyen des marques déposées ou non déposées, la force des choses vous oblige à prévoir également les tromperies qui s'exercent par des moyens très-voisins de ceux-là : l'annonce, le prospectus, l'artifice des indications de l'étalage, etc. Eh bien! il faut le dire, tout cela n'est peut-être pas du domaine de la loi pénale. Le public ne doit pas être constamment traité comme un mineur, et là où il peut faire ses affaires lui-même, où il peut se défendre contre le charlatanisme et contre la tromperie par un peu d'attention et de vigilance, il n'est pas toujours nécessaire et il n'est pas toujours prudent de mettre à son service la loi pénale et le ministère public. »

à qui la loi de 1844 n'accorde pas au contraire de compétence. Le juge a tout pouvoir; il peut autoriser la description seule, puisqu'il peut ne répondre à la requête que si on n'y demande pas la saisie ; il peut, dans tous les cas, n'autoriser la saisie requise, qu'en exigeant le dépôt d'un cautionnement; le cautionnement n'est d'ailleurs pas ici obligatoire, comme il l'est en matière de brevets, pour l'étranger saisissant. Le pouvoir discrétionnaire permet peut-être de désigner l'huissier ou l'expert, ce dernier assez inutile ici; il ne va pas jusqu'à légitimer une ordonnance qui, abdiquant entièrement tout contrôle, autoriserait la saisie en tout temps et en tout lieu; sans exiger une détermination absolue, il faut que la partie ne puisse se substituer complètement au juge pour apprécier l'opportunité et la nécessité d'une mesure de rigueur. L'ordonnance du magistrat, rendue sur requête, semble bien d'ailleurs un acte de la juridiction gracieuse, sans appel, sauf un référé ultérieur, provoqué par le saisi, la seconde ordonnance devenant alors un acte de la juridiction contentieuse, soumis à l'appel[1]. La loi suppose que la description, avec ou sans saisie porte sur les produits marqués; ce peut être simplement sur les marques, étiquettes, vignettes, non encore apposées, et aussi sur les « instruments et ustensiles ayant servi spécialement à commettre le délit » présumé, lesquels peuvent être confisqués (article 14) et servent de preuve.

103. La constatation autorisée et faite, comme elle n'a dû intervenir qu'en connaissance de cause, il faut agir, et engager l'instance dont on a voulu le préliminaire. Le requérant doit se pourvoir « dans le délai de quinzaine outre un jour par cinq myriamètres de distance entre le lieu où se trouvent les objets décrits ou saisis, et le domicile de la partie contre laquelle l'action doit être dirigée » (article 18). Passé ce délai la description ou saisie est nulle de plein droit, et le tribunal qui déclarera la nullité pourra accorder des dommages-intérêts, s'il y a lieu, à la partie saisie.

[1] Bertin, *Ordonnances sur requête* (2 vol. in-8°, 1877). — En matière de brevets, Req. 16 mai 1860 (*Ann.* 60.240); *contra* Civ. r. 13 août 1862 (*Ann.* 62.337).

104. Quant au procès correctionnel, porté devant le tribunal compétent suivant l'article 63, C. instr. crim., il est régi par les règles ordinaires. Le tribunal qui connaît du délit a plein pouvoir pour apprécier à ce point de vue toutes les questions que le débat fait naître ; on concevrait mal, d'après le droit commun, qu'il y en eût de préjudicielles, donnant lieu à un renvoi, et l'on est d'ailleurs ici, comme en matière de brevets, en présence d'une disposition formelle. L'article 16 porte : « En cas d'action intentée par la voie correctionnelle, si le prévenu soulève pour sa défense des questions relatives à la propriété de la marque, le tribunal de police correctionnelle statue sur l'exception [1] ». Ainsi, et dans des termes plus généraux que ceux du texte, le débat peut s'étendre à toutes les questions relatives au dépôt, à l'usage antérieur ou exclusif, aux conventions sur l'emploi de la marque, comme à la ressemblance des marques, à la bonne foi ; elles y peuvent toutes être examinées, pour motiver la condamnation ou l'acquittement, et aussi les mesures et réparations permises en cas d'acquittement (article 14). Mais le tribunal n'a pouvoir que pour disposer sur les faits incriminés, et sur leur qualification correctionnelle, en vue de l'application de la peine. Sur les exceptions, il ne statue pas proprement comme sur l'objet du litige, et sa décision ne saurait recevoir en ces différents points l'autorité de la chose jugée. Le prévenu ne peut demander rien autre que des dommages-intérêts, la publication peut-être de son acquittement ; il ne peut solliciter en sa faveur un jugement sur le principe des droits qu'il invoque pour sa défense. Quant à celui qui poursuit, il ne demande qu'une condamnation particulière aux faits déférés à la justice ; il ne peut obtenir ou subir une déclaration applicable à tous faits postérieurs nouveaux, ayant le même auteur, mais distincts par leur date, et que la juridiction répressive n'a pu frapper ou innocenter d'avance. En un mot, en dehors des faits compris dans la poursuite pour être qualifiés et frappés d'après la loi pénale, il n'y a pas véritablement de jugement. Si un délit

[1] *Cfr.* L. 5 juillet 1844, art. 46. — V. Cr. r. 26 juillet 1873 (*Ann.* 77.228).

semblable succède au premier, le procès sera nouveau[1]. Le débat restera toujours ouvert et libre sur les questions de droit déjà soulevées; elles ne pourraient être définitivement tranchées entre les parties que par le tribunal civil[2]. Même quand l'usurpation continue, sans se transformer, les faits à atteindre ne sont pas moins visés comme nouveaux, plus exactement comme distincts dans le temps : cela suffit pour que le procès au correctionnel diffère des précédents, et que les difficultés s'y retrouvent entières, sauf celles tranchées par la chose jugée en principe, et non incidemment, au civil.

105. On aperçoit ainsi que les délits prévus par la loi de 1857 doivent être compris comme des délits successifs, non continus; plus clairement, chaque fait incriminé, fabrication de marque, apposition ou vente, est un délit ; il n'y a pas une infraction qui commence au premier fait et durerait jusqu'au dernier. Il en résulte que la prescription de trois ans (art. 638, C. inst. crim.) efface absolument tous faits d'usurpation antérieurs aux trois années qui ont précédé les poursuites, non-seulement au point de vue de l'action publique et pour la condamnation aux peines, mais aussi à l'égard de toute demande de réparations civiles. Quant à la prescription de la

[1] La qualification erronée peut d'ailleurs être redressée sans cassation, si le jugement reste légal (art. 411, 414, C. instr. crim.). Cr. r. 19 mars 1869 (*Ann.* 70.179). — Quand à l'incrimination formulée par la partie civile ou le ministère public, elle détermine l'objet du litige, et définit la cause de l'action. Il peut y avoir demande nouvelle quand le même fait poursuivi comme usurpation de marque est incriminé à nouveau comme usurpation de nom propre; Cr. r. 8 décembre 1876 (*Ann.* 78.271). La contrefaçon est un délit différent de l'imitation, au moins en principe : *Cfr.* Cr. r. 3 mai 1867 (*Ann.* 67.293). Certainement le délit de tromperie reste distinct, dans les mêmes faits, du délit de contrefaçon ; Cr. r. 26 juillet 1873 (*Ann.* 77.211); Cr. r. 23 mai 1874 (*Ann.* 74.153). — V. *infra*, n°s 109 et 110.

[2] La jurisprudence semble constante, malgré un premier arrêt rendu en matière de brevets. Cr. r. 17 avril 1857 (*Ann.* 57.137). — Chaque poursuite au criminel donne lieu à un nouvel examen des moyens de défense, dès que les faits incriminés sont postérieurs à une première décision; Cr. c. 22 février 1862 (*Ann.* 62.81), et surtout Cr. r. 26 avril 1872 (*Ann.* 71-72. 257). — La décision sur les moyens de défense, rendue au criminel, n'a pas l'autorité de la chose jugée, dans un procès où les mêmes questions de droit sont soulevées entre les mêmes parties au civil; Civ. c. 29 avril 1857 (*Ann.* 57.129); Civ. r. 21 février 1859 (*Ann.* 59.103). — Au contraire la décision rendue au civil sur les questions de droit à la marque a l'autorité de la chose jugée entre les mêmes parties dans un second procès civil ou correctionnel. V. *infra*, n° 109.

peine, le droit commun s'applique, et le délai est de cinq ans (art. 636, C. instr. crim.)

106. D'autres questions peuvent naître au grand criminel, s'il y a contrefaçon à la fois de la marque privée et de la marque publique. L'article 7 de la loi du 26 novembre 1873 porte : « Le timbre ou poinçon de l'Etat, apposé sur une marque de fabrique, fait partie intégrante de cette marque. A défaut par l'Etat de poursuivre en France ou à l'étranger, la contrefaçon ou la falsification des dits timbres ou poinçons, la poursuite pourra être exercée par le propriétaire de la marque ». Sans nous arrêter à cette rédaction assez bizarre, il est évident que devant la Cour d'assises, le propriétaire de la marque pourra seulement se porter partie civile; le jury aura à se prononcer sur les questions relatives à la marque, si la culpabilité est reconnue quant au timbre ou poinçon, et la Cour d'assises, outre la peine du crime, prononcera sur les réparations civiles dues pour le délit. S'il y a acquittement sur l'inculpation criminelle, la Cour d'assises est dessaisie; mais le délit reste absolument distinct, et l'inculpation nouvelle, reposant sur un autre fait, comportera toutes poursuites nouvelles, au correctionnel ou au civil. La Cour d'assises ne pourrait même pas, en acquittant, statuer sur la confiscation des produits dont la marque serait reconnue contraire aux dispositions de la loi de 1857; le tribunal correctionnel a seul reçu ce pouvoir exceptionnel.

IV.

ACTION PORTÉE DEVANT LE TRIBUNAL CIVIL.

107. Nous avons supposé jusqu'ici que les infractions à la loi sur les marques étaient déférées au juge correctionnel. Le propriétaire de la marque peut, d'après cette loi, se contenter de revendiquer, comme parle l'art. 2, et, d'après le droit commun, tout en se plaignant du délit, ne pas porter sa demande de réparations civiles devant la juridiction répressive. Nous n'avons pas besoin de répéter que l'action, ici, suppose toujours le dépôt, et aussi une atteinte portée à la marque au moyen d'une marque, non une concurrence quelconque visant à déprécier ou à contester la marque, sans l'usurper proprement et se l'attribuer sur des produits. Il vaut la peine d'indiquer cette distinction, parce qu'assez arbitrairement, comme en matière de brevets, mais avec moins de raison encore, le législateur a donné compétence au tribunal civil pour « les actions civiles relatives aux marques » (L. du 23 juin 1857, art. 16). Il eût été plus simple et plus logique, comme faisait le projet du gouvernement, bien que l'action naisse d'une usurpation souvent délictueuse, de laisser prononcer le juge commercial sur des questions commerciales, où il n'y a de la propriété que le mot ; quant aux agriculteurs qui emploient une marque (art. 20), sans faire acte de commerce, ils auraient continué à ne pas relever de la juridiction consulaire ; malgré les objections du rapporteur[1], il est certain que l'application

[1] Le rapporteur disait, sur ce point : « La marque de fabrique ou de commerce est une propriété ; c'est donc aux tribunaux chargés d'apprécier les questions de propriété qu'il faut attribuer ces litiges. Les difficultés relatives aux brevets d'invention sont soumises aux tribunaux civils par la loi du 5 juillet 1844, dont l'expérience a justifié les dispositions sur ce point. Pourquoi, d'ailleurs, ne pas rendre ces tribunaux uniformément compétents pour les marques ? Sinon, il serait loisible au plaignant, en engageant l'action correctionnelle, de porter, à son gré, l'affaire devant les juges civils ou les juges de commerce. Ce serait à coup sûr une disposition législative fort critiquable, celle qui commettrait à une partie la faculté de choisir la juridiction et de décider la compétence. La détermination de la juridiction commerciale n'eût pas été sans inconvénients : l'art. 20 de la loi en étend l'application aux produits de l'agriculture ; on eût donc soumis à la juridiction exceptionnelle des tribunaux de commerce, et peut-être à ses sanctions rigoureuses, des personnes qui jamais n'ont fait ni ne veulent faire le commerce. Enfin, dans un grand nombre d'arrondissements, les tribunaux civils jugent les affaires commerciales. Nous n'avons donc vu, avec ces raisons de principes, que des avantages considérables à leur confier une mission dont l'accomplissement et le succès nous sont présagés par l'expérience de la loi sur les brevets d'invention. » — La compétence des tribunaux civils était édictée par le projet du Gouvernement en Belgique ; mais la commission de la Chambre des Représentants a réussi à faire maintenir le droit commun. M. Demeur, rapporteur, justifiait en termes décisifs l'opinion que le vote a consacrée : « Les questions relatives à la propriété des marques de fabrique ou

du droit commun eût été plus juridique et plus nette. En présence de la disposition adoptée, les tribunaux de commerce ne restent compétents sur la concurrence déloyale, que si l'action ne relève pas le fait matériel constitutif de l'un des délits définis par la loi spéciale, ou si tout au moins elle ne le prend pas comme fondement principal.

108. Le propriétaire de la marque qui choisit la voie civile peut constater l'usurpation en se faisant autoriser à saisir. L'action est jugée comme matière sommaire (art. 16), et, certainement en cas de saisie, dispensée du préliminaire de conciliation. Avant 1857, les conseils de prud'hommes, arbitres de la différence entre les marques, devaient être consultés par le tribunal de commerce (d[t] du 11 juin 1809, art. 6), de même qu'ils prononçaient directement comme juges des contrefaçons de marques pour la quincaillerie et la coutellerie (d[t] du 5 septembre 1810, art. 9). Le projet de loi de 1845 leur conservait cette attribution consultative, qui n'a pas été maintenue par la loi actuelle. Il est procédé suivant les règles ordinaires. Le tribunal civil, comme le tribunal correctionnel en cas d'acquittement, doit prescrire la destruction des marques reconnues illicites, et peut prononcer la confiscation des produits marqués avec ou sans remise au poursuivant ; ce ne sont pas là des peines, supposant la culpabilité [1]. Les réparations civiles seront accordées comme au correctionnel, dommages-intérêts, et, en vertu de l'article 1036, C. pr. civ., publicité de la décision. Le propriétaire lésé trouvera donc par cette voie les mêmes satisfactions.

de commerce, à leur contrefaçon, à l'étendue du dommage que celle-ci peut engendrer, sont en quelque sorte, par essence, des questions commerciales. Si l'on devait restreindre la compétence des tribunaux de commerce, ces questions sont les dernières dont il faudrait leur enlever la connaissance. » — En Allemagne, les affaires relatives aux marques sont aussi considérées comme commerciales (loi du 30 novembre 1874, art. 19, *loc. cit.*, p. 116 et note 1).

[1] Le tribunal civil ne peut en effet avoir des pouvoirs moindres que ceux réservés au tribunal correctionnel en cas d'acquittement (*supra*, n° 93). L'art. 14 permet ainsi la confiscation et la remise des produits, dès que la loi sur les marques est invoquée. Ce sont des mesures qu'aucun texte, au contraire, ne nous a paru autoriser au cas de concurrence déloyale (*supra*, n° 39).

109. Il les aura plus sûrement ; la poursuite correctionnelle est sans doute plus rapide et plus exemplaire, aussi moins coûteuse ; mais l'audition des témoins à l'audience offre moins de garanties que l'enquête civile, la défense tirée de la bonne foi peut influer même sur les conséquences de l'acquittement, le partage des voix profitant d'ailleurs au prévenu. La sûreté de la voie civile apparaît surtout en ceci qu'elle conduit à une décision complète et définitive. Le jugement rendu sur le droit exclusif à la marque, objet de conclusions formelles et d'un débat spécial, prononce entre les parties avec une autorité générale, qui s'imposera dans toute appréciation nouvelle des faits postérieurs soit identiques, soit partiellement nouveaux[1]. Ce n'est pas à dire que les faits qui succèderaient aux premiers, visés par la demande, se trouveraient d'avance jugés. Mais il aura été prononcé sur le droit, sauf les circonstances particulières qui interviendraient et seraient examinées ultérieurement[2]. La légitimité reconnue de la marque revendiquée, l'interdiction faite au concurrent de l'usurper, repoussent une fois pour toutes les moyens de défense tirés du fond du droit qui viendraient à être opposés dans la suite, soit au civil, soit au correctionnel.

110. On a déjà indiqué que les règles relatives à la prescription de l'action (art. 637, 638, C. inst. crim.) limitent même au civil, les réparations au préjudice éprouvé pendant les trois années qui ont précédé la revendication, et ne permettent pas de relever les faits antérieurs définitivement couverts.

111. On ne peut douter d'ailleurs que l'action, repoussée comme revendication ou prescrite comme se rattachant à l'usurpation délictueuse, ne conserve toute sa force, si elle est reprise comme fondée sur la concurrence déloyale[3]. Par exemple, si le dépôt est jugé irrégulier, ou si l'imitation n'est

[1] *Cfr.* en matière de brevets, Cr. r. 8 août 1857 (*Ann.* 57.263).

[2] *Cfr.* Req. 1er juin 1871 (*Ann.* 71.213).

[3] Il a été jugé, en ce sens, que, dans un procès engagé par une action en contrefaçon, des conclusions prises pour la première fois en appel sur la concurrence déloyale constituent une demande nouvelle. Req. 30 décembre 1874 (*Ann.* 75.311).

pas déclarée de nature à entraîner la confusion, et que le demandeur n'ait pas formulé subsidiairement une réclamation de dommages-intérêts fondée sur l'art. 1382 C. civ. seulement, ou pris des conclusions pour que des différences plus sensibles introduites dans la marque le prémunissent contre la concurrence, il n'y aura pas contre lui chose jugée par la perte de son procès au civil, et il pourra porter devant le tribunal de commerce sa nouvelle action, fondée matériellement sur quelques-uns des faits déjà appréciés au point de vue de la contrefaçon, mais juridiquement sur une autre cause, puisque le délit ou le quasi délit civil de concurrence n'est pas régi par les règles spéciales aux marques. Soit donc de prime abord, soit même après avoir fait juger une question relative à la marque emblématique, on pourra poursuivre le concurrent devant le tribunal de commerce, si l'on peut alléguer non simplement une contrefaçon, mais un ensemble de manœuvres destinées à donner lieu aux méprises. Hâtons-nous d'ajouter qu'en réalité, le plus souvent, l'action aura pour but de revendiquer soit un nom propre, soit une désignation de produit. Alors, sur le droit à se servir de ces noms, s'ils composent essentiellement la marque, l'action une fois portée devant le tribunal civil lui aura soumis tout le litige, et l'on se heurterait dorénavant à la chose jugée[1]. Il sera donc plus sûr dès le principe, au lieu de revendiquer une marque, d'agir en concurrence déloyale, devant le tribunal de commerce, qui appréciera l'ensemble des faits, et sera compétent, dès qu'on lui dénonce une concurrence complexe, et non simplement sous une forme déguisée une infraction à la loi sur les marques[2]. On se rappelle d'ailleurs que, si la marque est purement nominale, il nous a paru que le tribunal de commerce était compétent d'après le droit commun auquel la loi de 1824 ne déroge pas.

[1] La question de savoir si la demande est nouvelle, soit au point de vue de la recevabilité en appel, soit au point de vue de la chose jugée, dépend forcément, en fait, des termes dans lesquels les conclusions ont été formulées, et du texte des décisions intervenues. Les solutions de principe, spécialement ici, ne comportent donc pas une rigueur absolue.

[2] *Cfr.* d'ailleurs. Civ. r. 23 mars 1864 (*Ann.* 64.340).

CHAPITRE IV

DES ÉTRANGERS

112. Dans les règles jusqu'ici exposées il n'a été question que du marché, des commerçants et industriels français. Il faut examiner quels principes régissent, d'après notre droit, la concurrence dirigée contre l'étranger ou émanée de l'étranger.

113. I. — Et d'abord, quels sont les droits des étrangers en France contre la concurrence déloyale, ou, quant à leurs noms et marques, contre la concurrence délictueuse? On peut, en théorie, considérer le traitement sur le pied d'égalité comme un idéal que le droit international réalisera facilement, et notre législation aura singulièrement contribué à ce progrès sans qu'elle ait dû cependant le devancer[1]. Il se trouve

[1] Un grand pas sera fait dans cette voie, quand l'œuvre du Congrès international de la propriété industrielle, réuni à Paris pendant l'Exposition de 1878, aura abouti. Le Congrès s'est proposé, avec raison, tout à la fois d'indiquer les dispositions essentielles qui, partout adoptées, donneraient dans les lois un minimum d'unité suffisant, et en même temps de déterminer pour les conventions à intervenir les clauses principales qui pourraient corriger ou concilier les différences de législations. Il ne s'est pas contenté de discuter et de voter (séances du 4 au 17 septembre 1878) sur les questions théoriques de son programme, qui ont été l'objet de deux rapports et de plusieurs monographies fort instructifs. Il s'est perpétué dans une commission permanente afin d'arrêter un projet d'union internationale pour la protection de la

qu'après de longues controverses, où la jurisprudence a très-sagement préparé les solutions admises ensuite par le législateur, la question est aujourd'hui tranchée assez nettement, sauf quelques doutes ou quelques disparates.

114. Avant les lois de 1857 et de 1873 on ne se trouvait en présence d'aucun texte spécial. Il y avait seulement lieu d'appliquer l'art. 11, C. civ. : « L'étranger jouira en France des mêmes droits civils que ceux qui sont ou seront accordés aux Français par les traités de la nation à laquelle cet étranger appartiendra. » La question générale résolue de savoir si l'étranger jouit en vertu de ce texte de tous les droits non expressément refusés ou seulement des droits formellement accordés, ou s'il n'a pas plutôt, ainsi qu'on doit le penser [1], tous les droits que la loi ne lui accorde ni ne lui refuse, dès que ce sont des droits naturels, restait à se demander si nos règles sur la concurrence déloyale ou délictueuse étaient des règles de droit naturel. Or, à ce point de vue, la protection accordée aux marques ne donne qu'un droit spécial soumis à des conditions propres dépendant de la législation positive ; pour les noms même, dès qu'il s'agit de leur emploi purement commercial, de leur apposition sur les produits, malgré quelques doutes, ne fallait-il pas les regarder comme garantis chez nous par des dispositions qui dépassent la portée du droit des gens ? On décidait donc avec raison que ni la loi de 1824, ni les lois ou décrets spéciaux aux marques ne comportaient une protection étendue directement ou indirectement aux étrangers, et que, dès lors, même comme principe d'indemnité, les règles consacrées ou créées dans ces textes ne pouvaient être invoquées par un autre qu'un Français, ou un étranger autorisé à établir son domicile en France (art. 13, C. civ.) [2].

propriété industrielle. La section française, en qualité de comité exécutif, a élaboré le texte des dispositions ou clauses qui devraient être recommandées à une conférence internationale officielle.

[1] Aubry et Rau, § 78, 4e édition, tom. 1er, p. 288 et suiv.

[2] La jurisprudence de la Cour de Cassation était établie en ce sens avant les lois nouvelles. En matière de noms : Civ. c. 14 août 1844 (S. 44. 1. 757) ; Cass. ch. réun. 12 juillet 1848 (S. 48. 1. 417), le rapport en sens contraire de M. le conseiller

115. La question est restée entière quand on suppose aujourd'hui un étranger invoquant simplement les dispositions du Code civil, art. 1382 et 1383, sans pouvoir se prévaloir d'aucune réciprocité. Une demande simple en dommages-intérêts, en dehors de toute prévention formelle à un droit sur un nom ou une marque, ne saurait être repoussée juridiquement, parce qu'aucun principe ne légitime la faute ou l'imprudence commise à l'égard d'un étranger. Mais, en fait, une demande ainsi formulée se conçoit mal ; la lésion invoquée, ce sera toujours l'atteinte portée au nom ou à la marque, et cette atteinte portée ne pourrait donner lieu à une réparation, si elle n'est illégitime, si elle viole un véritable droit [1]. La faculté d'agir en concurrence déloyale n'est ainsi que théorique, pour des cas improbables, et elle ne doit être notée que pour mémoire, afin d'écarter la doctrine trop absolue du droit de guerre entre concurrents de nations différentes. Dès qu'il faudra statuer sur une marque ou sur un nom, ne fût-ce qu'au point de vue de simples dommages-intérêts, les tribunaux, même commerciaux, devront appliquer les lois spéciales, dont le bénéfice ne peut être arbitrairement par un détour trop visible, étendu à des personnes qu'elles excluent formellement.

116. Si c'est, en effet, la protection du nom qui est réclamée par le commerçant étranger, il ne peut invoquer la loi du 28 juillet 1824, ni au civil, ni au correctionnel, parce que c'est une loi spéciale, nullement inspirée du droit des gens, et se rattachant en réalité à la réglementation nationale des marques. Le législateur lui-même a consacré aujourd'hui le système constamment admis par la jurisprudence. La loi du 26 novembre 1873 se termine par un article ajouté incidemment au cours de la discussion en séance, et qui porte : art. 9.

Rocher, et les conclusions conformes de M. le procureur général Dupin. La résistance des Cours d'appel de Paris et de Rouen était soutenue par la majorité des auteurs (Massé, *Revue de législation*, 1844, III, p. 285 ; Ballot, *Revue de Droit français et étranger*, 1845, II, p. 561). En matière de marques, Civ. c. 16 novembre 1857 (S. 58, 1, 199).

[1] Aubry et Rau, *loc. cit.*, p. 308, note 67.

« Les dispositions des autres lois en vigueur touchant le » nom commercial, les marques, dessins ou modèles de fa» brique, seront appliquées au profit des étrangers, si dans » leur pays la législation ou des traités internationaux assu» rent aux Français les mêmes garanties. » Le bénéfice de la loi de 1824 ne saurait ainsi être étendu à l'étranger[1], que sous l'une de ces trois conditions : ou de l'autorisation d'établir son domicile en France, d'après le droit commun ; ou, d'après la loi nouvelle, de la réciprocité législative, ce qui est exceptionnel ; ou, d'après la loi nouvelle et le droit commun, de la réciprocité diplomatique.

117. Pour les marques proprement dites, comprenant les noms sous une forme distinctive, ou des signes emblématiques, la loi de 1873 elle-même, quant au contre-seing de l'Etat, n'est pas applicable au profit de l'étranger ; elle étend seulement les garanties de la loi de 1857, au cas, non-prévu encore, de la réciprocité législative. Dès 1857, la réciprocité diplomatique a été formellement exigée, et cela, par une disposition bizarre, non-seulement pour les étrangers, mais même pour les Français dont les établissements sont situés hors de France (L. du 23 juin 1857, art. 6.) ; le dépôt des marques étrangères a lieu au greffe du Tribunal de commerce de la Seine. En outre, sont assimilés aux nationaux, sans que, d'après le droit commun resté applicable aux noms, on exige l'autorisation de prendre domicile, les étrangers qui possèdent en France simplement des établissements d'industrie ou de commerce (L. du 23 juin 1857, art. 5), c'est-à-dire une fabrique ou une maison propre, non un dépôt chez un représentant. On a considéré avec raison qu'ils méritent cette faveur

[1] Ceci ne peut s'entendre évidemment que du fabricant étranger. La simple apposition d'un nom de ville étrangère reste sous l'empire du droit commun ; la loi de 1873, art. 3, ne parle que du nom commercial, ce qui ne s'applique pas au nom de lieu seul ; la loi de 1824 en elle-même ne peut être entendue comme protégeant les villes étrangères, les centres de production, sans existence légale hors de France. Si l'indication inexacte est propre à tromper l'acheteur sur la nature du produit, et non pas seulement sur la provenance plus ou moins authentique, il y aura lieu uniquement, sans délit de concurrence, à l'application de l'article 8, 2° et 3° de la loi de 1857.

pour le contingent apporté à l'activité et à la richesse nationales ; mais, en s'attachant ainsi au lieu de l'établissement, la logique ne forçait nullement d'assimiler à l'inverse aux étrangers les nationaux établis hors de France, alors surtout qu'il s'agit des marques de commerce comme des marques de fabrique[1]. Ainsi, d'une part, les Français établis à l'étranger se verront assurer la garantie de leurs marques en France par un traité étranger ; d'autre part, les étrangers ayant un établissement en France seront régis entièrement dans le choix, la conservation et la protection de leurs marques par la loi française.

118. Dans l'application, le régime de la réciprocité peut donner lieu à quelques difficultés. Il n'est pas douteux que la loi française régit seule la procédure et la répression, ainsi que la formalité du dépôt[2]. Le traité devient d'ailleurs lui-même une disposition législative ou au moins réglementaire. Il serait à souhaiter, au jour où la dénonciation de tous les traités va en permettre le renouvellement, qu'ils fussent tous conclus d'après la même formule, et rendus définitifs comme convention séparée[3]. Il faut convenir d'ailleurs que les termes de cette formule, de même que la portée des formules existantes, ne sont pas toujours aisés à déterminer. On admettra facilement qu'en parlant des marques, comme dans notre traité avec l'Angleterre, on ait entendu protéger aussi les noms[4]. Mais il peut arriver, et l'on doit même désirer, que

[1] Une disposition analogue a été insérée dans la loi belge, après une discussion assez vive (séance du 23 janvier 1879, Chambre des représentants). La loi allemande statue de même (art. 20). — On peut noter en outre que notre Code pénal, art. 418, punit également la révélation de secrets de fabrique, qu'ils aient été communiqués à des étrangers ou à des Français résidant à l'étranger.

[2] C'est ce qu'indiquent la plupart des traités par cette formule : *Les sujets de l'une des hautes parties contractantes jouiront dans les Etats de l'autre de la même protection que les nationaux...*

[3] C'est là un des vœux émis dans le projet d'union dont nous avons parlé. Il y est demandé en outre une publicité organisée, l'assimilation du nom à la marque sans la condition du dépôt, et pour les marques le dépôt admis sans examen dès qu'il a eu lieu dans le pays d'origine.

[4] La jurisprudence est constante Cr. r. 27 mai 1870 (*Ann.* 70. 188) ; Cr. r. 18 novembre 1876 (*Ann.* 76. 305). (S. 78. 1. 89 et les notes). — Le traité du 30 janvier 1860, intervenu entre la France et l'Angleterre, porte, art. 12 : « Les sujets d'une

la protection ne soit promise, pour les marques au moins, que sous la condition du dépôt[1], exigée pour toute action même en concurrence déloyale[1]. Les questions les plus importantes à trancher et qui peuvent l'être d'après les principes, sans que les conventions en parlent, sont celles relatives aux éléments de la marque, à la durée du droit, s'il dépend absolument du dépôt, et à la nouveauté de la marque. Sur le premier point, les lois de tous les pays deviennent uniformes. Il reste pourtant des divergences, et la loi allemande du 30 novembre 1874, art. 3, par exemple, n'admet pas une marque consistant seulement en chiffres, lettres, ou mots, ou contenant des armes publiques : une marque allemande, ainsi composée, ne pourrait être garantie en France, comme acquise en Allemagne par l'enregistrement; seulement, il serait licite de l'adopter comme destinée à l'importation en France, et de la déposer au greffe du tribunal de commerce de la Seine, puisque la loi de 1857 (art. 6) étend formellement le bénéfice de toutes ses dispositions aux étrangers protégés par un traité[2]. Sur le second point, il faut et il suffit que le dépôt soit renouvelé en France tous les quinze ans[3]. Quant à la nouveauté de la mar-

des hautes parties contractantes jouiront dans les États de l'autre de la même protection que les nationaux pour tout ce qui concerne la propriété des marques de commerce et des dessins de fabrique de toute espèce. » La Cour de cassation a jugé, par une interprétation large, que cette clause établissait la réciprocité pour les noms comme pour les marques. — L'arrêt du 18 nov. 1876 indique de plus très-bien que le traité à consulter est celui du pays où l'établissement est situé, et non le traité du pays auquel appartient le propriétaire du nom ou de la marque.

[1] Dès qu'un traité impose l'obligation du dépôt en France, l'étranger qui n'a pas déposé ne serait pas recevable à agir en concurrence déloyale. Sa condition ne peut être, sous ce rapport, la même que celle d'une personne ayant son établissement en France.

[2] On a considéré cependant, comme plus simple, dans un grand nombre de déclarations récentes, de stipuler que la marque serait appréciée uniquement d'après la loi du pays d'origine (Conventions avec la Russie, 1er avril-20 mars 1874, art. 19 (*Ann.* 74.223) ; avec la Belgique, 7 février 1874 (*Ann.* 74.81) ; avec l'Italie, 10 juin 1874 (*Ann.* 74.227) ; avec l'Espagne, 30 juin 1876 (*Ann.* 76.193). La jurisprudence allemande a même décidé que l'enregistrement en Allemagne d'une marque étrangère composée de lettres seulement ne pouvait être refusé (Cour d'appel de Leipsig, 16 avril 1878, *Ann.* 78.216). On peut être conduit à ne consulter que la loi du pays d'origine, si l'on n'admet le dépôt en France que précédé d'un dépôt à l'étranger. La question se confondra d'ailleurs le plus souvent avec celle relative à la nouveauté de la marque ; une marque composée de lettres seulement, en Allemagne, est une marque dans le domaine public ; par cela seul, elle ne pourra être protégée en France.

[3] La loi allemande, par son texte même (art. 20), ne protège la marque étrangère

que, c'est une condition essentielle, et, bien que les marchés soient distincts, la réciprocité diplomatique, aussitôt établie, ne permet plus de tenir compte des limites territoriales. La nouveauté sera donc toujours requise à la fois sur le marché français et sur le marché étranger[1]. Il en résulte que si, avant la convention assurant sans rétroactivité une protection égale à celle des nationaux, le domaine public s'est trouvé saisi dans le pays d'importation, le dommage est devenu irréparable. On a contesté, il est vrai, que le domaine public pût être saisi à l'encontre de l'étranger qui n'avait pas le droit d'agir. Mais quand l'usage a vulgarisé un nom ou une marque, c'est un fait acquis et la déchéance du propriétaire est définitive[2]. On remarquera seulement qu'aucun droit exclusif ne naîtrait alors au profit d'un national ; car, si l'étranger ne pouvait poursuivre, tout le monde en France pouvait employer sa marque, et personne, se la réserver[3].

que pendant le temps où elle est protégée dans le pays d'origine. — D'après la convention passée le 16 avril 1869 entre la France et les États-Unis (*Ann.* 69.237), « le droit exclusif d'exploiter une marque de fabrique ne peut avoir, au profit des citoyens des États-Unis en France, ou des Français sur le territoire des États-Unis, une durée plus longue que celle fixée par la loi du pays à l'égard des nationaux. » La même disposition existe dans le traité conclu avec l'Autriche le 11 décembre 1866 (*Ann.* 67.5). Bien que le sens de ces clauses ne soit pas très-net, il nous paraît être conforme à notre décision de principe et contraire à la solution adoptée dans la loi allemande.

[1] La nouveauté dans le pays d'origine est requise d'abord par les déclarations qui exigent qu'on consulte la loi du pays d'origine. Elle est ensuite formellement exigée par les traités conclus avec les États-Unis et avec l'Autriche ; le premier de ces traités dit que « si la marque de fabrique appartient au domaine public dans le pays d'origine, elle ne peut être l'objet d'une jouissance exclusive dans l'autre pays. » En l'absence de clause précise, la solution de principe reste la même. Cr. r. 21 mai 1874 (*Ann.* 1876 : 157) ; *cfr.* Req. 6 janvier 1873 (*Ann.* 75.115), Cr. r. 18 novembre 1876 (*Ann.* 76.303). — La nouveauté dans le pays d'importation est nécessairement exigée. Le traité de commerce qui régit nos rapports avec l'Allemagne s'en est expliqué formellement, quoique en termes obscurs. Il porte : « Il n'y a lieu à aucune poursuite à raison de l'emploi dans l'un des deux pays des marques de fabrique de l'autre, lorsque la création de ces marques dans le pays de provenance des produits remontera à une époque antérieure à l'appropriation de ces marques par dépôt ou autrement dans le pays d'importation. » (*Ann.* 65.171, 71-72.161, 71-72.290, 73.360). Cela veut bien dire évidemment que la nouveauté est requise à la fois dans les deux pays.

[2] La jurisprudence paraît définitive : Cr. r. 30 avril 1864 (*Ann.* 64.197), malgré les conclusions contraires de M. l'avocat général Bédarrides ; Cr. r. 4 février 1865 (*Ann.* 65.81). La Cour de cassation belge s'est prononcée en sens inverse (20 juin 1865. *Ann.* 66.127).

[3] Le cas s'est présenté où un fabricant français avait déposé des marques étran-

119. Quant à la réciprocité législative que la loi du 26 novembre 1873 a cru devoir prendre en considération, elle suppléerait à l'absence assez rare de traités diplomatiques. Elle les remplacerait même avantageusement, si elle venait à être partout établie en même temps qu'une certaine concordance des législations, particulièrement sur les règles relatives aux éléments de la marque et au dépôt[1]. Elle ne présente d'ailleurs aujourd'hui, dans l'application, aucune difficulté spéciale qui ne puisse se résoudre d'après ce qui vient d'être dit.

120. II. — En même temps qu'on admettait l'étranger au bénéfice de la loi française, on a dû protéger nos nationaux contre la concurrence déloyale de l'étranger. C'est avant tout l'œuvre des traités, dont la mise à exécution devant les tribunaux étrangers ne peut nous occuper ici[2]. Mais, au point de vue de la juridiction française, il faut rendre compte de quelques dispositions spéciales adoptées en 1873, ou en 1857.

121. Quand la contrefaçon d'une marque française a été commise à l'étranger, le délit peut exceptionnellement être puni en France, si l'auteur du délit est Français, et que le fait soit puni par la législation du pays où il a été commis (art. 5. C. instr. crim., modifié par la loi du 27 juin 1866). La loi du 26 novembre 1873 a été surtout imaginée pour faciliter une répression de ce genre[3]. En organisant le contre-seing de l'Etat

gères qu'il prétendait interdire à ses concurrents français. Paris, 26 mars 1822 (S. 22.2.56). — V. Merlin, Rép., v° Marque de fabrique, n° 3.

[1] D'après le projet, élaboré à la suite du Congrès de 1878, il serait demandé aux gouvernements étrangers de considérer comme marques tous signes quelconques, d'admettre le dépôt sans examen, avec un tarif modéré et uniforme, d'en organiser la publicité, de frapper pénalement la contrefaçon, de recevoir l'acheteur trompé comme partie civile, de forcer le débitant à déclarer l'origine des produits faussement marqués.

[2] Il existe en France, comme dans beaucoup d'autres pays, une Union des fabricants pour la protection internationale de la propriété artistique et industrielle, association reconnue comme établissement d'utilité publique. Elle a beaucoup contribué à l'œuvre du Congrès international.

[3] Le rapport présenté à l'Assemblée nationale contenait à cet égard des erreurs

sur les marques privées, elle a prévu un délit et un crime nouveaux, comme liés forcément à la contrefaçon commerciale. S'il y a usage illicite à l'étranger par un Français des étiquettes vraies, timbrées ou poinçonnées, le délit sera plus sûrement atteint, parce que l'usage illicite des marques d'Etat est puni dans tous les pays. Mais surtout, si le contrefacteur de la marque privée a contrefait ou falsifié le timbre public, il commet un crime : s'il est Français, il pourra être poursuivi et jugé en France, sans qu'il y ait lieu d'examiner aucunement la loi étrangère; s'il est étranger, le crime étant de ceux que prévoient l'art. 7 C. instr. crim. et les traités d'extradition, il pourra être frappé en vertu de l'art. 140 C. pén., qu'il soit arrêté en France, ou que son extradition soit obtenue [1].

122. Le délit commis à l'étranger peut d'ailleurs se trouver prolongé ou préparé en France. Il sera atteint facilement, soit qu'un fabricant français appose sur ses produits destinés à un correspondant étranger des marques fausses [2] ou prépare seulement ces marques [3], soit que le fabricant étranger envoie

qui ont été signalées par M. C. Lyon-Caen (*Revue critique de législation et de jurisprudence*, 1874). Le rapporteur n'avait pas tenu compte des modifications apportées en 1866 au texte du Code d'instruction criminelle qui est aujourd'hui ainsi conçu : art. 5. « Tout Français qui, hors du territoire de la France, s'est rendu coupable d'un crime puni par la loi française, peut être poursuivi et jugé en France. — Tout Français qui, hors du territoire de France, s'est rendu coupable d'un fait qualifié délit par la loi française, peut être poursuivi et jugé en France, si le fait est puni par la législation du pays où il a été commis... » — Art. 7. « Tout étranger qui, hors du territoire de la France, se sera rendu coupable, soit comme auteur, soit comme complice, d'un crime attentatoire à la sûreté de l'Etat, ou de contrefaçon du sceau de l'Etat, de monnaies nationales ayant cours, de papiers nationaux, de billets de banque autorisés par la loi, pourra être poursuivi et jugé d'après les dispositions des lois françaises, s'il est arrêté en France, ou si le gouvernement obtient son extradition. »

[1] Nous devons noter l'art. 5 de la loi du 26 novembre 1873 : art. 5. « Les consuls de France à l'étranger auront qualité pour dresser les procès-verbaux des usurpations de marques et les transmettre à l'autorité compétente. » — Le rapport disait à cet égard : « Votre commission a pensé qu'il fallait conférer à nos consuls le droit de dresser les procès-verbaux, destinés à figurer comme preuves devant notre justice répressive; trop souvent les abus commis par une exploitation peu scrupuleuse demeureraient sans cela impunis. Le ministre des affaires étrangères accepte cette nouvelle mission. » (Rapport supplémentaire.)

[2] Cr. r. 3 mai 1867 (*Ann.* 67.293).

[3] Trib. correct. du Havre, 11 janvier 1860 (*Ann.* 60.303).

à un correspondant français des produits faussement marqués ; dans les deux cas il y a un délit particulier commis en France, apposition, contrefaçon ou mise en vente, et l'étranger apparaîtra le plus souvent comme complice. Mais pour la dernière hypothèse, il se peut que le produit soit destiné seulement au transit ou à l'entrepôt, et que le commissionnaire lui fasse emprunter le territoire français sans le mettre en circulation sur le marché même. Malgré la fiction douanière, et en conformité avec une jurisprudence déjà établie par application de la loi sur les noms[1], on a voulu, en 1857, atteindre directement, par une disposition spéciale, la fraude ainsi pratiquée. L'art. 19 de la loi du 23 juin 1857 porte : « Tous les produits étrangers portant, soit la marque, soit le nom d'un fabricant résidant en France, soit l'indication du nom ou du lieu d'une fabrique française, sont prohibés à l'entrée et exclus du transit et de l'entrepôt, et peuvent être saisis, en quelque lieu que ce soit, soit à la diligence de l'administration des douanes, soit à la requête du ministère public ou de la partie lésée. » La loi ne crée pas ainsi de délit spécial, ce qu'elle eût pu faire en établissant une peine outre la confiscation des produits permise et la destruction des marques prescrite, conformément à l'article 14 auquel renvoie l'article 19. L'introduction en France du produit qu'on veut y écouler sera facilement la mise en vente prévue par l'art. 7 ou 8 de la loi de 1857, ou certainement, s'il y a un nom apposé, la mise en circulation frappée chez le simple commissionnaire par le texte exprès de la loi de 1824. Le transit peut bien également être puni d'après les termes de cette dernière loi[2]; au point de vue de la marque, il donnera lieu seulement à une saisie, mais le ministère public pourra toujours demander la destruction de la marque qui est obligatoire et la confiscation des produits qui est facultative. Le propriétaire du nom ou de la marque, s'il y a lieu, obtiendra la remise des produits facultative comme la confiscation, et tous dommages-intérêts. Il

[1] Cr. r. 7 déc. 1854 (*Dev.* 56.209).

[2] C'est ce que décidait l'arrêt précité du 7 déc. 1854, très-fortement motivé.

arrivera qu'il n'y ait aucun poursuivant, si le produit porte un nom de ville française, *Paris*, ou même *France* ; la marque sera toujours détruite, à la requête du ministère public, et la confiscation des objets saisis pourra être prononcée au profit du Trésor[1]. Le délai pour agir, dans tous les cas, à partir de la saisie, est de deux mois, au lieu de huit jours (art. 19). Aucune action ne serait d'ailleurs évidemment ouverte si le commerçant français se fait adresser, revêtus de sa marque, des produits fabriqués pour lui à l'étranger, à moins qu'il mît l'indication fausse d'une ville de fabrique française[2]. Il convient de remarquer qu'en vertu du texte formel de l'art. 19, dans le cas particulier prévu, le fabricant étranger simple résidant en France a les mêmes droits qu'un Français, que la saisie peut être autorisée pour constater une marque purement nominale, que la remise au propriétaire est permise comme la confiscation, et toutes deux facultatives : ce sont là autant de modifications apportées à la loi du 28 juillet 1824, qu'il eût mieux valu refondre en entier dans la loi sur les marques[3].

[1] Rouen, 23 octobre 1863 (*Ann.* 64.69). Circulaires du ministre de la justice (27 juin 1857), et de la direction des douanes (6 août 1857).

[2] Paris, 6 novembre 1863 (*Ann.* 63.353) ; Cr. r. 9 avril 1864 (*Ann.* 64.256). — Circulaire du ministre du commerce (8 juin 1861).

[3] On a parfois argumenté de cette disposition de l'art. 19 de la loi de 1857, et aussi du texte de l'art. 9 de la loi de 1873, pour soutenir que les règles propres aux marques pourraient être étendues aux noms par analogie. Un raisonnement de ce genre, bien qu'il se rencontre parfois ici dans la jurisprudence, ne saurait être admis en matière pénale. — Les principales différences entre le régime des noms et celui des marques ont été signalées dans un article très-substantiel de M. C. Lyon-Caen (*Revue critique de législation et de jurisprudence*. 1878). — Au moment où nous écrivons, le Sénat vient d'être saisi d'une proposition de loi sur les noms commerciaux, les médailles et récompenses, due à l'initiative de M. Bozérian (séance du 23 mai 1879).

APPENDICES

I.

MARQUES OBLIGATOIRES.

123. Le législateur de 1857, on le sait, a fort sagement repoussé l'idée d'imposer à tout industriel ou commerçant l'obligation de signer ses produits, à plus forte raison l'idée de rendre obligatoires, suivant le genre de la fabrication, des marques types indicatives de la qualité du produit. En principe, « la » marque de fabrique ou de commerce est facultative. Toutefois des décrets rendus en la forme des règlements d'administration publique peuvent exceptionnellement la déclarer » obligatoire pour les produits qu'ils déterminent » (loi du 23 juin 1857, art. 1er). L'administration, sauf un décret rendu pour les fabricants d'argenture chimique[1], ne paraît pas avoir voulu user du droit exceptionnel qui lui était réservé. Les règlements antérieurs à 1856 ont été maintenus, sauf la désuétude, non-seulement comme n'étant pas contraire à la loi nouvelle (art. 23), mais aussi comme recevant une sanction formelle dans la peine édictée par l'art. 9, 1°.

[1] Décret du 26 mai 1860 (*Ann.*, 60, 123 et 220).

124. Sans passer en revue ces règlements exceptionnels, d'ailleurs peu nombreux et partout cités[1], il suffit de dire qu'ils sont la plupart inspirés soit par une idée de police, comme dans l'imprimerie, la pharmacie, le commerce des eaux minérales artificielles, la fabrique des armes, soit par l'intérêt fiscal, s'il s'agit de cartes à jouer, ou des fils et tissus, soit aussi par une pensée de contrôle sur la fabrication, quand elle porte sur des objets d'or, d'argent ou de faux. On peut ajouter que ces dernières marques, par exemple, ou celle des armes, sont des marques types, que la plupart des autres contiennent forcément le nom du fabricant et l'obligent à signer des produits qui, vu la responsabilité engagée, ne peuvent rester anonymes. Dans tous les cas, une marque personnelle peut toujours être adoptée et déposée, pour être ajoutée à la marque obligatoire non assujettie au dépôt.

125. En cas d'infraction aux règlements qui prescrivent une marque, la loi du 23 juin 1857 établit une peine uniforme, qui remplacerait toute sanction anciennement portée. « Sont » punis d'une amende de 50 fr. à 1000 fr. et d'un emprison- » nement de quinze jours à six mois, ou l'une de ces peines » seulement : 1° Ceux qui ont vendu ou mis en vente un ou » plusieurs produits ne portant pas la marque déclarée obli- » gatoire pour cette espèce de produits ; 2° ceux qui ont con- » trevenu aux dispositions des décrets rendus en exécution » de l'art. 1er de la présente loi. » (art. 9). Dans le même cas, « le tribunal prescrit toujours que les marques déclarées obli- » gatoires soient apposées sur les produits qui y sont assujet- » tis. Le tribunal peut ordonner la confiscation des produits, » si le prévenu a encouru, dans les cinq années antérieures, » une condamnation pour un des délits prévus par les deux » premiers paragraphes de l'art. 9. » (art. 15). La contravention commise par le fabricant ou le débitant n'admet d'ailleurs pas l'allégation de bonne foi, c'est une infraction matérielle sans excuse.

[1] Voir de préférence, comme toujours le plus complet, E. Pouillet, n° 254.

II.

PROTECTION ACCORDÉE A L'ACHETEUR. — TROMPERIE ET TENTATIVE DE TROMPERIE.

126. La sincérité relative exigée des concurrents est certes une garantie indirecte pour le consommateur ; mais c'est une garantie incomplète, surtout peu efficace, et qu'il faudrait juger insuffisante, si précisément le législateur n'avait eu la pensée arrêtée et fort sage de ne pas intervenir pour protéger le public. On le disait très-bien, dans l'exposé des motifs de la loi de 1857 : « Le public ne doit pas être constamment traité » comme un mineur, et là où il peut faire ses affaires lui-» même, où il peut se défendre contre le charlatanisme et contre » la tromperie par un peu d'attention et de vigilance, il n'est » pas toujours nécessaire et il n'est pas toujours prudent de » mettre à son service la loi pénale et le ministère public. » Le principe exclut tout règlement préventif, toute inspection sur la fabrication, et aussi toute mesure destinée à fixer les prix[1] ; c'est à l'acheteur de choisir, et de débattre (*cfr.* art. 1118 et 1683, C. civ.).

[1] La loi pénale contient au contraire une disposition spéciale pour garantir le libre jeu de la concurrence, art. 419. C. pén. « Tous ceux qui par des faits faux ou calomnieux semés à dessein dans le public, par des suroffres faites aux prix que demandaient les vendeurs eux-mêmes, par réunion ou coalition contre les principaux détenteurs d'une même marchandise ou denrée, tendant à ne la pas vendre ou à ne la vendre qu'à un certain prix, ou qui, par des voies ou moyens frauduleux quelconques, auront opéré la hausse ou la baisse du prix des denrées ou marchandises ou des papiers et effets publics au-dessus et au-dessous des prix qu'aurait déterminés la concurrence naturelle et libre du commerce, seront punis d'un emprisonnement d'un mois au moins, d'un an au plus, et d'une amende de cinq cents francs à dix mille francs... » — C'est une mesure répressive édictée dans l'intérêt du public, mais qui a été jugée écrite également pour la protection des concurrents lésés par la coalition. Cr. r. 7 janvier 1837 (S. 1837 1. 27).

127. Toutefois, de même qu'on ne peut, dans l'intérêt du fisc et de la bonne foi publique, tolérer le faux monnayage (art. 123 et suiv., C. pén.), la sûreté des relations commerciales a exigé l'unité et la sincérité des poids et mesures. On ne s'est donc pas contenté de forcer, par des dispositions coërcitives, à l'adoption du système légal, seul reconnu (L. 4 juillet 1837, art. 479, 5°, 6°, C. pén.). Des peines sont portées également contre quiconque, par usage de faux poids ou de fausses mesures, aura trompé sur la quantité des choses vendues (art. 423, C. pén.); depuis la loi du 27 mars 1851, le délit a été encore précisé et comprend en outre, et la tentative étant punie : l'usage d'instruments inexacts servant au pesage ou au mesurage; les manœuvres ou procédés tendant à fausser l'opération du pesage ou du mesurage, ou à augmenter frauduleusement le poids ou le volume de la marchandise, même avant cette opération; enfin les indications frauduleuses tendant à faire croire à un pesage ou mesurage antérieur ou exact (L. 27 avril 1851, art. 1er, 3°, et aussi art. 3).

128. De plus, quand la fraude devait causer un mal irréparable, ou menaçait dans quelque mesure la santé publique, l'intervention de l'autorité ou des tribunaux a paru légitime. C'est ainsi que, dès le principe, l'autorité municipale a reçu des pouvoirs de police ou tout au moins d'inspection, non-seulement pour la fidélité du pesage et mesurage des denrées, mais aussi sur la salubrité des comestibles exposés en vente publique (L. des 16-24 août 1790, tit. XI, art. 3, 4°). En même temps la législation pénale, soit dans le décret des 12-22 juillet 1791, soit dans le code de brumaire an IV, et enfin dans celui de 1810, et la loi du 28 avril 1832, statuait, bien imparfaitement d'ailleurs, sur les fraudes commises en matière d'aliments, boissons et médicaments. La répression est aujourd'hui mieux organisée en vertu de la loi du 27 mars 1851, pour ces substances ou denrées alimentaires ou médicamenteuses, et dans les mêmes termes pour les boissons, que la loi du 5 mai 1855 assimile aux aliments ou médicaments solides. Pour les marchandises, en considération du danger que présente la fraude, et avec plus de sévérité s'il y a des mixtions nuisibles à la santé, le législateur a prévu comme délits : la falsification en elle-même, c'est-à-dire la tentative simple ; la détention en magasins, sans motifs légitimes, avec connaissance de cause ; la vente ou mise en vente sciemment (L. 21 mars 1851, art. 1er, 1°, 2°, art. 3). Sans insister sur des définitions qui présentent ici les plus graves difficultés, il suffit de remarquer que certainement la falsification, préparée par mélange, addition, ou retranchement, pour tromper l'acheteur, est punie, dès qu'elle altère la qualité de la marchandise ; il n'est pas nécessaire, pour être réprimée, qu'elle en change la nature [1].

129. L'intérêt de l'agriculture a paru réclamer des mesures propres contre la fraude dans la vente des engrais, et le législateur, sur les indications de la jurisprudence, s'est appliqué à donner une énumération complète. Aux termes de la loi du 27 juillet 1867, sont punis : 1° ceux qui, en vendant ou mettant en vente des engrais ou amendements, auront trompé ou tenté de tromper l'acheteur, soit sur leur nature, leur composition, ou le dosage des éléments qu'ils contiennent, soit sur leur provenance, soit en les désignant sous un nom qui, d'après l'usage, est donné à d'autres substances fertilisantes ; 2° ceux qui, sans avoir prévenu l'acheteur, auront vendu ou tenté de vendre des engrais ou amendements qu'ils sauront être falsifiés, altérés ou avariés. Le texte même résoud ainsi la plupart des difficultés de la définition soit des moments, soit des éléments du délit. Il est de ceux qui montrent le mieux à quelles prescriptions minutieuses la loi est astreinte, quand on la fait entrer dans cette voie.

130. Pour les matières d'or et d'argent, on a pensé que le degré de pureté, le titre devait être contrôlé et garanti par l'État au moyen d'une marque obligatoire (L. du 19 brumaire

[1] Cass. 27 avril, 8 juin 1854 (S. 54. 1. 586). — Cass. 27 février 1857, et 14 mai 1858 (S. 58. 1. 93 et 811). — V. sur la coloration artificielle des vins, circulaire du Garde des Sceaux du 18 octobre 1876. (S. 77. 190). sur le plâtrage, Cass. 13 déc. 1861 (S. 62. 1. 329).

an VI) ; la tromperie sur le titre, par quelque moyen qu'elle soit opérée, pourvu qu'elle soit consommée, est réprimée par l'art. 423 C. pén. Si une pierre fausse est vendue pour fine, le même article punit la tromperie qui, en réalité, malgré le texte, porte alors sur la nature de l'objet.

131. Pour toute marchandise enfin, le Code pénal prévoit un délit unique, la tromperie sur la nature, c'est-à-dire d'une part la tromperie consommée, d'autre part la tromperie ne portant pas simplement sur la qualité. Sur ce dernier point, il n'est pas douteux que l'art. 423 C. pén. est moins sévère que la loi de 1851 ; il ne suffit pas que la qualité de l'objet soit au-dessous de celle annoncée dans la vente, il faut que, d'après l'usage, l'objet même vendu ne soit pas ce qu'on a cru acheter. L'erreur ne sera pas d'ailleurs comprise ici, comme au point de vue civil, de l'erreur sur la substance même de la chose (art. 1110, C. civil) ; la culpabilité ne sera pas non plus appréciée, comme devrait l'être l'obligation de garantie (art. 1641, C. civ.). Il faudrait se tenir dans une mesure moyenne, assez difficile à déterminer, entre ce qu'on peut concevoir comme la nature substantielle, et ce qui peut s'arbitrer comme la qualité loyale marchande; il y aurait tromperie, si la marchandise était absolument impropre à l'usage auquel le vendeur est censé communément l'avoir destinée[1].

132. La tentative de tromperie sur la nature de la marchandise ne se trouvait pas prévue par le texte du Code pénal; c'est une lacune signalée dans l'art. 423, que le législateur de 1857 a voulu combler en partie, incidemment, sans faire dévier d'ailleurs la loi sur les marques de son but, sans l'étendre dans son ensemble à la protection du consommateur. De quelque façon, par quelque manœuvre que la tromperie soit conçue et exécutée, elle n'est toujours punie que si elle porte

[1] Cr. c. 13 février 1851 (S. 51. 1. 217) — Cr. c. 2 janvier 1863 (S. 63. 1. 365) — Cr. r. 15 février 1866. (S. 66. 1. 376.) — V. Cr. c. 19 mai 1883. (S. 83. 1. 511).

sur la nature de la marchandise[1]. Seulement la marchandise peut être revêtue d'une marque « portant des indications pro» pres à tromper l'acheteur sur la nature du produit. » (L. 23 juin 1857, art. 8, 2° et 3° *in fine*). Ce simple fait, avant toute tromperie réalisée, est devenu un délit ; la loi de 1857 punit en effet l'usage d'une marque de ce genre, c'est-à-dire non pas la fabrication isolée de la marque indicative, mais son apposition sur le produit ; elle punit en outre la mise en vente ; ce sont deux moments de la tentative, également indiqués par le texte. Seulement il va plus loin, et prévoit à nouveau la vente même, c'est-à-dire la tromperie réalisée au moyen d'une marque portant les indications propres à tromper l'acheteur sur la nature du produit.

133. Dès lors, il est facile de concevoir des cas où l'art. 423, C. pén., et l'art. 8, 3°, de la loi du 23 juin 1857 seront également applicables, pour un délit légalement unique, qu'ils frappent tous deux, au même titre, mais de peines différentes. Il sera logique de ne tenir compte que de la disposition la plus spéciale, et de punir la tromperie sur la nature au moyen d'une marque, conformément à la loi de 1857.

134. Tentative d'ailleurs, ou délit consommé, la tromperie, à la différence de la contrefaçon, suppose par définition l'intention d'abuser jointe au défaut de vérité dans les indications de la marque. La loi de 1857 parle de la mise en vente faite sciemment (art. 8, 3°) : l'usage seul d'une marque portant des indications propres à tromper sur la nature du produit suppose sans doute la mauvaise foi de celui qui l'appose ; mais le législateur n'a certainement pas entendu exclure la preuve contraire, dans le second cas de tentative pas

[1] Loi du 23 juin 1857, art. 8 : Sont punis d'une amende de 50 fr. à 2.000 francs et d'un emprisonnement d'un mois à un an, ou de l'une de ces peines seulement : 1° .. ; 2° ceux qui ont fait usage d'une marque portant des indications propres à tromper l'acheteur sur la nature du produit; 3° ceux qui ont sciemment vendu ou mis en vente un ou plusieurs produits revêtus d'une marque.. portant des indications propres à tromper l'acheteur sur la nature du produit. — Cr. c. 20 déc. 1859 (S. 60. 1. 590).

plus que dans le premier ni que dans le cas de délit consommé.

135. Il arrivera que le délit commis au moyen d'une marque constitue à la fois une tromperie sur la nature du produit, et une usurpation de la marque d'autrui, en vertu des indications multiples qu'elle comporte. Le consommateur comme le concurrent se porteront alors parties civiles. Mais, si l'une seulement des incriminations est fondée, si la nature du produit a été frauduleusement indiquée, sans contrefaçon d'une marque régulière, la fraude ne pourra être invoquée par le concurrent qui n'a pas acheté et qui n'est pas directement lésé[1]. A l'inverse, la contrefaçon seule n'impliquera pas tromperie forcément, dans le sens de la loi pénale; l'acheteur ne peut se plaindre, que si la marque fausse l'a induit en erreur sur la nature même du produit. Autrement, il ne reçoit de la loi aucune protection directe, et le délit qui n'a pas été créé pour la défense immédiate de son droit ne peut être invoqué par lui devant la justice; il n'a, pour obtenir des dommages-intérêts, que les voies de droit commun et ne peut se réclamer que des principes généraux du droit.

136. On avait proposé d'ailleurs en 1857, comme on le voulait en 1845, de prévoir les tromperies et tentatives de tromperie sur l'origine des marchandises[2]. Le rapport indi-

[1] Cr. r. 27 juin 1873 (*Ann.* 73. 221). — Cr. r. 21 mai 1874 (*Ann.* 74. 153).

[2] Le projet de loi présenté à la Chambre des Pairs, le 5 avril 1845, art. 11, punissait « ceux qui, par l'emploi frauduleux de marques industrielles ou commerciales, auront trompé l'acheteur sur la nature, l'origine, ou la qualité de toutes marchandises. » Il réprimait ainsi toute tromperie par marques, consommée, et ouvrait toujours l'action civile à l'acheteur lésé. On peut noter que, lors de la discussion de l'art. 423 C. pén. au sein du Conseil d'État, en 1810, une disposition de ce genre avait été proposée et repoussée (séance du 18 janvier 1810) ; Cfr. Dalloz, rép. v° industrie, n° 273. Les objections du rapporteur en 1857 ne sont pas très-nettes, bien que formelles sur le rejet de l'amendement. M. Busson s'exprime ainsi : « L'honorable M. Tesnière a proposé d'appliquer l'art. 8 aux tromperies et tentatives de tromperie sur l'origine des produits. Votre commission n'a pas accueilli cet amendement. Il aggravait d'abord l'inconvénient reproché à l'art. 8, de compromettre la simplicité de la loi. Et puis, comment déterminer d'une manière nette, incontestable, le lieu d'origine ou de fabrication ? La circonscription industrielle s'étend, se restreint, se déplace. On appelle dans le commerce articles de Lyon, de Rouen, de Roubaix, d'Amiens, d'Elbeuf, de Sedan, etc., des objets qui sont fabriqués dans

que formellement que le législateur ne l'a pas fait, par cette double raison que les noms de lieu n'indiquent pas toujours une fabrication faite au lieu même, et que d'ailleurs l'industrie française doit rester libre d'imiter, par représailles, les industries étrangères. Cette explication ne tient évidemment pas assez compte ni des dispositions de la loi de 1824, ni des principes sur la tromperie. Sans doute, on peut marquer une provenance inexacte, sans que forcément on trompe sur la nature du produit; des fabricants et des villes différentes peuvent en réalité donner des produits similaires, dont la nature industrielle, sinon la qualité marchande, sera identique; l'une des marques peut être plus estimée que les autres, aucune n'est significative sur la nature du produit. Mais l'indication de l'origine contenue dans la marque, ou formant seule cette marque conformément à la loi du 28 juillet 1824, pourra au contraire, dans certains cas, désigner un genre du produit qui ne peut venir d'ailleurs; si elle est fausse, quelle que soit la loi pénale applicable à la marque même, et n'y en eût-il aucune comme s'il s'agit d'un nom étranger, l'acheteur n'en a pas moins été trompé sur la nature du produit, et l'art. 423 est applicable. Il nous paraît même qu'alors, en vertu des termes de l'art. 8 de la loi de 1857, et malgré les explications du rapporteur, dès que le produit est ainsi marqué et indiqué d'une nature autre que la sienne par la seule fausseté de l'origine, la tentative, l'usage de la marque ou la simple mise en vente peuvent être poursuivis à la requête du ministère public.

137. C'est dans ces termes uniquement que les lois sur les délits de concurrence ouvrent action au consommateur lésé

un certain rayon autour de ces villes. Les eaux-de-vie de Cognac ne se récoltent pas seulement sur cette commune. Où donc sera la limite à laquelle commencera le délit? Ce serait aussi, dans plusieurs cas, atteindre et même détruire plusieurs grandes industries nationales dont les produits égalent au moins les produits étrangers similaires. Que leur origine soit nécessairement signalée, ils seront délaissés immédiatement pour des objets souvent inférieurs, mais que recommandent l'habitude et le préjugé. Enfin c'est interdire à l'industrie française la faculté d'imiter, par représailles, des industries étrangères, et l'exposer sans défense suffisante à une concurrence désastreuse. »

ou garantissent directement l'intérêt du public. La loi du 28 juillet 1824 ne nous a pas semblé, on se le rappelle, avoir la portée qu'on lui donne ordinairement. Il est aisé de se rendre compte maintenant qu'elle dérogerait singulièrement aux principes consacrés en matière de tromperie, si elle permettait toujours, d'un façon absolue, de se porter partie civile, dès qu'on a acheté un produit indûment marqué d'un nom de fabricant, de fabrique ou de ville. Il faut encore que ce nom soit une indication propre à tromper sur la nature du produit, et cela non en vertu de la loi de 1824 qui n'a pas statué à cet égard, mais en vertu de la disposition générale imaginée en 1857 pour compléter l'art. 423, C. pén. Dès qu'une marque a été employée, fût-elle une de celles que la loi de 1824 seule régit entre concurrents, on peut dire que l'art. 8 de la loi de 1857 est devenu, au point de vue de l'acheteur et de la tromperie, la seule disposition applicable; cet article prévoit, en effet, toute indication, même celle qui résulterait d'une marque purement nominale, et il l'exige significative non pas simplement sur l'origine, mais plus strictement sur la nature du produit. C'est là une disposition qui se suffit à elle-même, et n'implique aucune distinction entre la marque nominale et la marque emblématique; dans la discussion de la loi, on l'a bien présentée comme générale, étrangère au reste du projet, et il n'y a dès lors aucune raison pour reporter à l'interprétation des paragraphes spéciaux de l'art. 8 la définition donnée dans l'art. 1er [1].

138. En résumé, dès qu'une marque est destinée ou a servi à tromper l'acheteur sur la nature du produit, peu importe le genre de la marque, son caractère délictueux au point de vue de la concurrence, soit qu'il n'y ait pas eu contrefaçon réellement, soit que légalement, par exemple pour une ville étran-

[1] Il ne nous semble pas qu'on puisse invoquer, en sens contraire ce que disait l'exposé des motifs : « L'art. 423 C. pén. punit déjà la tromperie sur la nature de la marchandise; mais il ne s'applique qu'à la tromperie réalisée. Il a paru juste d'aller plus loin et d'atteindre même la tentative de tromperie, lorsqu'elle a lieu par l'abus des faveurs mêmes qu'accorde la loi. »

gère faussement indiquée, la contrefaçon même ne puisse être incriminée, le ministère public pourra poursuivre et l'acheteur lésé pourra réclamer par application de l'art. 8, 2° et 3°, de la loi du 23 juin 1857. Si, d'ailleurs, plus particulièrement la tromperie a porté sur la qualité d'aliments ou de médicaments falsifiés, ou sur la qualité d'engrais, les lois spéciales plus sévères devront être invoquées [1]. Enfin les art. 423 et 424, C. pén., et la loi du 27 mars 1851 continuent de régir la tromperie sur la quantité ou dans le pesage et mesurage des marchandises.

[1] Et elles devront l'être spécialement soit par la partie civile, soit par le ministère public. Cr. r. 21 et 23 mai 1874 (*Ann.* 74. 153).

gère faussement (ou) que la contrefaçon même puisse être [illegible]
inscriptions, le ministère public pourra poursuivre et l'action [illegible]
leur être pourra rechercher par application de l'art. 8, 2° et 3°,
de la loi du 23 juin 1857, 2°, ceux-là, plus particulièrement [illegible]
la fraude, des experts sur la qualité d'aliments ou de médicaments, l'identité ou sur la qualité d'emballage, les [illegible]

POSITIONS

DROIT ROMAIN.

I. Les actions *exercitoria* et *institoria* ont été introduites avant les autres actions dites *adjectitiæ qualitatis*.

II. Les actions *exercitoria et institoria* ont d'abord supposé un préposé en puissance.

III. Ces actions ne renferment pas, au fond, un véritable rapport de corréalité entre le préposé et le préposant.

IV. La *condictio*, accordée par le § 8, Instit., liv. IV, tit. VII, n'existe que dans les cas où, d'après le droit civil, elle découle du contrat du mandataire.

V. La loi 13 § 25, *de act. empt.*, XIX, 1, n'accorde une action civile au mandant, à raison des contrats passés par le mandataire, que *cognita causa*.

VI. Le mandataire n'a jamais été admis à traiter au nom du mandant.

HISTOIRE EXTERNE DU DROIT ROMAIN.

L'*edictum perpetuum*, coordonné par le jurisconsulte Julien, est une promulgation de la jurisprudence prétorienne.

DROIT CIVIL.

I. Il n'y a pas réellement de droit de propriété sur une marque de fabrique ou de commerce.

II. Le preneur à bail a simplement un droit personnel.

III. La stipulation d'un contrat d'assurance sur la vie portant que le capital assuré sera payé, lors du décès de l'assuré, à des tiers désignés, constitue en faveur de ceux-ci une libéralité sujette au rapport et à la réduction, s'il y a lieu.

IV. La différence entre la valeur de remboursement et la valeur d'émission d'une obligation, remboursable par la voie du tirage au sort au-dessus de son taux d'émission, appartient au nu-propriétaire et non à l'usufruitier.

DROIT COMMERCIAL.

I. En cas de faillite d'une société de commerce, qui a émis des obligations remboursables à un taux supérieur à celui de l'émission, ces obligations ne peuvent être admises au passif pour leur valeur nominale.

II. Les tribunaux de commerce sont compétents, entre commerçants, pour statuer sur une action en concurrence déloyale.

PROCÉDURE CIVILE.

L'ordonnance du président du tribunal civil autorisant sur requête la saisie d'objets contrefaits est un acte de la juridiction gracieuse, non susceptible d'appel.

DROIT CRIMINEL.

I. La bonne foi ne peut être alléguée par le prévenu de contrefaçon en matière de marques.

II. La contrefaçon d'une marque peut être poursuivie, alors même qu'elle aurait été commandée pour des concurrents, par le propriétaire de la marque.

III. La décision rendue au criminel sur les moyens de défense opposés par le prévenu de contrefaçon de marque n'a pas l'autorité de la chose jugée au-delà du fait incriminé.

IV. La loi du 28 juillet 1824 n'ouvre aucun droit d'action spécial à l'acheteur trompé sur l'origine d'un produit.

V. La loi du 28 juillet 1824 ne peut être complétée par les dispositions de la loi du 23 juin 1857 qui ne statuent pas expressément sur les marques nominales.

DROIT ADMINISTRATIF.

Le Ministre de l'agriculture et du commerce ne peut, sans excès de pouvoir, annuler le dépôt d'une marque.

DROIT INTERNATIONAL.

I. L'étranger non autorisé à établir son domicile en France ne jouit des droits qui ne lui sont pas expressément accordés par la loi française, ou qui ne sont pas garantis aux Français par un traité de la nation à laquelle il appartient, que s'ils peuvent être considérés comme découlant du droit naturel.

II. Quand un étranger peut agir en France pour la protection de sa marque, il n'a droit à la protection accordée aux nationaux que si sa marque est nouvelle à la fois dans le pays d'origine et dans le pays d'importation du produit.

Vu par le président de la Thèse,
C. BUFNOIR.

Vu, pour le Doyen de la Faculté empêché,
VUATRIN.

Vu et permis d'imprimer :
Le Vice-Recteur de l'Académie de Paris,
GRÉARD.

DROIT ROMAIN

DES ACTIONS *EXERCITORIA* ET *INSTITORIA*

ET DE L'IDÉE ROMAINE QU'UN CONTRAT NE PEUT ÊTRE CONCLU PAR REPRÉSENTANT

PRÉLIMINAIRES.

CHAPITRE PREMIER.

DE L'IDÉE ROMAINE QU'UN CONTRAT NE PEUT ÊTRE CONCLU PAR REPRÉSENTANT.

CHAPITRE II.

DE L'ACQUISITION DE CRÉANCES PAR LES CONTRATS DE PERSONNES EN PUISSANCE.

CHAPITRE III.

DES CONTRATS CONCLUS PAR PRÉPOSÉS COMMERCIAUX. — ÉTUDE SUR LES ACTIONS *exercitoria* ET *institoria*.

I. ORIGINE DE LA RÉFORME PRÉTORIENNE. — RÔLES DU *Magister navis* ET DE L'*Institor*.

II. DU PRÉPOSANT, DU PRÉPOSÉ, POUVOIRS DU PRÉPOSÉ.

III. RAPPORTS ENTRE LE TIERS CONTRACTANT, LE PRÉPOSÉ ET LE PRÉPOSANT.

CHAPITRE IV.

CAS EXCEPTIONNELS DE REPRÉSENTATION.

CHAPITRE V.

INFLUENCE DU DROIT COMMERCIAL SUR LA THÉORIE DU MANDAT.

I. Effets des contrats du mandataire, a l'époque classique.

II. Rôle du mandataire a l'époque de Justinien.

CHAPITRE VI.

PERSISTANCE DE L'IDÉE ANCIENNE. — PROMESSES ET STIPULATIONS POUR AUTRUI. — CONCLUSION.

DROIT FRANÇAIS

DE LA CONCURRENCE DÉLOYALE ET DE LA CONTREFAÇON

EN MATIÈRE DE

NOMS ET MARQUES

PRÉLIMINAIRES.

CHAPITRE PREMIER.

DE LA CONCURRENCE DÉLOYALE.

CHAPITRE II.

ALTÉRATIONS OU SUPPOSITIONS DE NOMS DANS LES PRODUITS FABRIQUÉS.

I. Droit protégé.

II. Infraction.

III. Action.

CHAPITRE III.

MARQUES DE FABRIQUE OU DE COMMERCE.

I. Conditions du droit a la marque.

§ 1er. *Éléments et définition de la marque*

§ 2. *Du dépôt.*

§ 3. *Nature du droit.*

II. Infraction a la loi sur les marques.

§ 1er. *Du délit.*

§ 2. *De la sanction.*

III. Poursuite.

IV. De l'action portée devant le tribunal civil.

CHAPITRE IV.

DES ÉTRANGERS.

APPENDICES.

I.

MARQUES OBLIGATOIRES.

II.

PROTECTION ACCORDÉE A L'ACHETEUR. — TROMPERIE ET TENTATIVE DE TROMPERIE.

VERSAILLES. — IMPRIMERIE CERF ET FILS, 59, RUE DUPLESSIS.